吉國瑞 著

不孤獨的美食家蘇東坡

貶到哪、吃到哪，大文豪的吃貨之路

目錄

第一章　我非天生是吃貨　8
寫在前面的話　10
一、烏臺詩案攤上我　12
二、前吃貨時期　20
三、老饕降臨的序章　30

第二章　黃州：變成蘇東坡　44
一、前往黃州的一路　46
二、還是種田適合我　52
三、二紅飯．為米折腰　63

第三章　真假莫辨東坡肉　72
一、〈豬肉頌〉？蘇東坡沒寫過　74
二、豬羊爭霸：橫跨兩千年的中國主流肉食之爭　78
三、東坡肉宇宙：不同的做法，同一個夢　86

第四章　還有魚吃怎麼會悲傷 96
一、壽司驚魂記 98
二、赤壁之下的巨口細鱗 103
三、松江鱸魚的換臉復仇 112
四、引以為傲的煮魚法 120

第五章　取名大師的小農生活 127
一、遠方來客與蜜酒祕方 128
二、故鄉的元修菜 135
三、桃花茶：我才不是懸案 142
四、東坡羹：背後的原因讓人暖心 144

第六章　啟程！啟程！黃州的最後一瞬 151
一、從愛竹到好筍 152
二、為甚酥、何氏橘：與黃州告別 162

第七章　蘇東坡的江海世界 173
一、蘇王相會 174
二、薛丁格的鰣魚 178
三、不為詩案死，為河豚也可以 183
四、人間有味是清歡 191
五、只有鮑魚可以安慰我 202

第八章　人生如逆旅 217
一、惹不起的汴京，也躲不起 218
二、這個四川人有點甜 224
三、去杭州當個好官才是正經事 231
四、天涯淪落人的合作醫書 236
五、痛飲洞庭春色酒，兜兜轉轉到揚州 243
六、松脂配螃蟹，是什滋味？ 256

第九章　惠州南又南　265
一、嶺南古來難　266
二、別羨慕，他吃的荔枝不高級　272
三、酒與羊的完美融合　282
第十章　天涯海角望明月　294
一、海的那一邊　296
二、醫師、農夫、吃雞、開化　307
三、歸途路漫漫　315
四、曲終人也散　321
後記　一個老饕而已　327

第一章　我非天生是吃貨

今天人們提到蘇軾，多會預設他是天生的老饕、美食家，但就烏臺詩案前他的詩文來看，實際情況卻並非如此……。

寫在前面的話

北宋景祐三年的臘月十九，如果非要把這一天換成西曆的話，則是一〇三七年的一月八日。一個摩羯座的孩子，降生在了四川眉州的一個書香世家，孩子的父親名叫蘇洵，這個家族的先祖，則是唐代武周時期的名臣蘇味道。

那一天，岷江的江水為之低迴，眉山的草木為之煥發，若干年以後，孩子長大，他的所為將撼動歷史，他的文名將無人不知，詩人、詞人、文學家、畫家、書法家、思想家、政治家、「唐宋八大家」……，他對宋代文學的貢獻，即便捧殺也不會顯得過當，後人送給他的種種讚譽、稱號，足夠撐起整整一面的彈幕牆……。

等等，打住打住，我寫這本書，只是為了分享蘇軾和吃有關的那些事，壓根兒就沒有想過再寫一本關於蘇軾的傳記，市面上的蘇軾傳實在太多太多，且不說林語堂先生的，即使隨便抽出一本，其學術高度和思想深度也能將我這樣三分之一的半吊子給吊起來打了。所以，關於蘇軾，尤其是他前半生的生平和經歷，大家敬請參考他人作品，我就不多獻醜了。

簡單來說，蘇軾，字子瞻、和仲，號鐵冠道人、東坡居士……，這些學校課本上都可以看到的知識，不是這本書的重點。一個人可以有諸多不同的側面，我們要說的蘇東坡，只不過是和你我，和每一個醉心於塵世煙火和口腹之欲的人一樣，是一個尋常而又執著的美食愛好者。

在今天，雖然「吃貨東坡」的說法早已為人所知，甚至開始成為現今年輕人的共識，但要知道，歷史上法國人一開始並不擅長投降、篡位前的王莽也曾是大漢王朝的希望，我們若是將蘇軾恢復出廠設定，就會發現原來的他其實並沒有特別注重物質，甚至還有那麼一點點不食人間煙火，大致上跟當時的主流文化人沒什麼兩樣。

蘇軾開始關注美食、變成吃貨，明顯是有過程的，而更巧合的是，幾乎就在蘇軾淪為吃貨的同時，他在文學和思想上的高度，也是一飛衝天：

「大江東去，浪淘盡，千古風流人物。」

「寄蜉蝣於天地，渺滄海之一粟。」

「江流有聲，斷岸千尺；山高月小，水落石出。」

以上均選自蘇軾著名的「一詞兩賦」，即〈念奴嬌．赤壁懷古〉、〈前赤壁賦〉、〈後赤壁賦〉，均寫於蘇軾人生中極為重要的「黃州時期」。不得不說，即使是在神作疊出的北宋文學史上，「一詞兩賦」都算是百里挑一的高水準之作，即便你未曾了解蘇東坡的生平和大名，也能感受到他撲面而來的豪邁和才氣。

但是因為何故，蘇軾流落到了黃州？

又是什麼原因，使蘇軾的文學生命力怦然迸發？

到底是什麼力量，把蘇軾塑造成大宋的第一號美食家？

為了打消出現在大家心裡的很多疑問，我們將直奔那個使蘇軾產生轉變的年代，西元一〇七九年，即北宋元豐二年。

一、烏臺詩案攤上我

元豐二年七月七日，到任剛滿兩月的湖州知州蘇軾，心情不是很美麗。

這一天，蘇軾在院中晾晒書畫時，發現了一幅〈篔簹谷偃竹圖〉，「篔簹谷」是陝西洋縣的一個地名，「偃竹」指的是高低起伏的竹子。作畫者文同（字與可），已經與蘇軾陰陽兩隔，他是蘇軾的世交好友，雖然他們可能沒有直接的血緣關係，但蘇軾依然將他稱作「表哥」。

文與可本名文同，「與可」是他的字，雖比蘇軾年長十九歲，但他倆卻是氣味相投。在當時的畫手圈子裡，文與可算是大佬中的大佬，其風格獨樹一幟，最擅長的便是畫竹子，而我們今天常用的千年老梗「胸有成竹」、「令人噴飯」，最早都跟他有關，當然，這之中少不了蘇軾的宣傳。

這一年的年初，六十一歲的文與可奉旨調任湖州知州，正月二十，他卻在上任的途中不幸病逝。但是，湖州必須要有一個知州，所以朝廷指派另一名官員前往湖州接替文與可，巧的是，這個官員正是蘇軾。

有些人不管年少時怎麼豪放粗線條，但一到中年，就會變得多愁善感起來。這時候的蘇軾，已經年過四十，近幾個月來發生的事，可以說是讓他感覺到這個世界的無常與混沌，要是他在網路社交平臺上有帳號的話，或許也把自己的暱稱暫時改成「感悟人生」。

看著文與可的遺作，蘇軾長吁短嘆。跟他的大表哥一樣，他自己也是一個無比熱愛竹子的人，他還在四川老家讀書的時候，竹子便已經成為他的至愛親朋，從前在杭州為官時，他曾經旗幟鮮明地表達過自己的立場：「可使食無肉，不可居無竹。無肉令人瘦，無竹令人俗。」

人還在的時候不知道珍惜，失去了才後悔莫及，想到往後餘生再也追不到文與可的動態更新，想到如此之生動的竹子從此將變成絕品，蘇軾再也抑制不住情緒，他失聲痛哭，為亡友寫下了一篇〈文與可畫篔簹谷偃竹記〉，蒐羅了記憶中關於文與可的點點滴滴。值得一提的是，這篇悼文不僅沒有過分煽情，反倒寫得樸實有趣，看來，他是真的打算把悲傷留給自己，而給這個世界留下文與可的溫情與風趣。

屋漏偏逢連夜雨，這時的蘇軾還不知道，正當他因為故友之死而苦悶不堪難以放下之時，一批衝他而來的不速之客，已經從當時的都城汴京啟程。三週之後，他們抵達了湖州，隨即衝進官衙，抓捕了時任湖州知州的蘇軾。

這批人皆是朝中監察御史的手下，相當於現在的最高檢察署的檢察官。在同家人做了簡短的道別之後，堂堂一方太守，像是雞犬一般被拉上了囚車。在被羈押回京的路上，身戴枷鎖的蘇軾不僅理不出頭緒，更重要的是他翻來覆去搜索枯腸，也沒搞清楚自己究竟做錯了什麼。

很多年以後，蘇軾回憶道，當時的他因為這不明所以的收押，以為自己攤上多麼了不得的大事，為了不連累朋友和族親，在回朝歸案的路上，他曾經多次想要自盡。只不過可能是他遇事喜歡刨根問底的個性，或是他對這五彩斑斕的人世尚存的眷戀之情，讓他堅持活著到了汴京。

在囚車中顛簸了近一個月，八月十八日，蘇軾被送進了御史臺等候調查處理。早在東漢時期，不知道是出於什麼玄學上的原因，洛陽城中的御史臺常年落滿了聒噪多嘴的烏鴉，因此又被人們稱為「烏臺」，這個看起來就有聲音的名字，一直被沿用到了宋代。

直到被囚御史臺，蘇軾方才得知自己被捕入獄的原因。

原來，在蘇軾到任湖州知州以後，曾向皇帝上表謝恩。這本是例行公事的官樣文章，可向來心高氣傲的蘇軾，卻偏偏忍不住要秀文采，就多言語了幾句，他開始自嘲，順便用吃了檸檬的口氣調侃了一下正在朝中當政的王安石新黨。

在《湖州謝上表》中，蘇軾是這麼說的：

> 伏念臣性資頑鄙，名跡堙微。議論闊疏，文學淺陋。凡人必有一得，而臣獨無寸長……。知其愚不適時，難以追陪新進；察其老不生事，或能牧養小民。

文人自嘲本來無傷大雅，只不過是蘇軾不知道「命運贈送的禮物，早已在暗中標好了價格」。想當年父子三人同屆進士及第，蘇軾名震汴京，才華如他卻這般自貶，在常人看來未免有些刺耳不中聽，多少有點嘲諷朝臣皇帝沒文化之嫌。打個比方，這就好比馬雲對微商坦白自己不會賺錢，周杰倫在流量歌手面前自謙不懂音樂。

更為關鍵的是，朝中的御史們雖然文學創作水準不行，但閱讀理解都是高手中的高手，歸納總結、提煉中心思想，全都是他們的強項，這些老機靈鬼們總能從原文中挖掘到一些原作者都看不出來的東西，蘇軾表中的那句「知其愚不適時，難以追陪新進」，「新進」二字就不幸被他們畫了重點。

相信不少人都聽說過北宋中後期王安石變法的事情，為了拯救大宋，改變建國以來積貧積弱的局面，文人出身的王安石決定成為改革者。

自熙寧二年（一〇六九年）王安石當政以來，相繼頒布了均輸法、青苗法、募役法、農田水利法、方田均稅法、保甲法、保馬法、免行法等涉及政治、經濟、軍事等方方面面的改革措施。

王安石本人乃中國歷史上最偉大的改革家之一，王安石改革措施也在一定程度上增強了北宋的國力，這本是利國利民的好事。然而，改革的前置條件就在於打破舊有的規則，規則的打破意味著會觸犯既得利益集團的利益。

更何況，王安石頒布變法雖然是從良好願望出發，但在執行中卻出現了許多問題：某些改革措施過於激進，引得民怨載道；而自認為「新進」的新黨們也是魚龍混雜，本來旨在富國強兵的變法，卻方便了某些小人撈取政治利益，或者是充當中間商賺差價。

王安石推行變法之後，蘇軾對這位老夥計的種種改革措施很是感冒。這倒不是因為他自己是既得利益的保守派，而是因為他從個人角度出發，覺得王安石的改革過於激進；何況王安石招攬的那些「巧進之士」大多是跟他三觀不合的人；更何況，在新法推行的過程中，一部分急功近利的做法的確造成了不小的民怨。

成名以來，蘇軾雖然文辭出眾，但常常恃才傲物，口無遮攔，遇事不吐不快，有時的確會在自己的文字中，有意或者無意地流露出對新黨的不滿，以及對貿然實行變法從而招致災禍的擔憂。但蘇軾並不知道，他留下的這些文字，已經讓他上了新黨的黑名單。

而御史臺中的李定、舒亶等人，偏偏都是新黨，為了確保萬無一失地扳倒蘇軾，挫其骨揚其灰，舒亶自費買了蘇軾的詩集，幾個月來每天熬夜研讀，極盡所能尋章摘句、斷章取義，細數了蘇軾的「種種罪惡」。隨後，他的上司李定又跳出來，聲稱蘇軾無禮於朝廷，所謂「指斥乘輿，包藏禍心」，不殺不足以顯天威。

等到幾天以後，蘇軾被正式提訊，他才知道，自己攤上的是所謂的「文字獄」。面對種種罪狀，蘇軾並沒有做太多反駁，一來，就算天才如他也想不到該如何駁斥，二來此時此刻，他有可能已經被御史們的努力徹底打動了。

一幫跟自己年紀相當甚至更加年長的同僚同輩，不為別的，只為尋得他人詩文中的浮光掠影、一鱗半爪，因而拿著自己的詩集每日切磋琢磨、品讀不輟，堪比張籍品杜工部詩、紫式部讀白樂天全集。讀後再重讀，品後再細品，讓後世鍵盤俠為之沉默，抬槓成精的黑粉為之流淚，不管你有沒有被感動，反正蘇軾已經被他們感動到說不出話來了。

「文字獄」在後來的中國，特別是清朝，是很常見的，可是在宋代之前，基本還算是小機率事件。知道自己攤上了文字獄，蘇軾開始變得敏感且膽怯，在被囚烏臺的某個夜晚，因為某個烏龍事件，加上近來獄卒對他的態度有些冒犯，他已經做好了活不下去的打算，從而寫下了兩首絕命詩，留給自己最信任的人——弟弟蘇轍：

其一

聖主如天萬物春，小臣愚暗自亡身。
百年未滿先償債，十口無歸更累人。
是處青山可埋骨，他年夜雨獨傷神。
與君世世為兄弟，更結人間未了因。

其二

柏臺霜氣夜淒淒，風動琅璫月向低。
夢繞雲山心似鹿，魂飛湯火命如雞。
眼中犀角真吾子，身後牛衣愧老妻。
百歲神遊定何處，桐鄉知葬浙江西。

（〈獄中寄子由二首〉）

他當時已經做好了赴死的心理準備：把妻兒託付給了弟弟；約定「與君世世為兄弟」；坦言自己

這輩子最對不起的人，就是相伴多年的老婆王閏之；他甚至已經開始思考死後應該葬在哪裡的問題：嗯，在浙江的西部有個桐鄉，那裡風光不錯，值得考慮。

寫好了遺言，交代了後事，蘇軾已經了無遺憾，在被羈押一百零三天之後，他最終等到了朝廷的判決：獲「譏諷政事」之罪，貶往黃州（今湖北黃岡），任檢校尚書水部員外郎，充黃州團練副使，本州安置，不准擅離此地，無權簽署公文。

總而言之，不懈搞事的御史們捶胸頓足，萬念俱灰的蘇軾死裡逃生。

蘇軾之所以能夠逃出生天，可能跟宋太祖趙匡胤定下的「不殺士大夫」的祖訓有一定關係，雖然這個祖訓，總是處於存在或不存在的疊加狀態，不過至少在北宋時期還沒有開「殺士大夫」的先河，而有宋一代，文字獄的出現頻率雖然開始變高，卻並沒有像清朝一樣株連甚眾，殺伐不斷。

況且，蘇軾因為才華出眾、名聲在外，在地方為官時也頗有政績，備受群眾愛戴，一時間，他的入獄可算是霸占了當時朝野市井的熱搜榜首，全國上下展開了一場聲勢浩大的聲援活動，密州、徐州、湖州、杭州等地的百姓，良知尚存的讀書人，堪稱蘇軾「鐵粉」的高太后，甚至已經下野、身在金陵的新黨領袖王安石都在為他求情，上書直言：「豈有聖世而殺才士者乎？」

更重要的是，判決的最終決定者、當時的皇帝宋神宗趙頊，整體上還算理智而不剛愎，也有可能是出於平衡新舊派系之間矛盾的考慮，直到最後也沒有對蘇軾起殺心，只求給這個「滿肚子不合時宜」的傢伙一些下馬威，給了他一個「黜置方州，以勵風俗，往服寬典，勿忘自新」的判詞，便將他流放荒遠，眼不見為淨。

附錄1　蘇軾部分嫌疑罪證一覽

詩文	摘要	罪名
〈山村五絕〉	贏得兒童語音好， 一年強半在城中。	諷刺青苗法
〈山村五絕〉	豈是聞韶解忘味， 邇來三月食無鹽。	諷刺鹽法
〈八月十五日看潮五絕〉	東海若知明主意， 應教斥鹵變桑田。	諷刺朝廷水利之難成
〈戲子由〉	讀書萬卷不讀律， 致君堯舜知無術。	違抗朝廷新律
〈司馬君實獨樂園〉	兒童誦君實，走卒知司馬。 ……撫掌笑先生，年來效瘖啞。	譏諷現任執政不得其人，期盼司馬光當政
〈次韻黃魯直見贈古風二首・其一〉	嘉穀臥風雨，稂莠登我場。 陳前漫方丈，玉食慘無光。	痛斥新進之黨
〈湯村開運鹽河，雨中督役〉	鹽事星火急，誰能恤農耕？ 薨薨曉鼓動，萬指羅溝坑。	攻擊朝廷「生事」（民生工程）
〈後杞菊賦〉	始余嘗疑之，以為士不遇，窮約可也。至於饑餓嚼嚙草木，則過矣。	諷刺全國百姓的貧窮，減削公使錢太甚
〈王複秀才所居雙檜二首・其二〉	根到九泉無曲處， 世間惟有蟄龍知。	有不臣之心，暗諷皇帝非真龍天子

就這樣，蘇軾最終撿回了一條命。

二、前吃貨時期

寫書的功力有限，一不小心寫了這麼多關於烏臺詩案及北宋中後期政治形勢及鬥爭的內容，雖然並沒能道出個所以然來，但好在還是把蘇軾送上了前往黃州的路。對此不感興趣的讀者怕是早就膩了，放心，這本書的重點依然是蘇東坡成為吃貨的故事，交代完以上必要訊息，我們就繼續。

黃州，位於今天湖北省東部的黃岡市，在現代，以當地中學教師擅長出題折騰全國學生而聞名，而北宋時期的黃州，只是一個偏遠的江邊小鎮。前面有提到，在黃州，蘇軾真正意義上完成了兩大蛻變：一是變成一個熱愛生活的吃貨，二是在文學和思想成就上一飛衝天。

不過大家先等等，我們後面再說蘇軾在黃州的轉變，在旅程開始之前，我們必須要提出一個直擊靈魂的問題：蘇軾本來是「吃貨」嗎？

了解蘇軾的人都知道，他這個人打小就心思細膩，重感情，偶爾還會炫耀、毒舌，可以說是個有趣的男人，但在物質生活上，卻實在說不上是特別有情調。可畢竟人活著，吃飯是繞不過去的一個話題，即便蘇軾不太在意，他眾多的早期作品，也會間或沾染到一些煙火氣。

下面，我們且做一件前人有心但都不曾辦到的事，那就是借鑑大宋御史們的工作方法，翻開現行的《蘇軾全集》，爬梳蘇軾早期作品中與食物和食材相關的描寫，並憑此揣測一下蘇軾內心對於

「吃」這件小事的真實態度。

比如在嘉祐五年（一〇六〇年）正月，經江陵（今湖北荊州）前往汴京的半路上寫下的〈食雉〉：

> 雄雉曳修尾，驚飛矟日斜。空中紛格鬥，彩羽落如花。
> 喧呼勇不顧，投網誰復嗟。百錢得一雙，新味時所佳。
> 烹煎雜雞鶩，爪距漫槎牙。誰知化為蜃，海上落飛鴉。

雉，泛指各種野雞，蘇軾接觸到的這只雉，很大機率是今天野外常見的環頸雉[1]，但也不排除是顏值更高的錦雞，比如在《爾雅》中被稱為「鷩雉」的紅腹錦雞。為了表現這野雞的勇敢和美麗，初出茅廬的蘇軾動用了他豐富的知識和過人的想像力，可以說是驚豔無比。就像最後「誰知化為蜃，海上落飛鴉」一句，便化用了「雉化為蜃」與「海市蜃樓」的傳說。

蜃，是指海中巨大的蛤蜊，古人認為從這只蛤口中吐出的「蜃氣」，會化為海上虛幻的空中樓

1 環頸雉廣泛分布於歐亞大陸，亞種眾多，其東亞亞種曾於十九世紀作為狩獵物引入北美，後進行了馴化。近年某些人工繁育的品種被冠以「美國七彩山雞」之名推廣到了中國，不少人以為牠們是外來的「洋雞」，其實卻是根正苗紅的本土物種。

閣，這就是「海市蜃樓」的由來。然而，這海中的巨蛤和山裡的野雞又有什麼關係呢？兩者之間的關聯最早出自《禮記》中的〈月令〉：「孟冬之月……。水始冰，地始凍，雉入大水為蜃。」在晉代干寶的《搜神記》中，這一說法又演化成了「千歲之雉，入海為蜃」——彩羽紛落的千年野雞，越過山巒落在海中，化身為海底的怪物，從口中吐出了令人迷離的海市蜃樓，這樣的場景，讓人腦補出一部電影大片的特效片頭。

只可惜，詩中除了一個沒有感情的「新味時所佳」，就是沒有提野雞有多好吃。這不難理解，我也吃過馴化後人工養殖的環頸雉，商品名「七彩山雞」，味道吧，差強人意，肉質吧，明顯不如農村自然放養的雞，至於野生的嘛，那還是算了吧，畢竟吃野味不提倡，野雞哪有家雞香？

和〈食雉〉的下筆時間沒隔幾天的〈鯿魚〉也是如此：

> 曉日照江水，游魚似玉瓶。誰言解縮項，貪餌每遭烹。
> 杜老當年意，臨流憶孟生。吾今又悲子，輟箸涕縱橫。

鯿魚，是長春鯿、團頭魴[2]、三角魴這三種傻傻分不清的「縮項魚」的統稱，牠們的肉質細嫩，肥而不膩，尤其適合烹、蒸。得益於現代水產養殖技術的進步，長春鯿和團頭魴已經走進千家萬戶，就連古來就有的「武昌魚」名號，也被團頭魴搶注並牢牢鎖住，但在宋代，鯿魚大致上還算是個稀罕物。

在江陵吃到了鯿魚以後，蘇軾為鯿魚因貪圖餌食而被烹為盤中飧感到難過，並由此聯想到了也曾途經此處的孟浩然和杜甫，更為人命運的無常而涕淚悲嘆。

反正到最後還是沒提這鯿魚的口味究竟怎麼樣。

嘉祐六年（一〇六一年），剛剛開始為官的蘇軾，來到陝西出任「大理評事簽書鳳翔府判官」。這官名聽上去相當高級，但實際上在宋代，傳統意義上的「官」和「職」是分開的，「大理評事」只是一個定薪標準，類似現在公務員的行政級別，和實際的職務沒有什麼直接的關係，而「簽書鳳翔府判官」才是他的實際官職，其定位大概類似於當地的市政府辦公室主任。

為了能在處理公事之餘「詩意地棲居」，興致勃勃的蘇軾選擇了二十一個不同角度描述自己所居住的官舍，寫下了一組〈次韻子由岐下詩〉，寄給自己的弟弟子由，即蘇轍。

特別說明一下，「次韻」的意思，是指A寫了一首詩贈給B之後，B按照原詩的韻和用韻的次序來和A的詩。一般如果看到一首詩由「次韻」二字起頭，基本上就可以斷定這是一首回信（詩），而寫詩的兩人一般有比較密切的通信往來。

蘇軾一生跟弟弟蘇轍書信往來頻繁，著名的〈水調歌頭．明月幾時有〉就是寫給蘇轍的，而「次

---

2 今天的「武昌魚」多指原產自武漢本地的團頭魴。中國知名魚類生態學家易伯魯先生調查和研究後發現，人們口中的鯿魚，實際上包括了長春鯿、團頭魴和三角魴這三個物種。因個體較大且肉質更佳，團頭魴成為中國被馴化、養殖成功的第一種淡水魚類。

韻」蘇轍的更是有五十三首，就像現在人只要看到稍微有點意思的圖文或者表情包，就會傳給要好的朋友與之分享，然後對方在閱後也會把自己覺得好玩的東西回傳一樣。由此可見，二人關係真的非常之鐵，簡直就像同父同母的親兄弟，不對，他們本來就是。

切回正題，在這一組〈次韻子由岐下詩〉中，除了北亭、池塘、矮牆、軒窗之類的地點外，蘇軾還分別為周遭的桃、李、杏、梨、棗、櫻桃、石榴都題寫了詩。內容實在太多，我就不一一列出來了，而且也沒有必要，因為令人失望的是，以上名詞指代的全都是樹，並不是樹上結的果實。

治平元年（一〇六四年），依然是蘇軾在鳳翔為官期間，山裡的農夫給他帶去了一樣野味——竹鼬。這所謂的「竹鼬」，今天可以說是赫赫有名，牠們正是因「華農兄弟」（編注：中國網紅）而享譽中國的竹鼠[3]。不過跟今天養殖的不同，這裡的竹鼬放到今天，可是不能亂吃的野味。

不過，這些不幸被捉的小傢伙被山民提著尾巴拎到他跟前時，蘇軾並沒有為牠們編造一個類似「中暑」、「憂鬱」之類的理由，而是把牠們帶到河邊，送牠們當場去世。

野人獻竹鼬，腰腹大如盎。自言道旁得，采不費罝網。
鴟夷讓圓滑，混沌慚瘦爽。兩牙雖有餘，四足僅能仿。
逢人自驚蹶，悶若兒脫襁。念茲微陋質，刀幾安足枉。
就擒太倉卒，羞愧不能饗。南山有孤熊，擇獸行舐掌。
（〈竹鼬〉）

既然竹鼠這麼可愛，像嬰兒一樣人畜無害，那麼為什麼要吃竹鼠呢？更何況，看到倉皇就擒、驚恐不安的竹鼠，是個人都會心生惻隱，還能下得去手的人，他們難道都是魔鬼嗎？於是，蘇軾毅然放走了這些心事重重的小傢伙。

話說回來，這幾隻竹鼠的幸運等級絕對超高。可以想像，如果時間線變動，牠們遇到的是去過黃州的蘇軾，那麼〈在下東坡，一個吃貨〉（編注：中國紀錄片《歷史那些事》第一集片尾曲）的歌詞，恐怕就會被建議改成「東坡酥東坡肘子東坡鼠」了。

同年，蘇軾還寫過一首〈次韻子由種菜久旱不生〉，同樣也是和給弟弟蘇轍的詩：

新春階下筍芽生，廚裡霜虀倒舊罌。
時繞麥田求野薺，強為僧舍煮山羹。
園無雨潤何須嘆，身與時違合退耕。
欲看年華自有處，鬢間秋色兩三莖。

3 竹鼠古稱竹鼬、竹狸，中國境內有多種齧齒目竹鼠科的物種分布，其中以中華竹鼠最為常見，竹鼠多以竹子及其他植物莖稈等為食。人類食用竹鼠的歷史已久，在新石器時期的半坡遺址就出土過大量竹鼠的殘骸。順便一提，同樣以竹子為主食的野生大熊貓也鍾愛捕食竹鼠。

他寫這詩的目的，只是要跟弟弟分享一下自己在春天裡採摘野菜，去寺院裡煮成「山羹」這件事情。看著是沒什麼問題，但要是拿這裡的「山羹」同蘇軾後來所寫的羹湯詩文一比，其可餐水準，就立馬落了下風，說到底還是沒有對比就沒有傷害啊。

熙寧七年（一〇七四年），蘇軾前往山東任密州知州。在密州知州任上，除了眾所周知的〈水調歌頭．明月幾時有〉以及〈江城子．密州出獵〉外，蘇軾還寫過一篇比較有名的〈後杞菊賦〉。

在序言中，蘇軾提到唐代的陸龜蒙自稱經常吃老硬的杞菊，一年吃兩次，一次吃半年，一天不吃就渾身難受，還寫了一篇〈杞菊賦〉展現他的專業素質。對此，蘇軾曾經是懷疑的，他覺得作為一個文人，生活再怎麼煩惱，事業再怎麼不順，也不至於淪落到吃草木的程度。

但現在到了密州當官，他才發現往日的自己實在是太年輕了，由於當地連續三年大旱，隨後蝗蟲肆無忌憚，生活物資極端匱乏，不僅百姓食不果腹，甚至就連身為知州的自己，都不得不跟同僚一起「循古城廢圃，求杞菊食之」，也就是在荒廢的菜園裡尋找杞菊之類的野菜來吃。到了這種時候，蘇軾只能慨嘆陸龜蒙誠不我欺。

在〈後杞菊賦〉的正文中，面對自己的「他我（自我中分離出的其他人格）」的靈魂問話，蘇軾自答：

> 人生一世，如屈伸肘。何者為貧，何者為富？何者為美，何者為陋？或糠覈而瓠肥，或粱肉而墨瘦。何侯方丈，庾郎三九。較豐約於夢寐，卒同歸於一朽。吾方以杞為糧，以菊為糗。春食

苗，夏食葉，秋食花實而冬食根，庶幾乎西河、南陽之壽。

他認為，如果在夢裡也要比較貧富，那到頭來早晚都要化為一具枯骨，還不如跟他一樣降低自己的物質慾望，多多取食草木，正所謂「春食苗，夏食葉，秋食花實而冬食根」。於是乎，蘇軾單方面宣布，這種低慾望的簡單飲食才是最好的，不僅屌打各路美食，還能夠使人健康長壽，這樣豈不美哉？

儘管寫於密州救災的特殊時期，但〈後杞菊賦〉的論點，也在一定程度上反映了當時蘇軾對口腹享受的態度。順帶一提，因為寫於朝廷推行青苗法的特殊時期，這篇自稱「嚼齧草木」、有賣慘嫌疑的〈後杞菊賦〉，還在後來的烏臺詩案中成為蘇軾重要的罪證之一。

還有一些例子，比如同樣是在密州所作的〈讀孟郊詩二首．其二〉中，蘇軾提到了「初如食小魚，所得不償勞。又似煮彭越，竟日嚼空螯」。這裡的彭越，不是那個漢初的大將，而是代指一種名叫蟛蜞（學名相手蟹）的小蟹，也許在他的眼裡，吃小魚小蟹就是在浪費時間。

而在同時期另一篇名字超級長，打出來有湊字數騙稿費之嫌的〈立春日，病中邀安國，仍請率禹功同來。僕雖不能飲，當請成伯主會，某當杖策倚几於其間，觀諸公醉笑，以撥滯悶也。二首〉詩中，病後初癒的蘇軾寫下了一句「白髮欹簪羞彩勝，黃耆煮粥薦春盤」。

黃耆，也就是黃芪[4]，在中醫的觀念中被認為可以補元氣。在喝下加入黃芪熬成的粥後，蘇軾精神逐漸煥發，很快就從病床上跳下，看到屋外恢復了生機的花花世界，激動得他差點直接喊出來：我，蘇軾，養生老王子。說到這裡提前劇透一下，二十多年以後，蘇軾又一次提到了黃耆粥，那時距離他離世大概還有一個月。

要說更氣人的，還是得把時間往前倒，回到熙寧四年（一〇七一年），蘇軾任杭州通判期間。「通判」這個官職，分管州府的糧運、家田、水利和訴訟等事項，大概相當於今天的副市長。這是蘇軾人生中頭一回在杭州當官。

在杭州，蘇軾吃到了當地有名的小吃「寒具[5]」。寒具類似於今天的「饊子」，是一種足以將隔壁小孩饞哭的油炸食品，雖然今天有油炸食品不夠健康的說法，但在資源匱乏的古代，能吃到炸出來的食物可是一般人難以擁有的幸福，可是，蘇軾品嘗之後寫下的〈寒具詩〉，只是著重誇了誇它「嫩黃深」的顏值：

纖手搓成玉數尋，碧油煎出嫩黃深。
夜來春睡無輕重，壓扁佳人纏臂金。

這首詩還有一個流傳版本，有一定程度的細節修改，但整體上也是大差不離：

纖手搓成玉數尋，碧油輕蘸嫩黃深。
夜來春睡濃於酒，壓扁佳人纏臂金。

當然，也有考證認為蘇軾這首〈寒具詩〉是後來在徐州知州任上所作，我覺得還算是有道理。因為就今天饊子這種食物的流行地區來看，主要是在江北、淮海一帶更受歡迎，「茶饊」至今仍是淮安這個距離徐州不遠的城市的特產，所以，我們也不能排除〈寒具詩〉是在徐州創作的可能性。

要說哪句話最能表現他前半生對於吃的心態，莫過於我們前面已經提過的〈於潛僧綠筠軒〉中那句：「可使食無肉，不可居無竹。無肉令人瘦，無竹令人俗。」

當時杭州府裡有個於潛縣，於潛縣裡有個寂照寺，寂照寺裡有個綠筠軒，這是他題寫在綠筠軒中的詩。顯然，在地方大員、知名文人蘇軾的眼裡，實現精神上的追求，要比滿足人的口腹之欲高出了不止一個層次，當時的他確信，過分沉迷物欲的人一定要被批判一番！要不然他怎麼會一本正經地寫

4 黃芪即黃耆，「黃耆」為古代寫法，明清以後開始簡寫為「黃芪」，在現代作為植物，多寫做「黃耆」；而作為藥物，多寫做「黃芪」。黃芪入藥最早可以追溯到漢代以前，中醫認為黃芪是「補氣諸藥之最」，無論煮粥還是泡水，均有「補氣止汗，利尿消腫」的功效。

5 因為古人在寒食節當天禁煙火，只吃冷食，因此便會製作「寒具」食用，這是一種將用水和好的麵搓成細條，扭結為環釧形狀，油炸而成的麵點。賈思勰在他的《齊民要術》中就詳細記載了南北朝時期寒具的製作方法，如今寒食與清明融合為一天，寒食節風俗也已無存，但由寒具發展而來的饊子卻傳承至今。

下「人瘦尚可肥，士俗不可醫」這種被後來的自己聽到了會當成黑歷史的話。

堅持低慾望，追求清高，渴望脫離三俗的現實土壤，雖不能完全說是一部分中國古代文人的臭毛病，倒也符合他們的價值觀導向，按照馬斯洛的需求層次理論解釋，作為皇權之下、自認為地位最高的士大夫階層，至少在明面上，要表現出對生理需求、安全需求、社交需求的不屑一顧，只有得到尊重和自我實現，才是他們一生所好。

而吃，作為人最基本的生理需求，更是底層中的底層，許多文人之所以對吃閉口不提，也很好理解，畢竟哪個自視甚高的人想淪落到鄙視鏈的最低一環呢？

三、老饕降臨的序章

就蘇軾的作品證據看，至少在他的前半生，也就是四十歲之前，他對吃這種處於底層的生理需求並不是特別感冒，但如果非要說他在吃上面一點興趣都沒有，那恐怕也失之偏頗。

任杭州通判時，雖說過「可使食無肉，不可居無竹」這種大話，但也坦坦蕩蕩地承認自己「平生嗜羊炙，識味肯輕飽」，炙，是烤肉的意思，也就是說他自己特別愛吃烤羊肉，一次能吃不少，就他後來因為吃不上羊肉而採取的種種舉措來看，這的確沒有胡說八道。

這一說法出自一首名字同樣超長的抒情詩〈正月九日，有美堂飲，醉歸徑睡，五鼓方醒，不復能眠，起閱文書，得鮮于子駿所寄《雜興》，作《古意》一首答之〉：

眾人事紛擾，志士獨悄悄。何異琵琶弦，常遭腰鼓鬧。
三杯忘萬慮，醒後還皎皎。有如轆轤索，已脫重縈繞。
家人自約敕，始慕陳婦孝。可憐原巨先，放蕩今誰弔。
平生嗜羊炙，識味肯輕飽。烹蛇啖蛙蛤，頗訝能稍稍。
憂來自不寐，起視天漢渺。闌干玉繩低，耿耿太白曉。

「羊炙」後面還接了一句：「烹蛇啖蛙蛤，頗訝能稍稍」，有人認為這個「烹蛇」是一個典故，出自東晉陶淵明的《搜神後記》，大概是說廣州有三個伐木工，在進山砍柴的時候遇到兩個大蛇蛋，就跟貝爾．吉羅斯（美國探險節目《荒野求生祕技》主持人）在荒野求生時一樣把蛋給煮了，後來伐木工被極度憤怒狀態下的巨蛇報復殺死。形容有些事不能做，做了就會引來災禍，而與吃無關。

當然，我們也不能懷疑蘇軾自稱吃過蛇、蛙、蛤蟆之類，並且對這些東西能吃感到些許的驚訝，畢竟這時候的他還沒有去過嶺南啊！

同樣是在治平元年（一〇六四年），也就是蘇軾放生竹鼠的那一年，他與弟弟蘇轍一同來到陝西鄠縣（今西安市鄠邑區），在那裡寫下一首〈渼陂魚〉。對於這些像長劍一般的紅鱗魚，蘇軾評價頗高，感慨自己來到北方後，總算是吃到了一次好魚（「自從西征復何有，欲致南烹嗟久欠」），一行人配著上好的魚肉吃了好幾碗米飯，其描寫難得還算讓人垂涎。

順帶一提，渼陂湖曾是關中地區最大的湖泊之一，有「關中山水最佳處」之美譽，唐代杜甫曾形容它為「波濤萬頃堆琉璃」。而渼陂湖中的魚可以說是久負盛名，不但美味，據說還能治療痔瘡，難怪讓蘇軾評價頗高（蘇軾一生為痔瘡困擾，我們之後再表）。

只可惜，昔日的渼陂湖因蘇軾筆下的魚聞名，也因這些魚遭受過滅頂之災。隨著唐宋之後的氣候變化，渼陂湖的面積已有所縮減；而元代駐紮至此的蒙古軍隊，因為聽聞渼陂魚的大名，做出決堤獵魚的決定，致使大湖逐漸乾涸為水田。從此以後，渼陂湖用了近千年的時間，加之人工干預，在現代才有所恢復，然而彼時的渼陂魚卻早已成為傳說。如果你實在覺得遺憾，那不妨多讀幾遍這首〈渼陂魚〉解解饞吧：

霜筠細破為雙掩，中有長魚如臥劍。
紫荇穿腮氣慘淒，紅鱗照坐光磨閃。
攜來雖遠鬣尚動，烹不待熟指先染。
坐客相看為解顏，香粳飽送如填塹。
早歲嘗為荊渚客，黃魚屢食沙頭店。
濱江易采不復珍，盈尺輒棄無乃僭。
自從西征復何有，欲致南烹嗟久欠。
游鯈瑣細空自腥，亂骨縱橫動遭砭。
故人遠饋何以報，客俎久空驚忽贍。

東道無辭信使頻，西鄰幸有庖齏釅。

而他在密州知州任上，和〈後杞菊賦〉寫於同一年的〈和蔣夔寄茶〉，雖然主題是說飲茶的，但也提到了不少食材和名菜，乍一讀是一首讓人頗有食慾的作品。摘錄這首詩前半部分：

我生百事常隨緣，四方水陸無不便。
扁舟渡江適吳越，三年飲食窮芳鮮。
金齏玉膾[6]飯炊雪，海螯江柱初脫泉。
臨風飽食甘寢罷，一甌花乳浮輕圓。
自從舍舟入東武，沃野便到桑麻川。
剪毛胡羊大如馬，誰記鹿角腥盤筵。
廚中蒸粟埋飯甕，大杓更取酸生涎。
柘羅銅碾棄不用，脂麻白土須盆研。
……

6 「金齏玉膾」這一名稱，最早出現在北魏賈思勰所著《齊民要術》，其中的「金齏」是用蒜、薑、鹽、白梅、橘皮、熟栗子肉和粳米飯調製而成的金黃色蘸料，而「玉膾」指切成了如玉一般潔白的生魚肉薄片，《齊民要術》中並沒有限定用什麼魚，但後人一般會將鱸魚作為切膾的首選。

這時的蘇軾剛剛調任密州，在杭州待了三年，一下子又回到北方，多少會有些水土不服，何況現在密州還面臨災荒，他開始憶苦思甜，回憶起曾經的自己也算是吃遍四方。他想起了海蟹的大螯、江中的瑤柱等等具有江南風情的物產，而最讓他念念不忘的，正是那碗用祕製醬料搭配松江鱸魚生魚片做成的「金齏玉膾飯」，在酒足飯飽之後，再喝上一盞好茶，這樣的生活太美妙了。

果然，得不到的才是最好的，蘇軾從前不知道珍惜，直到來了密州才追悔莫及。在密州當地，剪了毛的羊幾乎跟馬一樣大，一看就知道肉質不佳，就連被稱為「鹿角」的小魚也能擺上宴席。如果非要說當地特色，也只有所謂的「蒸粟埋飯甕」值得一提。這是一種甕裝的小米飯，可能在飯下面還埋著一些肉，再配著大勺的酸汁，吃起來還算爽口。

最讓蘇軾感覺可惜的是，在此地喝不到好茶，自己手中那些個珍藏了多年的精製茶壺、茶盞，一個都派不上用場，簡直暴殄天物。

在我看來，這首詩裡對於昔日美味的種種回憶，雖然多少透露著一些樂觀且隨遇而安的態度，但更多像是一種訴苦，傷感自己的物質需求在密州得不到完全意義上的滿足。他甚至還有些挑剔，抱怨羊肉口味不佳，抱怨小魚僅能塞牙，他還不知道跟未來等待著他的遭遇相比，身在密州已經算得上是幸福了。但我們不該苛責他，畢竟我們這些後來人，是在上帝視角上才說得出這種話，畢竟這時候的他還沒有遭受現實真正的毒打。

有時候我們不得不承認，一個人在童年時候形成的口味往往最難改變，因為長期為官在外，蘇軾對四川故鄉的風味多少有一些想念。在徐州知州任上，蘇軾曾給自己的好友、黃庭堅的舅舅李公擇寄去了竹筍和芍藥，並附上了詩：

久客厭虜饌，枵然思南烹。故人知我意，千里寄竹萌。
駢頭玉嬰兒，一一脫錦繃。庖人應未識，旅人眼先明。
我家拙廚膳，彘肉芼蕪菁。送與江南客，燒煮配香粳。

（〈送筍芍藥與公擇二首・其一〉）

這首詩的內容用第一人稱描述大概如此：因為吃不慣當地的飲食，家鄉人不遠千里給我快遞了四川的筍子。剛剛到貨，我便迫不及待地拆開包裹，剝掉筍皮，將嬌嫩的玉筍交給了自家的廚師，然而，對於筍這種美味，本地的廚師居然不認識，只會用野菜配豬肉和蕪菁一起煮著吃，這讓我有些無語……。好了，吐苦水到此為止，因為我和你李公擇的關係深厚，所以就把吃剩下的筍子給你這個南方人寄去，我建議你煮熟後配香粳米一起吃，這樣更合適。

說明一下，詩中的「久客厭虜饌，枵然思南烹」兩句，為了方便朋友理解，蘇軾還幫自己下了個注釋：「蜀人謂東北人虜子」，這所謂的「虜饌」，當然就是指東北人的飲饌。不過，這裡的「東北」不是現在的東三省，而是指包括今天山東、徐州在內的北方東部沿海一帶。

個人認為，蘇軾攤上烏臺詩案之前，在所有提到吃的詩歌中間，這已經算是比較有吃貨感覺的一首了，把筍的美味和思鄉之情，以及對朋友的關心表達得恰到好處。而同樣是任徐州知州期間寫的

〈春菜〉，則細數了春天裡江淮一帶的種種食材，既有蕪菁、韭芽、青蒿之類的素菜，也有白魚、河豚這些個葷菜，他甚至大言不慚：如果能夠一直吃到這些好東西，那還不如自己彈劾自己，從此棄官不當，做第二個有「蓴鱸之思」的張翰。

蔓菁宿根已生葉，韭芽戴土拳如蕨。
爛蒸香薺白魚肥，碎點青蒿涼餅滑。
宿酒初消春睡起，細履幽畦掇芳辣。
茵陳甘菊不負渠，鱠縷堆盤纖手抹。
北方苦寒今未已，雪底波稜如鐵甲。
豈如吾蜀富冬蔬，霜葉露牙寒更茁。
久拋菘葛猶細事，苦筍江豚那忍說。
明年投劾徑須歸，莫待齒搖並發脫。
（〈春菜〉）

都說到這裡了，還是簡單解釋一下什麼是「蓴鱸之思」吧：西晉有個張翰，老吃貨了。在洛陽當官時秋風一起，他就懷念起了故鄉蘇州的菰菜、蓴羹以及鱸魚膾，於是便毅然辭官歸鄉，這就是「蓴鱸之思」的由來。不過，我還是要為現在被改造成了「茭白」的菰菜抱個不平：說好了我才是張翰第一想的，憑什麼只提蓴鱸它們倆？

由此可見，來到徐州，很有可能是蘇軾美食之魂覺醒的前奏與開端，對此，我們要結合蘇軾之前在山東密州為官的經歷來看。由於密州旱災、蝗災相繼為虐，蘇軾壓力巨大，儘管還不至於經常餓肚子，但「想要吃好」這一點追求肯定是沒能得到充分的滿足，於是，才有了〈和蔣夔寄茶〉、〈後杞菊賦〉這一類透露著些許苦氣的詩文。

而在災情好轉之後，蘇軾隨即調任到了物產頗為豐富的徐州，否極泰來，他終於吃上了一口好菜，對飲食的態度有所改觀。在一定程度上，此時的蘇軾已經不再是從前那個沒有感情的吃飯機器，只不過這時候的他還沒有深刻地意識到。

更值得玩味的是，蘇軾在湖州知州任上翻車之前，至少還在兩首詩中，提到了當地的湖鮮，其一為〈泛舟城南會者五人分韻賦詩得「人皆苦炎」字四首．其三〉：

紫蟹鱸魚賤如土，得錢相付何曾數。
碧筩時作象鼻彎，白酒微帶荷心苦。
運肘風生看斫鱠，隨刀雪落驚飛縷。
不將醉語作新詩，飽食應慚腹如鼓。

其二為〈丁公默送蝤蛑〉：

溪邊石蟹小如錢，喜見輪囷赤玉盤。
半殼含黃宜點酒，兩螯斫雪勸加餐。
蠻珍海錯聞名久，怪雨腥風入座寒。
堪笑吳興饞太守，一詩換得兩尖團。

第一首詩中的「紫蟹鱸魚」，顯然比〈讀孟郊詩〉中提到的密州當地的彭越小魚高級不少，蘇軾沒有經得住誘惑，不幸貪吃了不少「刺身」（「斫鱠」指用刀切成的細肉片）。然而，他在事後便馬上後悔，因為這一點都不符合他從前「可使食無肉」的文人價值觀！我們的大詩人好好自我反省了一番。

然而，就算是錯了，蘇軾下次還敢。在第二首〈丁公默送蝤蛑〉中，原本只有小螃蟹可以吃的蘇軾，面對朋友送過來的升級版的蟹——蝤蛑，本來是想要拒絕的。可牠們實在是太大了！剝了殼一半都是蟹黃，掰開鉗子還有整塊白白嫩嫩的蟹肉，用自己的一首詩換兩個大蟹，實在是太划算了！事到如今，什麼清心寡慾的文人形象，管他呢，真香！

對了，作為一個興趣點全在生物上的歷史愛好者，我還是有必要猜測一下蘇軾口舌下的物種。紫蟹，或許就是我們常見的中華絨螯蟹，也就是俗稱的大閘蟹，古人常常稱呼絨螯蟹為「紫蟹」，原因不得而知，有人說紫色是蟹活著的時候殼的顏色，也有人說是蟹螯上的絨毛顏色，但在並不色盲的我看來這倆都不是紫色啊！或許就像藍貓不藍，是人們對紫色的定義不一樣吧。

而第二首詩中丁公默送給他的「蝤蛑」則好找很多。蝤蛑本來是用於指代體形較大的螃蟹，但在宋代以後，「蝤蛑」逐漸成為梭子蟹[7]這一類海蟹的代稱，根據蘇軾食用牠的地點判斷，很大機率是梭子蟹科的三疣梭子蟹。這種蟹在浙江比較常見，一般生活在入海口，個大膏多，蟹肉鮮嫩肥美，兼具河蟹和海蟹的優點。

不過，相比河蟹，尋常的三疣梭子蟹並沒有太大的體形優勢，也有人認為，蘇軾吃到的蝤蛑，其實是梭子蟹科青蟹屬的那些大傢伙，比如個大肉厚的鋸緣青蟹。還有一種說法，是說前面提到的「紫蟹」，其實也是梭子蟹，這是因為梭子蟹雖以青色為主色調，但漁人們會時不時撈到一些紫色的個體。對了，不要跟我說還有紅色的，那是煮熟了。

在宋代著名的笑話集《艾子雜談》中，有這樣一個故事：「艾子行於海上，初見蝤蛑，繼見螃蟹及彭越，形皆相似而體愈小，因嘆曰：『何一蟹不如一蟹也？』」如果《艾子雜談》的原作，真如人們所說的那樣是蘇軾本人，抛開他對當朝權貴的陰陽怪氣，對於這三種不同尺寸的螃蟹，他還真的是分得清楚。

還有就是鱸魚，不是魚露的那個鱸魚。在中國，鱸魚這傢伙自古以來就太過有名，以至於在古詩詞中都成了常客，從「蓴鱸之思」、「金齏玉膾」再到「紫蟹鱸魚」，我們的正題還沒開始，鱸魚便

---

7 梭子蟹的外殼兩側帶尖刺，蟹螯修長且多有鋸齒，最後一對足扁平寬薄，有如船槳，因而較其他螃蟹游泳速度更快。作為我們自古以來最常食用的海蟹，梭子蟹還有很多的別稱，如蝤、蠘、青蟹、撥棹子等等。

已經露面好幾次，一點都不缺少曝光度。來到現代人的餐桌，鱸魚也是常客中的貴客，不過，很多人並不知道，古人包括蘇軾筆下的「鱸魚」，跟今天人們經常吃到的鱸魚不完全是一回事。這個事說來話長，我們且等蘇軾到了黃州，作〈後赤壁賦〉的時候再細說吧。

到此為止，蘇軾在烏臺詩案前關於美食的詩文，大概就是上面這十來首，外加個別有提到但所占篇幅內容極少的，可能還存在部分遺漏或是有爭議的地方，不過大致上算是梳理完了。感慨一下，御史的確是一個勞心費力的工作，在下真心佩服工作量是我好幾倍的舒亶、李定等先輩們。

透過上面兩節提到的這十幾篇詩文，我們大致可以勾勒出一個「前吃貨時期」的蘇軾：作為一個有著強烈表達慾望，且敢說敢做的真性情文化精英，他並不希望別人把他看作一個熱衷於滿足口腹之欲的粗鄙之人，畢竟孔子曾經說過「君子遠庖廚」，不然在他現存數千篇的早期作品中，關於吃的文章怕不用雙手雙腳就能數得出來。

而且，即便是跟吃有關的作品，大多數論水準也非上乘之作，不是顧左右而言他式的秀文采，就是報菜名一般的列舉食材，即使偶爾會暴露一下自己貪嘴的本性，但堪稱用心的句子也不是特別多，而關於味道、口感的直觀描寫更是少得可憐。可以說，美食在他心目中的位置，還遠遠比不上士大夫們的老朋友——酒。

不過，他雖然嘴上說著「可使食無肉，不可居無竹」、「以杞為糧，以菊為糗」，追求著更加高遠的精神境界，但還是打心裡企盼能吃到一桌好飯。而且，他還會間歇性地懷念起家鄉的味道，若是遇到稀罕的食材或是可口的菜餚，也是會管不住自己嘴巴多吃不少，或許，那個日後的大吃貨，這一

附錄2　東坡吃貨足跡圖——烏臺詩案前

西元	中國紀年	主要官職	詩文
1060	嘉祐五年	無	〈食雉〉、〈鳊魚〉
1061—1071	嘉祐六年～熙寧四年	鳳翔府判官	〈渼陂魚〉、〈竹〉、〈次韻子由種菜久旱不生〉
1071—1074	熙寧四年～熙寧七年	杭州通判	〈於潛僧綠筠軒〉、〈寒具詩〉（爭議）
1074—1077	熙寧七年～熙寧十年	密州知州	〈後杞菊賦〉、〈和蔣夔寄茶〉、〈讀孟郊詩二首〉
1077—1079	熙寧十年～元豐二年	徐州知州	〈送筍芍藥與公擇二首〉、〈春菜〉
1079	元豐二年	湖州知州	〈丁公默送蝤蛑〉、〈泛舟城南會者五人分韻賦詩得「人皆苦炎」字四首・其三〉

時期就已經有了雛形。

我們可以想像，如果沒有烏臺詩案，如果在政治上一帆風順，後來蘇軾關於美食的詩文數量應該會有所增加，但他終其一生，都不會淪落為一個合格的「老饕」，更不會因為吃飯這件小事而改變對世界的態度。只有經歷了往後的種種沉淪、傷痛和歡欣，才讓他拾起了對於食物的熱愛，變成了那個遍身是紅塵的煙火氣，卻也更值得喜歡的蘇東坡。

第二章　黃州：變成蘇東坡

千里迢迢來到黃州之後的第二年，蘇軾終於與他命中注定的「東坡」相遇，他在這裡開墾荒地、躬親耕種、修築雪堂，活成了一個農人的模樣。

一、前往黃州的一路

經歷了烏臺詩案，蘇軾算是走了一遭鬼門關，至少從他自己的角度出發，完全可以這麼看。

元豐三年（一〇八〇年）正月初一，蘇軾被釋出獄，但他知道偌大的汴京已經容不下自己，即便如此，曾為文字所累差點丟掉性命的他也不能輸了氣勢，他宣稱「塞上縱歸他日馬，城東不鬥少年雞」（〈十二月二十八日，蒙恩責授檢校水部員外郎黃州團練副使〉），也就是說對於他而言，獲罪被流放是塞翁失馬焉知非福，自己根本不屑於做那種只會討皇帝歡心的鬥雞小兒。根本看不出來有一點反悔的意思，放在今天，或許會被網友們噴作是陰陽怪氣的典型。

爆竹聲中，萬家團圓之際，蘇軾卻帶著二十一歲的長子蘇邁，與負責「護送」自己的兩位公差踏上了去往貶謫之地黃州的漫長旅程。

這一路上，雖然沒有像此前一樣身負枷鎖，但真正的枷鎖反而加在了蘇軾心頭。遙想嘉祐二年（一〇五七年），自己和父親蘇洵、弟弟蘇轍同屆高中，無人不知「一門三學士」，各路名流爭相結交，仕途一片光明，似乎要不了多久就可以進入樞紐，官拜宰相，走向百官之巔。

而如今二十多年過去，父親早已離世，自己也憑著一張破嘴，將一手好牌打得稀爛，不僅招惹了是非差點丟掉性命，還連累了自己的弟弟。大正月裡被押往流放之地，灰頭土臉有如喪家之犬，簡直比昔日他筆下「逢人自驚蹶，悶若兒脫襁」的竹鼠還要可憐。

蘇軾自汴京出發，南下陳州（今河南淮陽），和文與可的兒子文務光（字逸民），以及匆匆趕來的弟弟蘇轍相逢。在烏臺詩案中，蘇轍亦受到牽連，被貶到了筠州（今江西高安）擔任監督鹽酒稅的基層幹部。因為朝廷對蘇轍的處分晚一步才會下達，蘇軾便把自己的家眷託付給了弟弟，相約等到安頓下來之後，再麻煩子由將嫂姪送去黃州。

這對「難兄難弟」辭別之後，蘇軾冒著漫天的大雪通過蔡州（今河南汝南），到達新息（今河南息縣）。

也許是因為暴雪降臨道路難行，蘇軾父子得以在新息逗留一陣子，他便去當地的獄中拜訪一位眉山老鄉。這位老鄉名叫任汲，字師中，慶曆年間進士，是跟蘇洵一個輩分的長者，因為新息縣令是他的官場起點，故對當地深有感情，因此在官場沉浮多年之後，便選擇回到新息定居。

然而天不遂人願，此時的任師中卻因為兒女之故受到牽連，身陷囹圄，這讓剛剛經歷過烏臺詩案的蘇軾感到同病相憐，便為老鄉留下一首〈過新息留示鄉人任師中（任時知瀘州，亦坐事對獄）〉，以此給他鼓勵，希望他能夠早日洗清罪名，其中開頭的幾句，頗值得玩味：

> 昔年嘗羨任夫子，卜居新息臨淮水。
> 怪君便爾忘故鄉，稻熟魚肥信清美。

當時的蘇軾並不知道，此時的他已經打開了一個奇妙的開關，在往後的歲月中，「魚」和「稻」這兩樣東西，會在他的詩文中被反覆提到，誇張一點來說，甚至成為他繞不過去的兩大件事，甚至是他走出人生困境的動力。不過說回到任師中的事上，蘇軾的正能量顯然沒能改變前輩的命運，他不承想這一見竟是訣別，幾個月後，任師中死於獄中。

告別了任夫子，蘇軾一行人渡過淮河，曾經那個像是雲夢澤一般遙遠的黃州，眼看著越來越近。想到自己的謫官生涯即將開始，蘇軾心中忐忑不安，在淮河南岸的小驛站中，他寫下了一首〈過淮〉：

朝離新息縣，初亂一水碧。暮宿淮南村，已度千山赤。
麏鼯號古戍，霧雨暗破驛。回頭梁楚郊，永與中原隔。
黃州在何許，想像雲夢澤。吾生如寄耳，初不擇所適。
但有魚與稻，生理已自畢。獨喜小兒子，少小事安佚。
相從艱難中，肝肺如鐵石。便應與晤語，何止寄衰疾。

未知的未來，蘇軾還不知道自己該怎樣面對，怎樣前進。但那又如何呢，反正「但有魚與稻，生理已自畢」，只要還有魚有稻，就能滿足我的物質需要，我蘇某人就一定能頑強地活下去，更何況，還有越來越懂事的兒子跟隨自己一起走下去。

正月二十五日，經過一路風雪，蘇軾到達今天湖北麻城境內的岐亭。

岐亭鎮可以說是在黃州咫尺之外，鎮外的杏花村盛產好酒，說到「杏花村」，恐怕多數人會想到唐代詩人杜牧的〈清明〉：「清明時節雨紛紛，路上行人欲斷魂。借問酒家何處有？牧童遙指杏花村。」不過，沒有證據能佐證，杜牧筆下的杏花村到底是在這裡，還是在山西臨汾或是安徽池州。不過，鑑於杜牧也曾擔任過黃州刺史，並留下「平生睡足處，雲夢澤南州」之類的句子，要說〈清明〉詩中提到的杏花村就在此處也不是沒有可能。

在雪中岐亭，蘇軾又見到了一位故人——隱居於此的龍丘居士陳慥。陳慥，字季常，是十多年前蘇軾在鳳翔時結識的好友。這位陳季常的存在感不是特別強，但他家那位脾氣不算很好的老婆柳氏，卻為中國的傳統家庭文化貢獻了一個盡人皆知的詞：「河東獅吼」。

這得歸功於後來跟這一家人日漸熟絡的蘇軾，他筆下的一句「忽聞河東獅子吼，拄杖落手心茫然」（〈寄吳德仁兼簡陳季常〉），不僅把一個寂寂無聞的家庭主婦塑造成大宋悍婦的代表人物，還推動了自己的朋友陳季常作為藝人的出道：從南宋人的筆記，到明朝人的戲劇，再到現今香港人的電影，這位頂著「怕老婆」人設的陳季常，一直活躍在舞臺之上。

在早春的大雪中顛簸了一路的蘇軾，心情舒展了些，能在人生的低谷與誠摯的故友相逢，本來就是上天賜予的寶貴機會。患難見真情，在熱心腸的陳季常盛邀之下，蘇軾來到他府上暖暖身子暫作停留。

這一留事小，卻極有可能真的成為蘇軾一生的轉折點，當然，僅僅是在吃這一方面。就是在這裡，蘇軾把他對「魚」和「稻」的執著，發展成了對一切美好食材發自內心的熱愛。

數年之後，蘇軾離開黃州，他把這些年來到岐亭贈給陳季常的詩打包成了一套〈岐亭五首〉，其中的第一首，記敘的正是來到岐亭，同陳季常重逢的時刻：

昨日雲陰重，東風融雪汁。遠林草木暗，近舍煙火濕。
下有隱君子，嘯歌方自得。知我犯寒來，呼酒意頗急。
撫掌動鄰里，繞村捉鵝鴨。房櫳鏘器聲，蔬果照巾冪。
久聞蔞蒿美，初見新芽赤。洗盞酌鵝黃，磨刀削熊白。
須臾我徑醉，坐睡落巾幘。醒時夜向闌，唧唧銅瓶泣。
黃州豈雲遠，但恐朋友缺。我當安所主，君亦無此客。
朝來靜庵中，惟見峰巒集。

（〈岐亭五首．其一〉）

為了給朋友張羅一桌好飯，陳季常化身為「村霸」，繞著村子捕捉鴨鵝，在盤盆中擺滿了蔬果，還特地去水邊為他割了還是赤紅色的蔞蒿嫩芽，甚至還特意為他拿出了「熊白」（熊的脂肪）這類珍藏多年的稀有食材……。看來，雖然黃州地處偏遠，但自己在這裡並不是沒有朋友！落難而來的蘇軾心中無限感慨。

在字裡行間，我們不僅能體味到老友之間久別重逢的真情，還能明顯感受到在蘇軾的身上，愁苦之氣漸漸消散，取而代之的是一種撲面而來、對生活的熱愛，而最能代表這種熱愛的，在鴨、在鵝、在蔞蒿、在蔬果……，在他詩中提到的如此這般種種食材。

就這樣，蘇軾在陳季常家裡住了五天，每天好酒好菜。茶餘飯後，還有健談的朋友，果然，生活是美好的，煩惱是自找的，只要有好吃的，就可以暫時裝作看不到心頭的陰霾，也許，被貶黃州並沒有想像的那麼壞。

五天後，蘇軾再度啟程，陳季常騎馬相送，二月一日，蘇軾最終抵達自己的流放地——黃州。

在風雪中穿行了五百多公里，而初春的黃州，已然雪霽風輕。蘇軾父子二人暫時寓居在城東南的定惠院僧舍。定惠院外是滿是茂林修竹的向陽小丘，在這裡也可以遠遠地望見江邊的沙洲，如此幽靜的環境，非常適合讓人靜下心來求佛問法，提升自己的精神境界。

但是蘇軾偏不，即便住在寺院，每天聽著晨鐘暮鼓，他也不願天天跟著和尚們一起搭伙吃齋。抵達黃州以後，雖然不時會焚香默坐修身養性，但這個曾經文藝得有些不食人間煙火的文壇領袖，卻根本不想沉迷於宗教，反而對美食之類世俗的愛好一天甚似一天。

從北宋時人的角度看，黃州地處偏遠，擔任團練副使的蘇軾無權簽署公文，基本上跟今日退居二線的領導一樣無事可做。這也挺好，反正官場這個名利之地可能跟自己八字不合，除了暫時無法為民請命讓蘇軾有些鬱悶。不過，既然大難不死撿回一條命，那還不如換種心態重新來過。

在這漫長的一路上，他已然為自己調整好了心態。黃州雖是貶謫之地，自古以來卻是魚米之鄉，所謂「魚在長江，山有筍香」，好山好水自然會有好物產，就算身為謫官，只要肯放低身段，也能好吃好喝地活下去。來到黃州後的第二個月，他便應自己心中的「魚稻情結」，寫下一首〈初到黃州〉，這首詩最是能反映他在此間的心境：

自笑平生為口忙，老來事業轉荒唐。
長江繞郭知魚美，好竹連山覺筍香。
逐客不妨員外置，詩人例作水曹郎。
只慚無補絲毫事，尚費官家壓酒囊。

從此，我蘇軾人在他鄉，做個不問世事的自在員外郎，忘掉失落失望，生活平淡恬淡，知足常樂隨遇而安，就像活在心靈雞湯裡一樣。不過對於蘇軾而言，時間一長，這哪裡夠？在日後，他果然不滿足於每天修佛論道提高個人修養，而是憑一己之力將從古至今千篇一律的貶謫生活整出新花樣。

——好吧，既然被趕出朝堂，那我就去廚房。

二、還是種田適合我

缺月掛疏桐，漏斷人初靜。誰見幽人獨往來，縹緲孤鴻影。
驚起卻回頭，有恨無人省。揀盡寒枝不肯棲，寂寞沙洲冷。
（蘇軾〈卜算子．黃州定慧院寓居作〉）

前文說到，蘇軾初到黃州，住的地方名叫定慧院。一提到定慧院，恐怕很多人第一時間就會想起這首〈卜算子〉，畢竟在課本裡是一首「熟讀並背誦全文」的詩，這會把一些詞句刻進人的DNA裡。

剛剛逃離烏臺詩案的驚濤駭浪，現在的蘇軾，就算來到了魚米之鄉，就算再怎麼自嘲「平生為口忙」，一時之間，也不能完全消弭烏臺詩案帶給他的心理創傷。在不知不覺中，蘇軾又抑鬱起來。〈卜算子〉就是蘇軾的一次真情流露。或許，遠離朝廷的境遇可以成就自己的淡泊與孤高，作為一隻鴻鵠，找不到良木，我乾脆不棲。儘管這裡的沙洲寂寞且冷，也不能隨波逐流，跟那些傢夥同流合汙。

此乃謊言。換句話說，這只不過是他的美好心願，可現實卻未必會給他蘇某人這個面子。

寓居定慧院思考人生沒持續太久，蘇軾也沒能馬上過上魚美筍香的好日子。元豐三年五月二十九日，蘇軾到達黃州將近四個月以後，弟弟蘇轍逆江流而上到達黃州，將蘇軾妻子王閏之、侍妾王朝雲，二子蘇迨、三子蘇過，還有跟隨蘇軾多年的一眾僮僕、保姆一併送到了哥哥身邊，至此，一家人終於團聚。

然而重逢的歡欣很快又被現實的後浪衝散。弟弟告別後，蘇軾愈發感覺到自己的妻兒再加上追隨多年的佣人，狹小的定惠院僧舍很難容納這一大家子人，幸得跟他同名、時任黃州知州陳軾的照顧，蘇軾那一大家子人被破例安排到長江邊的臨皋亭。

如果依照現代建商的宣傳文案，臨皋亭可能是一處極為了不得的黃金地產：「生活必須對得起貴族的血脈，棲居不該委屈了詩人的意願。臨皋亭，官府匠心打造，精品值得信賴，面朝江水，視野開闊，飲茗茶於夕陽之下，坐看江天一色風露浩然，尊貴的氣度，含蓄的豪門，榮耀一生，從此啟程……。」

而實際上，臨皋亭只是一座廢棄的驛站，年久失修，無人問津，出門往前走八十多步就是長江，猶如江邊小舟一般潮溼陰冷。除了實際面積大了一些，在其他各方面可能都比不上定惠院，就連蘇軾自己在搬家的時候也這麼寫道：「全家占江驛，絕境天為破。饑貧相乘除，未見可弔賀。澹然無憂樂，苦語不成些。」（〈遷居臨皋亭〉）沒有一點喬遷新居的氣氛，一看就不是真正的快樂。

住房還不是最嚴峻的現實問題，一開始，蘇軾還「度囊中尚可支一歲有餘」，加上黃州物價比較低，他在寫給當時好友章惇的信中，還感嘆當地「魚稻薪炭頗賤」，跟自己這種收入不高的犯官簡直是絕配，所以在花錢上就慷慨豪邁，但等到後來全家齊聚，他方覺囊中羞澀，捉襟見肘，後悔當初為什麼不多省點錢下來。這像極了不少年輕人單身的時候，似乎完全實現了財務自由，消費時灑脫大氣，可一旦有了房貸、結婚生子，就只好勒緊褲腰帶規規矩矩過苦日子了。

作為被貶之身，蘇軾現在薪俸微薄，而且家眷眾多，日常的開銷也不是小數目，果然沒過多久，他就花光積蓄。為了解決經濟危機，夫人王閏之甚至變賣不少金銀首飾，他也無奈接受了弟弟和朋友的接濟。就算如此，日子也要精打細算：蘇軾每月把錢分成三十吊，每吊一百五十錢，用畫叉挑起來掛在房樑上，每天只取用一吊，以此保證家庭財政的可持續性，就像現在有人擅長管理時間、有人擅長管理表情一樣，蘇軾儼然成了一位「財富管理大師」。

難以想像，大半輩子都沒怎麼跟柴米油鹽打過交道的蘇軾，現在居然為生計發了愁。有一次，他給那位有著「送筍之交」的老朋友李公擇寫信，因為緊巴巴的日子讓他不得不節衣縮食，他在信中甚至發出這樣的感慨：「口腹之欲，何窮之有？每加節儉，亦是惜福延壽之道。」另外，為了平復心中的不安和焦躁，他一度甚至打算投身宗教的懷抱。

告急告急！眼看著貧窮這個魔鬼，就要把後來的大吃貨扼殺在襁褓之中。好在情況發生了轉機，來到黃州的第二年，正當蘇軾每天都在琢磨有什麼特殊的省錢技巧，一家人已經窮得就快揭不開鍋的時候，一個名叫馬正卿的老朋友在雪中給他送炭。

在黃州城東，有數十畝廢棄營房，馬正卿向上級請求將這些無主的空地交給蘇軾，讓他親自耕種，一方面算是「勞動改造」，另一方面也能解決這一大家人的經濟危機。新上任的黃州知州徐君猷比較同情蘇軾的遭遇，當即同意了馬正卿的提議。

從前名滿天下的文豪，現在需要把自己改造成一個農民。不過，好在當時的讀書人並不認為「萬般皆下品」，蘇軾欣然接受了歸隱田園的命運。當然這是為了解決生計問題，而並不是要淨化心靈。

如果我寫的是劇本或者其他影視文案，這個改造的過程恐怕只需要備註一個「鏡頭一轉」，但事實上，開墾荒地，將之變成農場卻是一個漫長艱辛而且頗具挑戰性的任務。所幸蘇軾在開荒的同時，還有一些寫詩的閒情逸致，透過他留下的一組〈東坡八首〉，我們得以窺見他轉變為一個農人的大致歷程。

其一

廢壘無人顧，頹垣滿蓬蒿。誰能捐筋力，歲晚不償勞。
獨有孤旅人，天窮無所逃。端來拾瓦礫，歲旱土不膏。
崎嶇草棘中，欲刮一寸毛。喟然釋耒嘆，我廩何時高。

——廢棄的營壘瓦礫遍地，雜草叢生，但為了吃飯，蘇軾只能帶領一家老小，日復一日地披著荊斬著棘、撿拾著磚瓦、清理著廢墟，每天的基本狀態都是「眼睛一睜，忙到點燈」，在不知不覺中一天天過去。結束了一天的忙碌，感嘆著生活的不易，只有對未來豐收的企盼，才能平復些許疲敝。

其二

荒田雖浪莽，高庳各有適。下隰種秔稌，東原蒔棗栗。
江南有蜀士，桑果已許乞。好竹不難栽，但恐鞭橫逸。
仍須卜佳處，規以安我室。家童燒枯草，走報暗井出。
一飽未敢期，瓢飲已可必。

——開荒已經完成，現在的蘇軾獲得了大約五十畝的田地，但是坡地上下高低不平。蘇軾在仔細研究後，決定因地制宜，在不同的地塊上種不同的東西，低窪的地方種粳米與糯米，開闊的地方種棗樹和山栗，順便向四川老鄉討要了家鄉桑樹的種子。一開始田地的供水也成問題，所幸家童及時地燒掉枯草，找到了一口古井。

值得注意的是，我們都知道，蘇軾原本一向無比熱愛竹子，然而，他聽說竹子的生命力很強，茂密的竹鞭會在地下橫衝直撞，影響莊稼果樹的生長，便果斷放棄。看來他在遭受了現實的打擊之後，「可使食無肉，不可居無竹」已成為一個過不去的笑柄，俗就俗吧，我子瞻都種田了，你們還想怎樣。

其三

自昔有微泉，來從遠嶺背。穿城過聚落，流惡壯蓬艾。
去為柯氏陂，十畝魚蝦會。歲旱泉亦竭，枯萍黏破塊。
昨夜南山雲，雨到一犁外。泫然尋故瀆，知我理荒薈。
泥芹有宿根，一寸嗟獨在。雪芽何時動，春鳩行可膾。

作為一個新農村建設者，必須要有專業精神，為了促進作物的生長，順便擴大再生產，蘇軾開始尋找田間井水的源頭。他追蹤山間細小的山泉翻山越嶺，最終找到一座十畝見方、魚蝦匯聚的水塘。

由於幾個月來的乾旱，泉水已經快要枯竭，但老天眷顧，昨夜一場大雨來得及時，泉水又沿著故道流向荒地，這樣一來之前種下的芹菜斷然死不了了。他暗自竊喜，已經開始計畫著等到芹菜長出雪芽的時候，抓上一隻咕咕，依照家鄉的口味，做成一盤雪芹炒斑鳩。

在詩的最後，蘇軾還特意給加了個備註：「蜀人貴芹芽膾，雜鳩肉為之」，大意就是說：芹芽炒斑鳩，我們四川人都愛吃。

在中國，廣泛分布著斑鳩和珠頸斑鳩[1]，和我們非常熟悉的鴿子們一樣，這兩種斑鳩也同屬鴿形目鳩鴿科，因為除了身材苗條一些，長得也很相似，民間常常親切地稱其為「野鴿子」。因為是野味，所以吃起來是什麼口感，我也不知道，估計跟鴿子肉差不太多，最多就更瘦一點、柴一點、奇怪的沉澱物質更多一點。今天，一道被稱為「東坡春鳩膾」的名菜還是可以吃到的，只不過調味方法有所不同，同時把原來的斑鳩肉換成了鴿子肉。

順帶一提，根據當代學者周汝昌先生《紅樓夢新證》的解釋，曹雪芹的「雪芹」二字，正是出自上面蘇軾的這首詩，化用的正是「雪芽」和「泥芹」。

其四

種稻清明前，樂事我能數。毛空暗春澤，針水聞好語。
分秧及初夏，漸喜風葉舉。月明看露上，一一珠垂縷。
秋來霜穗重，顛倒相撐拄。但聞畦隴間，蚱蜢如風雨。
新春便入甑，玉粒照筐筥。我久食官倉，紅腐等泥土。
行當知此味，口腹吾已許。

清明前播種，新芽在毛毛細雨中破土而出；初夏時插秧，禾苗在風中起舞；月明之夜，禾葉上是晶瑩的露珠；秋日裡降霜，稻穗壓彎了稻稈。收穫的時刻來臨，自己家的新稻比官倉中的陳米不知香到哪裡去，這麼一想，自己被貶黃州也算是有好處，在他的臉上，掛滿了一個農人的驕傲與喜悅。

其五

良農惜地力，幸此十年荒。桑柘未及成，一麥庶可望。
投種未逾月，覆塊已蒼蒼。農夫告我言，勿使苗葉昌。
君欲富餅餌，要須縱牛羊。再拜謝苦言，得飽不敢忘。

雖然蘇軾的態度很謹慎，但黃州畢竟是他的新手村，因此他熱衷於向老農討教耕作經驗，比如怎樣更好地利用土地，怎樣更好地管理時間。因為他耕種的地已經荒廢了十年，土壤的肥力相當可以，完全可以在夏天種稻，冬天種麥，如此一來，一年收穫兩次也不是問題。

果然，在冬天播下麥種之後，不到一個月，蘇軾就看到了一片綠油油的麥地。滿眼的綠光本讓他

---

1 中國最為常見的一種斑鳩，頸部兩側為黑色，密布白色斑點，有如撒滿「珍珠」一般——對於密集恐懼症人士而言或許是一場災難——經常漫步在城市中的公園、學校、園區及社區，並發出「咕咕咕」的聲音，還熱衷於在陽臺的花盆及空調的外機上築巢育幼。

喜出望外，但一位路過的老農卻澆了一盆冷水。老農告訴他，麥苗初生長得太過茂盛根本就不是什麼好事，這往往意味著今年不會有好收成。為此，蘇軾只能聽從老農的建議，驅趕著牛羊進入農田，直到把鬱鬱蔥蔥的一片蹂躪成殘枝敗葉。

因為這件事，他再度感受到底層勞動者不得不面對的艱辛，而這麼做僅僅只為了活下去，蘇軾又一次謙遜地向幫助他的老農表達了誠摯的謝意。

其六

種棗期可剝，種松期可斫。事在十年外，吾計亦已慤。
十年何足道，千載如風雹。舊聞李衡奴，此策疑可學。
我有同舍郎，官居在灊岳。遺我三寸甘，照座光卓犖。
百栽倘可致，當及春冰渥。想見竹籬間，青黃垂屋角。

其七

潘子久不調，沽酒江南村。郭生本將種，賣藥西市垣。
古生亦好事，恐是押牙孫。家有十畝竹，無時客叩門。
我窮交舊絕，三子獨見存。從我於東坡，勞餉同一餐。
可憐杜拾遺，事與朱阮論。吾師卜子夏，四海皆弟昆。

從〈東坡八首〉的其六、其七中，我們可以察覺到，蘇軾慢慢開始習慣了現在的生活，在他看來，即便在黃州再待十年過這種耕讀的日子也沒什麼大不了。在種莊稼之外，他還多了點追求，托朋友弄來一些「三寸甘」幼苗，這可能是宋代一種比較優良的柑橘品種。而他心心念念的竹子也總算是種上了。他還在當地交了一些朋友，比如賣酒的潘先生、賣藥的郭先生，以及不知道從事什麼工作的古先生，這些人沒事就跑過來蹭吃蹭喝。

其八

馬生本窮士，從我二十年。日夜望我貴，求分買山錢。
我今反累生，借耕輟茲田。刮毛龜背上，何時得成氈。
可憐馬生痴，至今誇我賢。眾笑終不悔，施一當獲千。

最後，蘇軾還不忘提點了一下幫助他脫離窘境的馬正卿。根據這首詩中「馬生本窮士，從我二十年」的描述，有不少人包括林語堂先生都認為這位小馬，二十多年來一直追隨蘇軾，是蘇軾忠心耿耿的僕人、跟班。但如果細想，就會發現不合邏輯的地方：一個犯官的家僕如何可能說服知府，幫蘇軾申請到數十畝廢棄的官府營地？

《宋史》中雖無馬氏之傳，但根據《黃州府志》和蘇軾的其他詩文，我們依然可以找到關於他的蛛絲馬跡。馬正卿本名馬夢得，正卿是他的字，他壓根兒就不是蘇家的僕人，而是當時的黃州通判。

通判這一官職之前我也介紹過，類似於今日的副市長，在當時地方行政系統中的地位僅次於被稱為「太守」的知州，如蘇軾本人也曾擔任過杭州通判。

蘇軾之所以在詩文中稱馬正卿為「窮士」，態度有些輕佻，那是因為他們是相識二十多年的故交，關係非常之要好。在蘇軾的《東坡志林》中還有一篇《馬夢得同歲》，甚至提到，「馬夢得與僕同歲月生，少僕八日。是歲生者，無富貴人，而僕與夢得為窮之冠」，也就是說小馬和他是同年同月生，只比自己小八天，在那年出生的人，幾乎都是窮光蛋的命，就連蘇軾自己也不例外。

話說，緣這玩意兒還真是妙不可言，蘇軾被貶為黃州團練副使，馬夢得也被調任為黃州通判，兩人又以這樣的方式在他鄉相逢。即便自己現在官職比較高，馬夢得依然對這位老朋友很看好，蘇軾總是跟他開玩笑，調侃他這樣大發善心幫助自己，一定是想在日後得到幾千倍的回報，不過就自己現在這個狀況，他的收益就好比要從烏龜的背上刮毛，基本上永遠都沒辦法湊成一塊布料。

為了契合自己下地勞作、專事稼穡的全新人設，蘇軾給自己取了一個「東坡居士」的新別號，一來是因為他開荒的田地位於黃州城東的坡地，二來也是為了致敬他的偶像、曾經在忠州東坡墾地種花的白居易。需要說明的是，古時候的「居士」並不專指在家修行的佛教徒，不少隱居的文人也會以「居士」自稱，除了東坡居士蘇軾，還有青蓮居士李白、香山居士白居易、易安居士李清照等，他們也同樣都是「居士」。

有了田地，有了家產，蘇東坡現在的人生開始由黑白變得斑斕。更為重要的是，等到荒山變成桑園，順便收穫了大量的食材以後，他筆下關於吃的詩文開始呈指數級上升，從此，「自笑平生為口忙」便再也不是一句笑談。

三、二紅飯・為米折腰

在馬夢得無私的幫助下，蘇軾得到了五十畝田，隨著耕種與收穫，他終於得以脫離貧苦，進而轉生為「蘇東坡」。

在經過了被捕入獄、憂讒畏譏、流放邊地、財政危機等等一連串的挑戰之後，到了元豐四年（一〇八一年），蘇東坡的務農生活正式開始。因為居住的臨皋亭距離他每天上班的東坡農場路途較遠，往返很不方便，就跟現在的上班族一樣，蘇東坡不情願每天浪費時間在路上，所以他決定要在工作的地方搭一座草堂。

元豐五年二月，草堂落成，因為落成的時候天降大雪，所以蘇軾給它取了一個雅緻的名字：「東坡雪堂」，他親自寫下這四個大字作為匾額。就算這樣還覺得不過癮，他還久違地拿起畫筆，在屋內的牆壁上，畫了一幅有森林、河流、漁夫的雪景壁畫。

也許有人會問，這麼有閒情逸致，哪裡是一個農夫該幹的事，他現在不是應該好好種田嗎？拜託，這會兒可是大雪皚皚的冬天，再加上靠去年大半年來的勞作，吃飯的問題已經得到了解決，在別人躲在家裡過冬的時候重操舊業，做點自己想做的有什麼不好？

透過一篇叫〈二紅飯[2]〉的文章，我們基本上可以推斷去年東坡的確是「豐收」了，這篇小短文不到百字，卻頗為有趣：

> 今年東坡收大麥二十餘石，賣之價甚賤，而粳米適盡，故日夜課奴婢舂以為飯。嚼之嘖嘖有聲，小兒女相調，云是嚼虱子。然日中腹饑，用漿水淘食之，自然甘酸浮滑，有西北村落氣味。今日復令庖人雜小豆作飯，尤有味，老妻大笑曰：「此新樣二紅飯也。」

結合〈東坡八首．其五〉來看，那位給蘇東坡提意見的老農果然有經驗，在驅牛趕羊踐踏麥田之後，麥子的收成果然喜人，東坡倉庫裡的大麥一下多了二十多石。宋代的一石差不多相當於現在的六十公斤，對於一個剛剛接觸農事的人而言，看到自己面前堆著成噸的麥子，驚喜還是有的，何況這還是自己的勞動所得。

高興歸高興，但面對豐收，蘇東坡還是有自己的苦惱，因為這些大麥的市面價格很低，想賣也賣不出什麼美麗的價格。而且眾所周知，跟小麥以及稻米比起來，大麥的穀蛋白較少，口感不佳，今天人們最常用到大麥的地方，往往是取麥芽發酵釀造啤酒，或者是泡大麥茶，最多就是把大麥的籽粒細磨成粉，用涼水調拌成糊狀，然後摻在粥裡做成「子粥」。要是真的把大麥當主食的話，絕大多數人怕是接受不了。

好巧不巧的是，這時候自己家的大米也吃完了，蘇東坡想著要給全家人換換口味。然而，可能是太過迷信「上好的食材往往只需要最樸素的烹飪方式」，他只是簡單地搗碎大麥的殼，將麥粒煮成飯。不過，這一回他竟然失算了，家裡人不但沒有讚不絕口，反而給出一堆負評，他們家不知道哪個孩子，可能是尚未成年的蘇迨或蘇過，打小就沒怎麼過過苦日子，他們評價這飯根本沒法吃，吃起來就好像是在嚼虱子。

蘇東坡這個當爹的聽了顯然有些尷尬，他辯解道，中午勞作餓到不行的時候，可以用開水或米湯將大麥飯泡一泡，雖然不一定好吃，但絕對管飽。每當夕陽西下，這種頗有「西北村落氣味」的吃法，會讓他想起自己十多年在陝西鳳翔出任大理評事簽書鳳翔府判官的舊時光，那正是他已經逝去的青春。

即便一家人都說不好，蘇東坡也沒捨得把這些大麥飯給扔掉，一來這是他的勞動所得，二來這會兒他才剛剛重獲溫飽，沒有資格像以前一樣挑揀。為了保證這些大麥能夠下肚，他只好動員全家人一同研究可行的吃法。

功夫不負有心人，在廚師的協助下，經過不斷的試驗調和，他最終找到了一種適合的做法：將小紅豆和大麥摻在一起煮，紅豆的香氣會在一定程度上掩蓋大麥粗糙的口感，這樣一來味道就會好很多。因為小紅豆是紅色的，大麥粒的顏色也偏紅，所以夫人王閏之還給這飯取了一個好聽的名字：「新樣二紅飯」。

2　現代人按照蘇軾的記載，用大麥及小紅豆復原的二紅飯，看起來讓人並不是很有食慾。

蘇軾一生娶過三個女人，在大眾心目中，第二任妻子王閏之不是特別有存在感，畢竟蘇軾未曾為她寫下「十年生死兩茫茫」這般感人肺腑的悼詞，也沒有留下「淡妝濃抹總相宜」之類的讚許。但套用現在一句土味情話「陪伴是最長情的告白」，作為蘇軾百年之後唯一的「室友」，他跟王閏之感情可能才是最深的。

王閏之是蘇軾髮妻王弗的堂妹，閨名「二十七娘」，「閏之」是蘇軾幫她取的名字，因為她在慶曆八年（一〇四八年）閏正月出生，後來她甚至有了自己的字：「季璋」。不得不說，在婦女權益普遍不被重視的古代，蘇軾已經算是比較尊重女性的那類人，蘇軾的兩妻一妾的姓名和生平都流傳下來，並非只是族譜裡幾個冷冰冰的「蘇王氏」，在當時的社會環境下，這顯得相當進步。

治平二年（一〇六五年）五月，蘇軾的髮妻王弗辭世，或許考慮到獨子蘇邁的撫養壓力，或許是丈人王家不願意失去這個有前途的女婿，王弗的堂妹「二十七娘」被介紹給了蘇軾。之後十多年，蘇軾先後赴杭州、密州、徐州、湖州為官，她也隨之經年輾轉，不僅將姐姐的血脈撫養成人，還誕下蘇迨、蘇過二子。

當丈夫攤上烏臺詩案，被捉拿回京時，家中上下都嚇得半死，王閏之當機立斷，燒掉家中所有可能招致災禍的詩書。蘇軾初到黃州，艱難度日時，她賣掉或是典當了不少嫁妝、首飾，不管是當官太太，還是過苦日子，即便命運發生一百八十度轉折，王閏之一直寵辱不驚，與蘇軾同甘共苦。

雖然不像堂姐王弗那樣自幼飽讀詩書，但王閏之也從丈夫那裡沾染到一些才情。除了能給前面的非精緻碳水化合物取「二紅飯」這樣有詩意的名字，在日常的生活中，她也會偶爾讓蘇軾產生一些靈感和感慨。蘇軾對她常以「老妻」相稱，認為她勝過東漢那位與丈夫舉案齊眉、相敬如賓的賢妻孟光。要知道，大部分文人寫自己老婆，主要集中在兩個時間：一是新婚燕爾，二是在喪偶以後，像蘇軾這樣頻繁誇讚身邊「老妻」的，著實不算多。

來到黃州之後，初試農事的蘇東坡將妻子王閏之比作孟光，為了配得上這樣的好妻子，自己也不能太過謙讓，於是他便將自己比作歸園田居的陶淵明。為了致敬這位不為斗米折腰而歸隱田園、從事農桑的元祖田園詩人，元豐五年，蘇軾在日常勞作之餘，還幹了一件相當有趣的事：他把陶淵明的代表作〈歸去來辭〉，改編成一首通俗的小曲。

陶淵明的〈歸去來辭〉相信很多人都很熟悉，但〈歸去來辭〉畢竟是一篇賦，是不能當成歌詞來唱的。意識到這一點的蘇東坡，就將〈歸去來辭〉改編成可以唱出來的歌詞，也許很多人都不相信，賦怎麼可以改編成歌詞呢？其實我也納悶，但事實就是如此……。

以下就是蘇軾這首〈哨遍．為米折腰〉的原文：

為米折腰，因酒棄家，口體交相累。
歸去來，誰不遣君歸。覺從前皆非今是。
露未晞。征夫指予歸路，門前笑語喧童稚。
嗟舊菊都荒，新松暗老，吾年今已如此。
但小窗容膝閉柴扉。策杖看孤雲暮鴻飛。

雲出無心，鳥倦知還，本非有意。

噫！歸去來兮。我今忘我兼忘世。

親戚無浪語，琴書中有真味。

步翠麓崎嶇，泛溪窈窕，涓涓暗谷流春水。

觀草木欣榮，幽人自感，吾生行且休矣。

念寓形宇內復幾時。不自覺皇皇欲何之？

委吾心、去留誰計。神仙知在何處？富貴非吾志。

但知臨水登山嘯詠，自引壺觴自醉。

此生天命更何疑。且乘流、遇坎還止。

細心的人會發現，這首詞的內容其實就源於陶淵明的〈歸去來辭〉，在東坡雪堂休息的時候，蘇東坡將〈歸去來辭〉逐字逐句打散，然後結合當地村民唱的山歌調，稍加「檃栝」，也就是對文字進行裁剪修飾，重新組合成一篇符合聲律、通俗易懂的新詞，這樣不僅絲毫不破壞原作的精神，還能使得詞句更加朗朗上口，便於傳播。

果然，蘇軾改編完成後不久，有意無意地哼了幾遍，家裡的僮僕便會唱了，可能是因為原本山歌的旋律比較洗腦，人一旦學會了就停不下來。僮僕跟著蘇東坡一起下田勞作的時候也哼起這首歌，作為改編者的蘇東坡那是相當高興，隨即放下農具與他一起唱，還敲擊牛角為他打節拍，簡直開心到不行。

蘇東坡給這首詞取名為〈哨遍〉，「哨遍」即「稍編」，也就是「稍加改編」，蘇東坡以此表達自己其實是在陶淵明〈歸去來辭〉原作的基礎上而非亂編的改編。後來，這首〈哨遍〉幾乎傳遍大江南北，以至於其格式本身都成為一個詞牌、曲牌，後世人在此基礎上填出不少佳作，如辛棄疾的〈哨遍・秋水觀〉、睢景臣的〈哨遍・高祖還鄉〉。

蘇東坡將陶淵明的〈歸去來辭〉改編為〈哨遍・為米折腰〉這一事，跟我們講的美食主題並沒有太大的關係，但我內心卻真的是非常想提。

很多人都堅信，陽春白雪和下里巴人之間存在著不可踰越的界限。就如今日，不少人都會借助大眾文化和流行文化，將看似高不可攀的知識說得簡單淺顯，好處是會受大部分人的歡迎，便於傳播；壞處是很容易會被古板者扣上各種稀奇古怪的帽子，什麼媚宅、媚青、娛樂至死、褻瀆科學、不尊重歷史，然後被拿出來批判一番。

包括我在內的眾多內容製作者，更傾向於將看似乾巴巴的史料，或者是深奧複雜的科學知識，變成淺顯易懂、貼近生活的新奇玩意兒，透過傳播成為現代人的共識，而不是讓知識成為極少數人自認高人一等的優越感來源，從而方便他們壟斷知識、裝腔作勢。相比得到個別人的肯定，讓更多擁有求知慾的普通人產生興趣，知識才更有價值。

打個不恰當的比方，如果說擁有知識的人是神話中掌管火焰的神祇，那我更願意做盜取神火送給凡人的普羅米修斯。

蘇東坡興趣使然的改編，可以打破雅與俗的界限，可以使山民傳頌「歸去來兮」，可以讓陶淵明的精神破圈，我雖然從事寫作，但天資駑鈍，創作生涯不奢求寫出〈歸去來辭〉這樣的傑作，只求今後能夠多改編幾部通俗易懂的〈哨遍．為米折腰〉，讓原本冷門的知識被更多人知曉，這樣就足夠了。

第三章　真假莫辨東坡肉

儘管東坡肉家喻戶曉，不過可惜的是，〈豬肉頌〉並非蘇軾本人所作，今天市面上的「東坡肉」也與蘇軾無關。

一、〈豬肉頌〉？蘇東坡沒寫過

終於，我們要說東坡肉了。東坡肉的名氣實在是太大，是真正意義上的無人不知、國民美食，翻開蘇軾的任何一本傳記，不管文風有多嚴肅，考據多麼嚴謹，都不會不提東坡肉，當真是每一位傳記作者都繞不過去的坎。

鋪墊了這麼久，扯到這麼多罕見或是常見的食材，現在，是時候有請我們全書的主角——東坡肉正式出場。開演之時已至，請諸君為它獻上雷鳴般的喝采！

關於東坡肉的起源，自然要提到這篇〈豬肉頌〉[1]：

淨洗鐺，少著水，柴頭罨煙焰不起。待他自熟莫催他，火候足時他自美。黃州好豬肉，價賤如泥土。貴者不肯吃，貧者不解煮，早晨起來打兩碗，飽得自家君莫管。

把鍋刷乾淨，少加一些水，點燃柴木雜草，出小火開始燉。等待肉自個兒慢慢變熟，千萬不要催，只要火候足了，肉的滋味自然會美。黃州本地的豬肉相當好，價錢卻像泥土一樣便宜；然而富貴的人家不肯吃，窮困的人家又嫌費柴火。每天早上起來我都會打上兩碗，填飽自己的肚子，你們誰都別管。

鐺，指鍋；罨，指掩蓋；柴頭，指雜草柴火。因為寫得實在太過通俗易懂，大部分人都可以無障礙閱讀，以至於我現在正在反思有沒有翻譯的必要。

然而，我很遺憾地告訴大家一個掃興的真相，那就是在《蘇軾全集》中根本沒有收錄該文章，這個所謂的〈豬肉頌〉，最早出現在南宋「竹坡居士」周紫芝所撰的《竹坡詩話》一書中，原名叫〈食豬肉詩〉，內容是這樣的：

> 東坡性喜嗜豬，在黃岡時，嘗戲作〈食豬肉詩〉云：「黃州好豬肉，價賤等糞土。富者不肯吃，貧者不解煮。慢著火，少著水，火候足時他自美。每日起來打一盌，飽得自家君莫管。」此是東坡以文滑稽耳。

也就是說，這篇文章的性質跟「孟子曰孔子曾經曰過」差不多，很大機率不是蘇東坡的原作，而是後人的偽托。不過呢，即便這是同人作，倒也比較符合蘇東坡的精神和人設，地點考證更是有理有據，帶上淺顯易懂的加分項目，掛上蘇東坡的名字，也不算太給他丟人。

話說回來，大家也別太失望，雖說〈豬肉頌〉不是蘇東坡的原作，但蘇軾對豬肉的描述還是不少的，不說別的，就說「黃州好豬肉，價賤如泥土」，「每日起來打一盌，飽得自家君莫管」且都有出

---

1 清水煮豬肉：「開局一塊肉，料理全靠秀」，當年蘇軾鐺中樸實無華、略加調味的清水煮豬肉，能在後世演變成百花齊放，而且都很美味的各地東坡肉，不得不說中國飲食文化真的博大精深。

處可尋，都源自蘇軾來到黃州以後給朋友們寄去的書信。

在蘇軾寫給章惇的信中，除了我們之前提到的「魚稻薪炭頗賤」之外，他還寫到「豬、牛、獐、鹿如土，魚蟹不論錢」；而在寫給王鞏的信中，他這樣形容自己現在的生活：「至簡，然猶每日一肉」；更大的證據來自《答畢仲舉書》，他在信中稱：「不如僕之食豬肉，實美而真飽也。」這麼說吧，〈豬肉頌〉雖是「竹坡居士」山寨的，但東坡居士在黃州常吃豬肉的人生經歷可不是瞎編的。

唯一不確定的，就是蘇東坡料理豬肉的方法，是不是如同〈豬肉頌〉中描寫的那樣「淨洗鐺，少著水」、「待他自熟莫催他」，由於沒有找到直接的證據，所以我不敢擔保，但參照當時的烹飪技術手段，估計也就跟〈豬肉頌〉裡描寫得差不多，很大機率也是不多加調味料的慢火煮熟。

其實在很早之前，我還讀過一則蘇軾和豬肉相關的故事，這便是《仇池筆記》中的〈河陽豬〉：

> 蘇東坡曰：予昔在岐，聞河陽豬肉甚美，使人往市之。使者醉，豬夜逸去。不得已，貿他豬以償。後煮之，客皆大說，以為非他產所能及也。既而事敗，客皆大慚。

這個故事大概是說，蘇軾鳳翔當官的時候，聽說河陽縣產的豬肉特別好吃，就派人到河陽去買豬回來殺了吃。派過去的人是個酒鬼，因為在半路上喝多了，夜裡豬全跑了。為了不讓事情敗露，這傢伙只能回鳳翔花錢買當地豬交差充數。

後來蘇軾宴請客人，用的正是這些「正宗河陽豬肉」，在場之人都讚不絕口，說這河陽豬肉的品質就是好，別地出產的壓根就比不了。然而沒過多久，真相暴露了，猛誇豬肉好吃的客人們都慚愧地低下了頭。

這是一篇頗有哲理，且內容永遠不會過時的文章，尤其是在充滿了消費主義陷阱的當今。河陽豬真的比本地豬更優秀嗎？星巴克的咖啡真的比瑞幸（編注：中國本土咖啡連鎖店）的更好喝嗎？幾千塊的名牌球鞋真的比莆田貨（編注：中國知名高仿鞋）更舒適嗎？幾百萬的紅酒跟幾十塊錢的紅酒有本質上的區別嗎？名導演掛名監製的電影一定會比小團隊的作品出色嗎？如果假冒河陽豬的事直到最後都沒被拆穿，那麼東坡家的一席賓客，都會一直感嘆河陽豬的美味。我們消費的，我們認同的，我們更加看重的，究竟是產品本身，還是背後的品牌價值？我又一次陷入沉思……。

不沉思了，我們先回來。按照時間來看，這件事發生在蘇軾來到黃州很久之前，我們在「前吃貨時期」的章節中就該介紹，但我之所以沒有提到這篇〈河陽豬〉，主要是因為記載了這段文字的《仇池筆記》一書，一般不被承認出自蘇軾之手。拋開和《東坡志林》書中一模一樣的內容，其他的篇目應該都是他人假蘇軾之口而創作的，大致可以理解成是一個類似於同人文專區。《四庫全書總目》這樣評價這本書：「好事者集其雜帖為之，未必出軾之手著。」一個大寫的無情。

仔細想想，豬肉還真是不走運，連續兩篇文章都有極高的偽作可能性，我要是豬的話簡直會傷透了心。

我們之前有提到，蘇軾從前最喜愛的肉食是羊肉，正如他對自己的評價：「平生嗜羊炙，識味肯輕飽」，但來到黃州以後，吃羊肉就成了一種奢求。在初到黃州經濟情況尚可的時候，他在信中稱「豬、牛、獐、鹿如土」，羊肉不在其中，可見在當地羊肉的確是個稀罕物，只有花上高價才能買到。可憐我們的東坡，在密州時還抱怨過「剪毛胡羊大如馬」，話裡有話地鄙夷了當地羊肉的風味不佳，但跟現在一比，那時的他就是身在福中不知福。等到一家老小齊聚以後，生活的壓力逐漸增加，他想要大啖羊肉的心願恐怕是更難實現。他是萬不得已才盯上豬肉的。

二、豬羊爭霸：橫跨兩千年的中國主流肉食之爭

二〇一九年，受內因外因的影響，中國市場上的豬肉價格一度大幅上漲，一時間輿論沸沸揚揚。這當然可以理解，今天的中國雖然人均肉消費量遠遠低於西方，但憑藉人口總量，便已經成為全球第一的豬肉消費國，每年吃掉的豬肉總量，在世界豬肉消費量的五〇%上下徘徊，光二〇一八年一年就消耗了五千六百一十一萬五千公噸，按一頭豬一百五十公斤計算，大致可以折合成三千七百四十萬頭豬——豬肉當之無愧成為今天中國的第一肉食。

然而，豬在中國的霸權地位卻並非自古有之，牠的命運可謂幾經沉浮，我們且先跳出蘇軾，講一講豬的故事。

中國人馴化野豬的時間相當早，在距今約七千年前至五千年前的河姆渡新石器文化遺址，曾出土過陪葬用的陶豬、豬紋陶缽，以及數量眾多的豬骨，與野豬相比，這些豬的下頜骨更加粗短，說明先

民已經開始對豬進行圈養，逐漸將野豬培育為家豬；距今四千年前的山西陶寺遺址也出土了人骨與豬骨，透過同位素測定，發現人和豬都攝食過大量的四碳植物，證明這些豬不是來自獵取，而是人為飼養的牲畜。

商周時期，「閹豬」技術逐漸成熟，有效減輕了豬肉的腥味，使豬更加溫順；到了先秦時代，中華大地便有了「六畜」之說。所謂「六畜」，即馬、牛、羊、豬、狗和雞，除了馬，其他五畜均是古人的主要肉食來源。所謂「國之大事，在祀與戎」，在一個國家最為看重的祭祀活動中，牛、羊、豬這三兄弟還扮演著重要的角色，因而被稱為「三牲」。

「三牲」之中，牛的地位明顯高豬羊一等。這是因為，在《周禮》中就有「太牢」和「少牢」的劃分，只要在祭祀中同時擺出牛肉、羊肉和豬肉，那就是最為高大上的「太牢」，只有周天子才配得上；如果缺了牛肉，只有羊肉和豬肉，就成了諸侯享用的「少牢」。

然而，春秋以後，鐵犂牛耕成了重要的農業生產手段，為了保障農業生產，統治者開始立法禁止民間宰殺耕牛，老百姓想要宰牛，甚至要向地方衙門報備，如果沒有得到批准就宰，往往會被治以重罪。因此，牛肉逐漸淡出日常肉食的行列，只有在最為高端的祭祀場合，以及法外狂徒、綠林好漢的餐桌上才能尋得牛肉的芳蹤，普通家庭幾乎一輩子都吃不到牛肉。

拋開高不可攀的牛大哥不談，同屬「少牢」的豬和羊兩者，在往後兩千多年的歲月中，就祭臺和餐桌上的地位高低展開了曠日持久、此消彼長的鬥爭，甚至超越了時間和空間局限。為了方便大家理解，我特地給這場戰爭取了一個名字：「豬羊爭霸」。

在比賽的第一階段，羊選手先一步占據了優勢。《國語．楚語下》記載：「天子食太牢，牛羊豕三牲俱全，諸侯食牛，卿食羊，大夫食豕，士食魚炙，庶人食菜。」豕，是豬的另一種叫法，在周代貴族的等級序列中，卿高於大夫，因而豬的地位顯然低於羊。

豬是不甘於平凡的，牠們需要的，僅僅是一個崛起的條件。漢代以前，養豬主要採用放牧的形式，跟牛、羊沒什麼區別。但隨著小農經濟的不斷發展，人們發現豬這傢伙比較宅，用不著牽出去牧之，於是便開發出了「後院養豬」的全新模式，這讓養豬節省空間的優點日益明顯。漢字的「家」，最初意為屋頂下有豬，這在某種意義上說明，一個家庭一旦缺少了豬就會變得不再完整，可見這時候豬的排名正在不斷上升。

秦末漢初的知名飯局「鴻門宴」上，項羽曾給樊噲「賜之彘肩」，也就是用一條豬腿來讚賞他的勇武和忠誠。事死如事生的漢代人常用「陶豬圈」來陪葬，現在幾乎每一個設有漢文化主題展的博物館，都能看到這類文物。司馬遷的《史記．貨殖列傳》中，曾用「千足彘」和「千足羊」來形容一戶人家的富足，連豬都知道，豬和羊都是四條腿的，所謂的「千足」就是指有兩百五十頭，從這個側面可以推測，當時豬羊的飼養數量恐怕已經平分秋色，難分伯仲。

眼看著豬就要逆襲上位，然而到了魏晉以後，豬的好運卻突然到頭，可能是受遊牧民族習俗的影響，也有可能是因為農業生產遭到破壞或人口下降，豬的飼養規模迅速萎縮。此後，羊肉逐漸成為「陸產之最」，占據中原人的主要肉食地位長達千年之久，直到隋唐重新統一之後，美味的代表依然是羔羊美酒，而不是豬肉。

蘇軾身處的宋代，「豬弱羊強」的局面不僅沒有改變，豬肉更是越來越沒有地位。《續資治通鑑長編》記載：「飲食不貴異品，御廚止用羊肉，此皆祖宗家法所以致太平者」，為了保證羊肉在宮廷中的地位，趙家人幾乎執著到了要立法的程度。直到宋神宗重用王安石變法時，為了節省內廷的開支，才引進了豬肉。即便如此，熙寧十年的御廚帳本上還是記錄著「羊肉四十三萬四千四百六十三斤四兩，豬肉四千一百三十一斤」，羊肉的用量是豬肉的百倍以上。

民間也是一樣，宋代老百姓對羊肉的熱愛也是發自真心，逢年過節、婚喪嫁娶，有條件的家庭一定會在宴席上擺出羊肉。《東京夢華錄》就提到當時汴京人愛吃燉羊、軟羊、羊肚、羊腰、羊雜碎、生軟羊麵……，單單用一個羊肉，就能整出一段報菜名。即便價格居高不下，羊肉也一直在宋代人的飯桌上占據著主導地位，把豬肉壓制得死死的。

在這樣的時代背景下，蘇軾自然是羊肉的擁護者。從他前期的詩文看，和他一吃就停不下來的「羊炙」比起來，「彘肉芼蕪菁」儼然是烹飪界的反面教材，即便是在黃州不得已之下喜歡上了吃豬肉，他也依然博愛，堅信羊肉和豬肉都是他的翅膀。而造化弄人的是，就是如他這樣一個酷愛吃羊肉的人，卻在看似勝負已決的「豬羊爭霸」中，打響了豬肉絕地反擊的第一槍。

「我，被嫌棄了一千年，又被逐出了大眾的餐桌，而現在，居然有個落魄文人誇讚我的美味，真是……大快人心！」

蘇東坡現在不僅絲毫不羞愧地告訴別人：「諸君，我喜歡豬肉。」還試圖把吃豬肉提升到哲學的高度，在〈答畢仲舉書〉中，他竟然將自己的平生所學比作「豬肉」，同時將老朋友陳襄的佛學造詣比作「龍肉」，然後直言不諱：「豬之與龍，則有間矣，然公終日說龍肉，不如仆之食豬肉實美而真飽也。」

在他的觀念中，豬肉與龍肉有著本質的差別。那些佛學大師們整天不是出生死，就是超三乘，淨說這些有的沒的，就像是在空談吃龍肉一樣不切實際。而像他自己這樣務實的男子，可以說是腳踏實地，活得真實，就好比吃豬肉一樣味道好又可以填飽肚子。

有趣的是，在蘇軾這樣的大老為之現身說法之後，吃豬肉漸漸變得受歡迎了。南宋以後，豬肉在文獻中出現的頻率越來越高，豬肉也慢慢開始登上大雅之堂。

元代，羊肉王朝結束了最後的統治，到了朱家人當皇帝的明代，從宮廷到民間都不可避免地愛上了吃豬肉。在永樂年間的御膳菜單中，豬肉日均六斤，羊肉日均五斤，豬肉首度做到了反超。到了明末，豬肉的優勢已經不可逆轉，根據光祿寺對宮中消耗牲口數量的統計，一年消費豬一萬八千九百頭，羊一萬零七百五十頭，此刻，火力全開的豬肉，已經勢不可當。

即便是李時珍這樣不待見豬肉的中醫學者，也在《本草綱目》中寫道：「凡豬肉苦微寒，有小毒。凡豬肉能閉血脈，弱筋骨，虛人肌。」列舉了一大堆豬肉的缺點。但考慮到豬肉的江湖地位，他還是不得不承認：「豬，天下畜之。」活脫脫一副我看你不爽但就是幹不掉你的樣子。

到了清朝，「豬羊爭霸」最終塵埃落定，在清乾隆四十九年（一七八四年）的皇家除夕宴上，包括野豬肉在內的豬肉總共花費了九十斤，而羊肉僅僅用了二十斤。而在民間戰場，曾經上不了檯面的豬肉也徹底打敗了羊肉，成為中國人最喜愛的肉食。

當然，除了蘇軾等人的站臺發聲，豬肉能夠逆轉，還是因為它自身的優勢，正所謂「打鐵還需自身硬」。讓我們且先把風味、口感這類比較主觀的東西放到一邊，來逐一分析豬肉和豬的優點：

第一，在相同的飼養條件下，豬的產肉量明顯高於羊。現代養殖業有一個專有名詞叫作「料肉比」，即人工飼養的畜禽增重一千克所消耗的飼料量，也有人稱其為「飼料轉換率」，通常情況下，豬的料肉比約為三比一，羊則是五比一，牛是六比一，相比牛羊，豬變胖的能力一直是可以的，可見牛羊肉比豬肉更貴不是沒有道理。更何況，牛羊只能草飼、穀飼，而身為雜食動物的豬卻是什麼都可以吃，管它是香還是臭，廚餘剩飯在豬的眼裡都是美食。總之，給予牠們同等的資源，從豬身上的獲取是最多的，豬真不愧是理想的剝削對象。

第二，豬可以圈養，而羊需要放牧，這就意味著在土地有限的前提下，養豬可以生產更多的食物。而明清以後，人口逐漸膨脹，土地資源越來越緊張，人口稠密的農耕地區已經很難騰出更多的地塊用來放羊。更何況，圈養的高產母豬一年能產兩胎，一胎能生十幾隻，繁殖能力也遠在牛羊之上。

第三，除了肉以外，飼養豬羊還能獲得不同的副產品，對於一個農人而言，相比羊身上產出的羊毛、羊奶，豬能給人提供的東西明顯更有吸引力一些。透過養豬得到的眾多副產品中，最受古人歡迎的便是豬油，對一個普通家庭而言，吃肉畢竟是一件奢侈的事，殺一頭豬才夠吃幾天？豬肉只有逢年過節才能拿出來改善生活，但熬製的豬油卻可以用上一年，換句話說，豬油的實用價值遠比豬肉要高。

第四，養豬還有一個明顯的好處，就是可以得到源源不斷的豬糞。不要小看這些惡臭的豬糞，對於靠種田吃飯的農人，把豬糞澆到田裡就意味著會有好收成，誰能拒絕這些純天然的有機肥料？

雖然豬有以上的種種優點，但不得不說，在古代吃豬肉的確存在一定的風險，最重要的就是豬肉的寄生蟲問題。因為豬不似牛羊高度素食，牠們雜食的特性，以及飼養環境的限制，讓豬豬們更容易被各種寄生蟲盯上。

想要避開這一問題，其實很容易，只要在食用豬肉的時候保證全熟就可以，但全熟的代價就是浪費柴火。對於古代的窮人來說，柴火也是一筆可觀的生活成本，為一頓飯就燒掉海量的柴火無異於敗家，這就是〈食豬肉詩〉中說「貧者不解煮」的緣由。

這麼說吧，在宋代，想要成為豬肉的「首席推薦官」，還是存在一定門檻的，只有像黃州蘇東坡這樣的人，因為窮，所以吃不起羊肉，又因為沒那麼窮，日常還能消費得起豬肉，並且還不在乎柴火的成本，才能放心大膽地用慢火把豬肉煮熟——也許只有像蘇東坡這樣，達成窮與不窮之間的微妙平衡，才能真正體會到豬肉的美妙。

都講到這裡了，不妨再離題多說一些題外話。

從二〇一九年開始，在一些西方國家媒體和利益集團的推動下，中國人吃肉和全球環境問題總是被有意或是無意地聯繫在一起，甚至有專家在論文中宣稱：「中國人每吃一塊肉，亞馬遜雨林裡就冒出了一股煙」、「世界將因為中國人減少吃肉而改變」。還有一些境外組織，將印著明星肖像的「公益」海報，掛滿了中國的機場、車站和地鐵，大肆宣傳「吃肉破壞環境」、「吃肉不健康」。他們還有一套看似完整的邏輯：因為中國人餐桌上的肉食增加，全世界的畜牧產業進一步擴大，這就會排放更多的溫室氣體，從而導致全球變暖、環境惡化。正如他們自己的說法：「如果讓中國人都過上某國人的生活，地球就會承受不了。」

然而，全球氣候變暖的大鍋真的應當由中國人來背嗎？雖然由於生活水準提高，大部分中國人有了每天都能吃到肉的條件，但相比那些鼓吹中國人少吃肉的國家，中國人的人均食肉量只有他們的一半左右，更何況，中國人吃得最多的是豬肉，在飼養過程中，養一頭豬比養一頭牛所耗物資低得多，而在那幾個國家中，牛肉才是消費量最大的肉食。

還記得前面引用的《國語》是怎麼說的了嗎：「天子食太牢，牛羊豕三牲俱全，諸侯食牛，卿食羊，大夫食豕，士食魚炙，庶人食菜。」在先秦時期，對於黔首百姓而言，食肉是可遇而不可求的事情，「肉食者」甚至成為有權力有地位的人的代名詞。隨著時代的發展，肉食的階層才開始慢慢往下，但對於普通人家而言，也只是年成好時逢年過節才能嘗到一點葷腥，平時聞到一點豬油味便滿足到不行。直到改革開放初期，國家還發行「肉票」，市場供應的肉尚需憑票才能買到，中國人透過敞開肚子吃肉，從而改變一代人的體質，這只有三十年左右的短暫歷史。

就這微不足道的幸福和自由，似乎也沒有得到某些國家的允許，這些人上人一邊朵頤著牛肉，讚頌著自身「野蠻的體魄」與「文明的精神」，一邊試圖給非其族類的黃種人打上「矮小」、「羸弱」的刻板印象標籤，嘲笑所謂的「東亞病夫」四體不勤、營養不良；現在的他們甚至還借助媒體宣傳、借用傳統宗教，藉口畜牧業發展導致全球氣候變化，呼籲中國人要為保護世界環境而不吃肉，可他們從來沒有反思過真正損害環境的，不是剛開始吃上肉的中國人，正是頓頓牛肉大餐、夜夜燈火通明，在不知不覺中消耗大量能源的自己。這種精緻，啊不，極端的利己主義，簡直是又要做壞事，又要立牌坊。

肉食者非鄙，從古至今，每一個為吃肉而努力的人都是偉大的，即使你並不喜歡吃肉，但理當捍衛今日吃肉的權利。

三、東坡肉宇宙：不同的做法，同一個夢

我們且再回到蘇東坡和他的東坡肉，在發現了吃豬肉的諸多好處之後，蘇東坡逐漸吃肉上癮，以至於根本戒不掉，即便是他生了病。

在蘇軾的黑料全集《東坡志林》中，還記載著「子瞻患眼疾」這樣一個讓人哭笑不得的故事。蘇軾一度「赤目」，也就是得了紅眼病。現代人當然知道，紅眼病是因為細菌或者病毒等微生物感染眼結膜造成，然而古代藥理沒有這麼發達，大夫可能將他患病的原因歸結為吃肉太多，特別叮囑他暫時不要吃肉。可現在的蘇東坡，一天不吃肉就渾身難受，在他的潛意識中，眼睛和嘴巴進行著說唱對決。

嘴巴說：我給你當嘴，它給你做眼睛，為什麼你待它這樣用心，卻對我這般薄情？它得了病，你就不讓我把肉吃進，這樣不公平，我覺得不行。東坡有點為難，嘴巴又對眼睛說：我以後生病，也不會讓你看不清。

余患赤目，或言不可食膾。余欲聽之，而口不可，曰：「我與子為口，彼與子為眼，彼何厚，我何薄？以彼患而廢我食，不可。」子瞻不能決。口謂眼曰：「他日我痼，汝視物吾不禁也。」

（〈子瞻患眼疾〉）

蘇東坡覺得嘴巴說得有道理，於是他下定決心，做了一個非常成熟的決定：肉是不可能戒的，這輩子都不可能戒肉！既然是眼睛有問題，憑什麼要我忌口？

不僅不忌口戒肉，蘇軾還熱衷於為豬肉辯護，試圖挽回當時豬肉的不良風評，洗刷豬肉承受的冤屈。根據時人《邵氏聞見後錄》記載，一次，蘇東坡當眾表揚豬肉，朋友范祖禹卻質疑他：「吃豬肉引發風病怎麼辦？」蘇軾聽了立馬臉一沉：「你這是在誣陷豬肉。」

經筵官會食資善堂，東坡……稱豬肉之美。范淳甫曰：奈發風何？東坡笑呼曰：淳甫誣告豬肉。

（宋．邵博《邵氏聞見後錄．卷三十》）

既然吃肉這麼好，那麼他的料理方法一定很獨到，要不他的「東坡肉」怎麼能流傳至今呢？等等，我可不想再從〈豬肉頌〉並非蘇東坡原作這事重新講起，現在我們要分析的是另一個問題：究竟什麼是東坡肉？

今時今日，放眼整個東亞世界以及全球的華人社區，我們都有機會接觸到這一款肉香純正、口感醇美的經典肉食。然而，明眼人卻可以發現，在不同的地區，這些菜餚們的口味和畫風卻不一定相同，這還不包括偶爾過來客串一把的紅燒肉，可它們卻共享著一個名字：東坡肉。

在現在林林總總的各家東坡肉之中，有六種比較有代表性，它們分別是湖北的「黃州東坡肉」、浙江杭州的「東坡肉」、江蘇徐州的「東坡回贈肉」、河南開封的「清湯東坡肉」、四川眉山的「東坡肘子」以及廣東惠州的「東坡大肉」。我們不難發現，這六種東坡肉的「戶口」全都是在跟蘇軾牽絆頗深的地方，其中，眉山是他的老家，開封是宋代當時的都城，蘇軾曾經在杭州、徐州長期為官，而黃州、惠州又是蘇軾的流放地。

這幾種東坡肉雖然在外觀和口味上有所區別，但大部分都有一些相通之處，比如原料用的都是豬的五花或者五花肋條，都要把肉切成肥瘦相間的正方形小塊，核心做法同樣都是燜煮，調味都要用到醬油和黃酒，大部分還要用蔥條對肉塊進行綁縛。唯獨眉山的東坡肘子是一個異類，它不用切塊，而是用整隻豬肘進行調味燉煮。

不僅在做法上格格不入，東坡肘子的背景也和其他幾位不同。這道菜有明確的記載，是民國時的眉山人為了紀念蘇東坡，借鑑蘇東坡燒肉的經驗製作而成，之所以取這個名字，說白了就是為了致敬。

而其他幾個地方「東坡肉」的背景知識介紹，都像商量好了一樣，繪聲繪色地描述了蘇軾在當地創造東坡肉的小故事。不過事先聲明，這些記載都出自民間傳說或者後世的地方志，並不是蘇軾生前一定有的真事。

比如徐州的版本，說的是熙寧十年（一〇七七年），蘇軾在當地指揮抗洪救災勝利之後，百姓們殺豬宰羊獻給蘇軾，以此表達對領導工作的感恩。知府蘇軾無法拒絕，只能冒著被指控受賄的風險勉為其難地收下，順便讓廚師做成紅燒肉回贈給熱情的群眾，這便是徐州「東坡回贈肉」的來歷。

而黃州版本的東坡肉故事，除了對〈豬肉頌〉是蘇軾原作的堅持，跟我們上面說的差別不大，基本上貼近史實，因此不再贅述。

杭州版本的東坡肉，則把時間點鎖定在蘇軾官居杭州知州的元祐四年（一〇八九年），並且把東坡肉的誕生，同蘇東坡疏濬西湖、修築蘇堤的不朽政績夢幻般地聯繫起來，充分展現了當地文人的觸類旁通。可惜的是，東坡肉誕生的過程又跟上面徐州的版本雷同，依然是當地群眾感恩蘇軾、蘇軾勉為其難接受、讓大廚悉心料理、製作成美味分享給群眾，只不過順便改了一下細節：為了貼合杭州版本東坡肉外觀上的方方正正且色澤紅潤，這個傳說版本特地把蘇軾回贈百姓的時間定在拜年的正月期間，著重突出一個年味；還強調在杭州揚名立萬後，東坡肉的美名開始傳播，直到今天享譽海內外。

說到這，我不得不提讓文字工作者愛恨交加的百度百科（編注：中國的半開放式網路百科）。由於理論上每一名用戶都可以參與詞條的編輯，所以在「東坡肉」這一詞條的「菜品歷史」名下，早期由不同的網友分別上傳了各種類型的東坡肉背景故事，這使得上面那幾種不同的說法混雜在一起，真真假假，含混不已，讓我這種思維混亂的人一時之間難以分清。但在不久前，我再次登錄百度百科，突然發現在經過了不知道多少次的詞條修改以後，「東坡肉」的起源竟然被某位不願透露姓名的網友給理出了邏輯。

「追本溯源，蘇軾的這種紅燒肉最早在徐州創製，在黃州時得到進一步提高，在杭州時聞名全國」，百度百科上這句不知道是哪位熱心網友加上的，我也不清楚他的目的是什麼，但看到這句話，我不得不感慨加這句話的老哥還真是個人才。

要知道，為了挖掘文化資源促進經濟發展，名人或者美食這些自帶流量的東西總是免不了被各個地方爭搶，比如只是為了爭一個「西門慶故里」，就有三個城市打得不可開交。可憐西門大官人，一個在小說裡渣得明明白白的大惡霸、大淫棍，居然成了三個地方力捧的文化產業英雄，一眾人還為了他究竟為禍何方的問題爭得頭破血流。聽到這麼奇葩的事，恐怕施耐庵都耐不住性子，蘭陵笑笑生也笑不出來。

而在「東坡肉」的詞條下面，那種劍拔弩張的氛圍明顯要緩和很多，上面的那一句話，就把三個地方不同的東坡肉串聯起來，如果再結合眉山、開封和惠州等其他幾種東坡肉起源的說辭（雖然眉山當地並沒有），就可以形成一個包含「溯源—創製—發展—改造—傳播—傳承」在內的完整版東坡肉世界觀編年史，因其體系之完整、邏輯之順暢，我願將其稱為「東坡肉宇宙」。

雖然這個「東坡肉編年史」聽上去有理有據挺美好，但卻並不現實。我們不得不承認，現代意義上的東坡肉跟蘇東坡並沒有任何的師承關係，關於東坡肉這道菜的正經記載，最早出現在豬肉開始大行其道的明代。

明代中後期沈德符所編寫的《萬曆野獲編》中有一句：「肉之大胾不割者，名東坡肉。」胾，即切成的大塊肉。這句話的意思是說，只要是沒有經過過度切割的大塊豬肉，就可以被稱為「東坡肉」。也沒提具體做法，說明最初東坡肉的概念可能很廣泛，而「東坡肉」這個名字本身已經有一定的群眾基礎。

而關於東坡肉做法最早的記載，出自清代中期的餐飲寶典《調鼎集》，這本書堪稱清代烹飪技術的集大成者，記載了當時三百多道名菜的做法。關於東坡肉，書中是這麼寫的：「肉取方正一塊，刮淨，切長塊，約二寸許，下鍋小滾後去沫。每一斤，下冰糖數塊，將湯收乾，用山藥襯底，肉每斤入大茴三顆。」不難看出，無論做法還是品相，都已經跟現在的杭州東坡肉比較接近了。

在翟灝的詞典書《通俗編》中，解釋東坡肉就用了一句話：「今俗謂爛煮肉曰東坡肉。」而清末民初成書的掌故彙編《清稗類鈔》，以內容全面詳盡著稱，但關於東坡肉的記載卻也極簡，就一句：「豬肉切為長大方塊，加醬油及酒，煮至極融化」，也就是把豬肉切成大小合適的長方形小塊，加入醬油與料酒，煮到極爛，能夠入口即化就行了。能簡約到這個地步，也意味著這時候東坡肉已經混出了頭，好比家喻戶曉的破圈公眾人物。

說到這裡，想必大家已經清楚，雖然後半生的蘇東坡熱愛豬肉，也在一定程度上推動了豬肉的復興，但是他卻並沒有留下料理豬肉的方法，今天市面上的任何一種東坡肉，跟蘇東坡都沒有直接的關係。無論後人怎樣編排東坡肉起源的故事，也無法改變直到明清時期才出現東坡肉的現實，在某種意義上，這道菜的確是蹭了蘇東坡的熱度。

按照某些極端的「版權鬥士」觀點看來，這樣一個無中生有的菜名，不僅侵權，更是對大文豪的一種侮辱，因為古人只有在咒罵別人的時候才會說出「願生啖其肉」，讓東坡自己吃自己，成何體統？

這個問題，讓我想起了李漁，這個明末清初的文學家兼搞笑藝人，他在《閒情偶寄》中這樣調侃道：

食以人傳者，「東坡肉」是也。卒急聽之，似非豕之肉，而為東坡之肉矣。噫，東坡何罪，而割其肉，以實千古饞人之腹哉？

李漁大聲疾呼：東坡有什麼錯，為什麼你們都要割他的肉吃？他後面還說：「予非不知肉味，而於豕之一物，不敢浪措一詞者，慮為東坡之續也。」對於肉的滋味，李漁自認也是個行家，但在豬肉的問題上，暗藏私心的他不敢多說一句話，生怕會跟蘇東坡一樣，讓後人饞他的身子，弄出來一個「李漁肉」。

不過有一說一，對於「東坡肉」這個菜名，以蘇軾熱衷自嘲的個性與樂觀曠達的胸襟，哪怕真的知道了，大概也會欣然接受。他被流放到黃州，躬耕城東，取了個自己中意的名號；又探索美味，充當伯樂，發現了豬肉的美妙。而在後世，自己的名號居然跟喜歡的豬肉聯繫起來，來自未來的天才用醬油和料理酒調味，改變了寡淡的口味，讓曾經鮮有人問津的豬肉成為聞名世間的美味，甚至還無私地把成績歸功於他。人們大啖豬肉，誇讚東坡，幸福的油光閃耀嘴角，那是精神的傳遞，是文化的破壁，當那兩種喜悅交織在一起，千年前的東坡恐怕也會「呵呵」一笑。

徐州東坡回贈肉

◆原料：主料——豬五花肋肉1,000克；輔料——菜心5棵；調料——蔥椒泥40克，醬油30克，料酒50克，飴糖20克，鮮湯600克，香油30克，花生油1,500克（實耗100克）。

◆製法：

第一步，將豬肋刮洗乾淨，放沸水鍋中焯過，下湯鍋中煮至七成熟撈出，抹淨水分，抹上飴糖晾乾。從皮面橫刀切一公分連刀塊，反面豎切三刀，放入七成熱油鍋中炸至皮上起小泡撈出，菜心焯水後待用。

第二步，把肉放入砂鍋中（皮朝上），加入鮮湯，蔥椒泥，醬油，大火燒開，小火燜燉（或燜蒸）至酥爛，澆香油，原砂鍋上桌即可。

◆特色：肥而不膩，帶有酒香，鮮香醇厚。

黃州東坡肉

◆原料：主料——帶皮豬五花肉600克；輔料——筍片100克；調料——精鹽1克，醬油40毫升，胡椒2.5克，黃酒25毫升，冰糖2克，蔥結75克，薑片50克，蔥花5克，味精2克。

◆製法：

第一步，煮鍋置大火上，下入清水（浸入肉塊為宜），投入已切好的五花肉塊煮至熟時撈出。

第二步，將煮好的肉塊放在鍋底，上放蔥結，下入冷水1,250克，加黃酒、冰糖、醬油、筍片等原料，蓋上蓋。先用大火燒沸，再轉入文火煨燉2小時左右，加味精後取出，肉皮朝上扣在特製的湯盆中，倒入原汁，撒上蔥花、胡椒粉即成。

◆特色：滷汁黏稠，色澤紅亮，肉嫩軟而不糜，味鹹中帶甜，香醇宜人。

杭州東坡肉

◆原料：主料——豬五花肋肉1,500克；調料——白糖100克，薑塊（去皮拍鬆）50克，蔥100克（其中50克打蔥結），紹酒250毫升，醬油150毫升。

◆製法：

第一步，將豬五花肋肉（以金華「兩頭烏」豬為佳）刮洗乾淨，切成20塊正方形（每塊約75克）的肉塊，放在沸水鍋內煮5分鐘，取出洗淨。

第二步，取大砂鍋一只，用竹箅子墊底，先鋪上蔥，放入薑塊，再將豬肉皮面朝下整齊地排在上面，加糖、醬油、酒，最後加入蔥結，蓋上鍋蓋，用桃花紙圍封砂鍋邊縫，置大火上。燒開後，改用微火燜2小時左右，至八成熟，啟蓋將肉塊翻身（皮朝上），再加蓋密封，微火燜酥後，將砂鍋端離火口，撇去浮油，將肉皮面朝上裝入特製的小陶罐中，加蓋置於蒸籠內，用大火蒸30分鐘至肉酥透。

◆特色：以酒代水，燜蒸而成，色澤紅亮，味醇汁濃，酥爛而不碎，香糯而不膩。

注：做法部分摘錄自金曉陽〈不同地區「東坡肉之」比較〉，揚州大學《美食研究》，製作過程內容有所刪減。

惠州東坡大肉

◆**原料**：主料——豬五花肉1,250克；輔料——菠菜200克；調料——豆豉泥40克，陳皮40克，八角1.5克，蒜茸10克，蔥條15克，薑片10克，精鹽2.5克，紹酒10克，川椒酒10克，白糖60克，深色醬油25毫升，淺色醬油500毫升（約耗200毫升），二湯75毫升，花生油1,250毫升（約耗200毫升）。

◆**製法**：

第一步，將五花肉刮洗乾淨，放入沸水鍋中煮至僅熟，取出，放入盆中，用冷水浸漂30分鐘，取出，改切成塊狀，每塊4公分見方，然後放入淺色醬油浸2分鐘，取出，瀝乾。

第二步，用大火燒熱炒鍋，下花生油燒至七成熟，放入豬肉炸30分鐘至浮起，用笊籬推動能發出響聲時取出，放入冷水盆中浸漂，每隔5分鐘換水一次，約換數次即可，抓乾，放入有竹箅子墊底的砂鍋中。

第三步，將砂鍋放回爐上，下花生油25克，下豆豉泥爆香，烹紹酒，加二湯，煮約5分鐘，過濾去渣滓，倒入炒鍋內，下八角、薑片、蔥條、深色醬油、川椒酒，加蓋，慢火燜至軟爛，加白糖，再燜至湯濃，取出，排放在大碗裡，並淋上原汁。

第四步，食用時，整碗入蒸籠，同時，將菠菜汆熟置於盤上，待肉蒸熱，取出潷出原汁，將肉覆扣在菠菜上。

第五步，將砂鍋洗淨，放回爐上，倒入原汁燒熱後加調稀的澱粉勾芡便成。

◆**特色**：軟爛形整，肥而不膩，菠菜清鮮，色澤絳紅油亮，口味鮮醇微甜。

眉山東坡肘子

◆**原料**：主料——豬肘子2只，約1,500克；輔料——雪山大豆300克；調料——蔥結50克，紹酒50克，薑15克，川鹽5克。

◆**製法**：

第一步，豬肘刮洗乾淨，順骨縫畫一刀，放入湯鍋煮透，撈出剔去肘骨，放入墊有豬骨的炒鍋內，下入煮肉原湯，一次加足，放蔥結、薑（拍鬆）、紹酒在大火上燒開。

第二步，雪豆洗淨，下入開沸的炒鍋中，蓋嚴，移微火上煨燉約3小時，直至用筷子輕輕一戳肉皮即至爛為止。吃時放川鹽，連湯帶豆舀入碗中上席，蘸以醬油味汁食之。

◆**特色**：湯汁乳白，雪豆粉白，軟糯適口，原汁原味。配醬油蘸食滋味尤佳。

開封清湯東坡肉

◆**原料**：主料——帶皮豬五花肉1,000克；輔料——淨冬筍150克；調料——醬油50毫升，紹酒10毫升，精鹽4克，白糖4克，味精2克，清湯500毫升。

◆**製法**：

第一步，豬五花肉洗淨，在湯鍋內大火煮斷血，撈出，用平板壓住，晾一下，揭去板，將筍破成兩半，一邊刻上花紋，順長切成約0.3公分厚的片。

第二步，豬肉片皮向下，按一片肉一片冬筍的方式擺在碗裡，兩邊鑲齊。醬油、紹酒、精鹽、白糖、味精、清湯兑成汁，均勻地澆入碗中，使每片肉和冬筍都沾上調料，再將汁潷回到另一個碗內，把剩餘的肉片放入拌勻，然後裝碗墊底，上籠蒸至爛取出，扣在碗內。

第三步，炒鍋放大火上，添入剩餘的調料汁，湯沸撇沫後，盛入湯碗中即成。

◆**特色**：香甜適口，食而不膩。

第四章　還有魚吃怎麼會悲傷

元豐五年，是蘇軾來到黃州的第三年，也幾乎是他文學生涯的巔峰時刻，而就在這一年，他也和魚結下了不解之緣。

一、壽司驚魂記

在這幾個月的時間裡，我對照蘇軾的全集和年表，對他幾乎所有與美食有關的詩文進行了考察，現在，我可以非常負責任地說一句話：東坡肉只是聲量大，而東坡魚才是讓蘇軾真心放不下的。為什麼這麼說呢？其實，早在覺醒吃貨之魂以前，蘇軾就在他的詩文中有意或無意地提到過自己吃了不少魚，包括但不限於鯿魚、鯉魚、鱸魚、白魚，以及不值一提的「鹿角」小魚，還有已經絕版的渼陂魚。而經歷了烏臺詩案之後，他來到黃州，心中的「魚稻情結」更是成為他走出困境、重新擁抱生活的關鍵。

雖然魚一直是蘇軾最愛的食材之一，但曾經卻有可能給他留下過難以抹去的心理陰影，我們先回到過去，從烏臺詩案的一樁烏龍講起。

元豐二年（一〇七九年），蘇軾被押解回京，鋃鐺入獄，一時之間他不知道即將面對怎樣的命運。宋代的監獄是不管飯的，在這期間每天給蘇軾送飯的光榮任務，就落到了他大兒子蘇邁身上。因為身陷囹圄，與世隔絕，為了心裡有數，蘇軾便讓兒子給他做情報工作，各方打探消息。父子倆定好了暗號，如果今日風平浪靜平安無事，就給他送肉；如果聽到了對自己不利的消息，就給他送魚；如果攤上大禍基本上沒救了，那就給他送「魚鮓」。

「魚鮓」究竟是什麼，且聽我從頭說起。「鮓」這個字念「ㄓㄚˇ」，也可以寫作「鮺」，現在很少用這些字，不過，你要是經常吃日本料理，在翻開店裡菜單的時候，還是有機會接觸到。簡單來說，那是一種將或生或熟的魚肉海鮮切成薄片，搭在雪白的醋漬米飯糰上，再用老師傅般的嫻熟手法一揉一捏做成的食物，如此做成的食物造型精緻，熱量不高……。

等等，說到這裡怕有人要質疑我了，你說的不就是壽司嗎，欺負別人沒文化有意思嗎？沒錯，這裡的「鮓」就是壽司，其實，我們熟悉的「壽司」二字不過是日文的音譯，在日文中，這種食物有兩個對應的漢字，一個是「鮨」，發音「sashimi」，還有一個正是「鮓」，讀作「sushi」，對，你沒看錯，這個「鮓」按羅馬音寫出來，與蘇軾使用的漢字是一樣的。

那麼中國古代的「鮓」，跟現在市面上的壽司長得一樣嗎？也不盡然。成書於南北朝時的《齊民要術》中，有完整的一章〈作魚鮓〉，非常詳細地解釋了好幾種「鮓」的做法，其中最經典的一款，用簡單的語言概括一下，就是先將大而瘦的鯉魚切片，再撒上少量的鹽，壓去多餘的水分，攤在甕中，再用茱萸、橘皮與酒拌入比較硬的米飯，一層魚、一層飯地堆疊，最後再將甕口密封起來，醃漬上一段時間。

之所以要這樣處理魚肉，主要是因為古代沒有今天這樣成熟的冷鏈保鮮技術，想要在生鮮腐爛之前，將其妥善保存，運往內陸，只有非常有限的幾種方法，其中最常見的就是在魚肉表面抹上大量的鹽進行醃漬，把它做成一條沒有夢想的鹹魚。但這麼做一來成本極高，不管怎麼說，在古代食鹽都是一種貴重物品；二來塗抹大量的鹽也會改變食材本身的味道，如果要想圖一個「鮮」，用鹽醃漬自然不太可取。

而將食物製成「鮓」就可以在一定程度上緩解這一問題，在魚肉中加入米飯，使二者一同發酵，產生大量的乳酸（C3H6O3），這種方法同樣可以延長肉類的保存時間。雖然在發酵之後會變得比較酸，但相比齁死人不償命的鹹，在生理上還是更容易接受一些。

東晉時的名將、謝安之姪謝玄，也就是在淝水之戰中擔任前鋒擊敗苻堅的那位，生前是一個捕魚達人，《全晉文》中寫他的文章總共有十篇，其中四篇都是關於釣魚的。每當謝玄漁獲頗豐，自己一個人吃不完的時候，就會把剩下的魚都做成鮓，給自己最愛的人送去，比如他哥，比如他老婆，一送就是一兩鍋，滿滿的都是愛。

當初我看《齊民要術》中關於制鮓的文字描寫，腦子裡並沒有畫面，直到後來，我看到了一部名叫《里山─神祕的水花園》的日本紀錄片，其中一段記錄了里山當地漁民製作「古早版壽司」的全過程。隨後我再次翻開《齊民要術》比較，才發現除了把切片鯉魚換成整條鯽魚（依然是淡水魚，甚至依然是鯉形目），將拌飯的調料改作壽司醋，其他細節古早版壽司幾乎是如法炮製。

特別要注意的是，因為聞起來有些通七竅，這種「熟壽司[1]」中的米飯基本上會被丟掉，拿來吃的只有魚肉本身，在食用前，人們要把魚從米飯中挖出來，然後再切成薄片，擺上餐桌。

幾乎可以確定，中國古代的「鮓」，在唐代甚至更早的時候漂洋過海來到日本，在日本的鄉村以它本身的形態保留下來。而幾百年來它們在城市中的同類卻接受了一次又一次的調整，其原料、造型和口味都與昔日大相逕庭，但「鮓」的精髓和本質卻被保存下來。到了現代，又被音譯作「壽司」，重新傳回它的故鄉中國。

遊子已然歸來，雖然他的容顏早就更改。

順帶一提，在《齊民要術》中還記載了「豬肉鮓」的做法，而宋代民間還流行所謂的黃雀鮓、鮮鵝鮓，原料均不是魚肉。我猜測，所謂的「鮓」在當時已經成了一種常見的食品加工方式，只要是將米飯和其他食材及調味料相組合，用來改善食材的口感、延長食物的「保鮮期」，這種食物就可以被稱為「鮓」。這和今天迴轉壽司店裡賣的牛肉壽司、鵝肝壽司乃至黃瓜壽司如出一轍。

扯遠了，說太多關於sushi的問題，我們再回到蘇軾。儘管御史們卯足了勁想要搞事情，但他們三個月來的戰果並沒有得到神宗皇帝的肯定，自從蘇軾父子二人做了約定之後，兒子蘇邁每天都給他送肉，日子就這樣一天一天地過去，基本上是藍天白雲，晴空萬里。

然而暴風雨卻突然降臨。某一天，蘇邁有事要去外地，便把送飯的任務交給一個不方便透露姓名的親戚，但他臨行前卻忘了告訴親戚不要給蘇軾送魚，而好巧不巧，這位親戚家中剛好有魚鮓，看到蘇邁每天都給他父親送肉，親戚便自作主張幫食譜單調的蘇軾換了換口味。

打開飯盒的一瞬間，血色突然在蘇軾的臉上消失了，不知內情的他難以平靜，想到大禍即將降臨，但他可能已經無法改變命運。判決之日即將到來，而在這之前，不知道還能不能跟自己的親弟弟蘇轍見上最後一面，蘇軾不禁悲從中來。在萬念俱灰的絕望中，他奮筆寫下兩首絕命詩，毫不掩飾地表達了心目中的悔恨與無奈，這就是我們之前提過的〈獄中寄子由二首〉。

1 日本滋賀縣琵琶湖的鮒壽司（鮒，指鯽魚），可能是最接近中國古代魚鮓的熟壽司之一，不過，由於熟壽司自帶的酸腐氣味，在現今日本，除了一些老年人，已經沒有多少人可以接受這種「黑暗料理」了。

這個故事的出處，有資料說是來自蘇軾的好友孔平仲所著的《孔氏談苑》一書，但我幾經翻閱查找，沒能尋得分毫，反而找到了林語堂先生《蘇東坡傳》中關於烏臺詩案的諸多細節。比如駙馬王詵的通風報信，蘇轍使者和朝廷御史的生死競速，甚至還提到了蘇軾寫下〈獄中寄子由二首〉後，將詩交給獄卒，托他日後轉交給蘇轍，但獄卒沒有照辦，只是將詩藏於枕下，等到後來蘇軾被釋，又將詩交還給了蘇軾。

關於魚鮓驚魂這件事，既然《孔氏談苑》沒有任何記載，那真正的記載又在哪裡呢？為此，我專程拜託了我的一個哥們兒，請他幫我找出處。

在哥們兒的努力下，這個故事的來源最終還是被找到了，現在能夠看到的最早一個版本，來自元代陳秀明的《東坡詩話錄》，其原文如下：

坡公自湖州赴京師下獄，惟長子蘇邁隨侍，坡公囑之曰：「外面無甚事，每日送飯，須以肉；若消息不好，則送魚；大不祥，則具魚鮓以進。」邁從之。在獄三月，旨未下。適蘇邁有事他往，委一戚代送，而忘其囑，誤送鮓與魚至獄。坡公慮不免，而絕無恐怖之意，惟傷不得見子由，遂作詩二律寄之。

實話實說，這本《東坡詩話錄》的可信程度，大致上跟記載魏晉名士故事的《世說新語》差不多，都是一種半真半假、以假亂真、真假難辨的古文獻，所以，關於這次由於送鮓引發的烏龍事件的真實性，我也不敢打包票說這事一定是真的。但之後的結果大家想必都已清楚：蘇軾最終逃過一劫，卻被革職論處，流放到了黃州。

也有說法稱，蘇軾在受到驚嚇後寫下的〈獄中寄子由二首〉，幾經輾轉被送到了宋神宗手中，神宗皇帝看後頗為動容，感慨蘇軾還真是個人才，連絕命詩都寫得這麼出色，所以說這傢伙真是有趣啊。他決定不殺蘇軾了。

或許是給他留下的心理陰影太過濃重，對於烏臺詩案的前後經過，蘇軾自己一直都沒能好好整理並寫成回憶錄，因此我們並不能看到來自他本人的第一手資料，也無從判斷魚鮓之事的真實性。假定確有其事的話，大難不死的蘇軾如果再看到魚特別是魚鮓，怕是會直接產生創傷後壓力症候群。然而，如果那兩首詩讓神宗堅定了不殺之心，他恐怕又要感謝魚鮓的出現給他帶來的刺激。有時候，矛盾就是如這般螺旋式前進。

不管事實究竟怎樣，至少我們可以確定一點，蘇軾內心並沒有就此因魚蒙上陰影，在離開烏臺到達黃州之後，他對吃魚的愛好不僅不減當年，甚至愈加熱烈。

二、赤壁之下的巨口細鱗

元豐五年，也就是西元一〇八二年，這是蘇軾來到黃州的第三年。

如果你對蘇軾的生平有所了解，也許曾聽過一種說法：「黃州時期是蘇東坡的巔峰，元豐五年是黃州時期的巔峰。」就那一年的創作成果來看，這麼說恐怕不無道理，包括盡人皆知的「一詞兩賦」（〈念奴嬌．赤壁懷古〉、〈赤壁賦〉、〈後赤壁賦〉）在內，這一年蘇軾寫下的詩詞文賦不少於一百零五篇，是整個黃州時期他創作量最高的一年，其中包括了我們非常熟悉的〈定風波．莫聽穿林打葉聲〉、〈浣溪沙．山下蘭芽短浸溪〉……。不僅數量大，水準也高得驚人，放眼他一生的創作，諸多第一梯隊的名作皆寫於這一年。

然而，對於蘇軾的祖國大宋來說，元豐五年卻是個尷尬又充滿變數的一年。前一年，新法的代言人王安石剛剛寫下一首〈後元豐行〉。這首詩很榮幸地被選入某個版本的歷史教科書中〈王安石變法〉一章，因為太過朗朗上口，我當年還自發地把全文給背了下來：

歌元豐，十日五日一雨風。
麥行千里不見土，連山沒雲皆種黍。
水秧綿綿復多稌，龍骨長乾挂梁梠。
鰣魚出網蔽洲渚，荻筍肥甘勝牛乳。
百錢可得酒斗許，雖非社日長聞鼓。
吳兒踏歌女起舞，但道快樂無所苦。
老翁塹水西南流，楊柳中間杙小舟。
乘興欹眠過白下，逢人歡笑得無愁。

詩的內容非常好理解，王安石描繪了一幅元豐四年大宋子民安居樂業，男女老少了無憂慮、唱歌跳舞共賀盛世的畫面，如果當時世界上真的有烏托邦，恐怕就應該是這個樣子吧？可現在回想起來才發現，這篇〈後元豐行〉不過是專為宣傳新法而創作的官樣文章罷了。

王安石為自己的改革成果揚揚自得，現實卻毫無情面地給了他重重一擊。一心要光復漢唐舊疆的宋神宗趙頊，發動了所謂的「元豐西征」。他出動軍民五十多萬，只為一舉攻滅身陷政變危機的西夏。此戰投入的兵力遠遠超過宋太宗的「雍熙北伐」，堪稱北宋歷史上規模最大的軍事行動。

但是，這場聲勢浩大的戰爭，從一開始宋軍就存在著翻車的隱患。原因在於，過分急功近利的宋神宗，甚至都沒有選出一個合適的元帥負責統一調度，便趕鴨子上架。起初捷報頻傳的宋軍，在深入西夏境內之後，糧草供應受到了極大的挑戰，西夏趁機反攻，宋軍損失慘重。

大宋最大規模的軍事行動換來的，竟是幾十年來最慘痛的軍事失敗，宋神宗一舉滅夏的美夢最終化為泡影。

次年，也就是元豐五年九月，西夏出兵攻陷了宋軍所築的要塞永樂城（今陝西米脂縣西），宋神宗在睡夢中被叫醒，聽得戰報百感交集。趙大官人起身繞著床榻走了整整一夜，之後還忍不住在百官面前涕淚交流。

而此時此刻，被貶黃州的蘇軾也好不到哪裡去。不久之前，他才建好了雪堂，走出了自閉，但自從聽聞「元豐西征」失利的消息，種種憂慮不斷湧上心頭，他心中的愁緒恐怕不會比宋神宗少多少。

由於武德過於「充沛」，中原王朝大宋的版圖還在不斷縮小，遼宋夏三足鼎立的局面已經成形，可以說像極了八百年前的魏蜀吳。如此時局，離亂世來臨或許只有一步之遙，這讓蘇軾心中的「三國憂患」逐漸被喚醒。

儘管當時離《三國演義》面世和流行還得再等個三百多年，但作為一個讀書人，蘇軾自然對史書記載的三國故事，以及民間傳頌的三國人物瞭然於心。更何況，他知道自己今日所在的黃州，毗鄰東吳和蜀漢的立國之戰、奠定三國格局的赤壁之戰的古戰場。當時的蘇軾，從黃州的風聲裡，還能聽到古戰場的喊殺，在他的腳下，也儘是三國時代的遺蹟。

黃州週遭有一座被當地人稱為「赤鼻磯」的斷崖，斷崖通體赤褐，直插長江之中，一日日受到滾滾江流的沖刷，所見者很難不讚嘆此處的壯闊豪邁。

一百多年前的唐末，大詩人杜牧同樣因遭受貶謫而來到黃州，在江邊漫步時，他無意間從泥沙中撿到一柄生鏽的鐵戟，一時懷古傷今感慨萬千，大膽猜想這裡正是當年的赤壁古戰場，遂寫下了家喻戶曉的那首〈赤壁〉：「折戟沉沙鐵未銷，自將磨洗認前朝。東風不與周郎便，銅雀春深鎖二喬。」

而在到黃州半年以後，蘇軾也迫不及待地尋到了這裡，從那以後，這個「赤壁」就成為他在黃州最愛去的地方之一。在聽聞元豐西征鎩羽而歸的消息後，他遊歷赤壁的次數越來越高。

他或是駕一葉扁舟，在滔滔江面上漂蕩；或是登高訪古，凝視赤壁兩岸的驚濤駭浪；抑或是像跟自己同病相憐的杜牧一樣，在江邊徘徊踱步，偶爾俯身拾掇，雖不曾撿到過折戟，倒也撿回不少被歲月打磨得很有個性的卵石。

蘇軾對這赤壁是如此的著迷，但他內心其實並沒有底，自己是不是已經讓杜牧給帶跑了？現在他所在的地方究竟是不是當年的赤壁古戰場？提到這個赤壁，他有時亦會謹慎地加上「傳云」、「人道是」之類的起頭。據後人考證，真正的赤壁故壘位於咸寧的蒲圻縣（今赤壁市）境內，距離黃州赤鼻磯一百八十多公里。果然，真相沒有叫他失望。

即便如此，他還是將黃州赤壁的怒濤化為了驚為天人之作的詩賦文章。七月十六日，他與友人共同泛舟赤壁，等到「肴核既盡，杯盤狼藉」之後，他在半醉半醒中寫下了〈赤壁賦〉。沒過幾日，他又在此完成了〈念奴嬌‧赤壁懷古〉。四個月以後，他故地重遊，又加更了一篇〈後赤壁賦〉：

是歲十月之望，步自雪堂，將歸於臨皋。二客從予過黃泥之坂。霜露既降，木葉盡脫，人影在地，仰見明月，顧而樂之，行歌相答。已而嘆曰：「有客無酒，有酒無餚，月白風清，如此良夜何！」客曰：「今者薄暮，舉網得魚，巨口細鱗，狀如松江之鱸。顧安所得酒乎？」歸而謀諸婦。婦曰：「我有斗酒，藏之久矣，以待子不時之須。」於是攜酒與魚，復遊於赤壁之下。江流有聲，斷岸千尺；山高月小，水落石出。曾日月之幾何，而江山不可復識矣。予乃攝衣而上，履巉岩，披蒙茸，踞虎豹，登虬龍，攀棲鶻之危巢，俯馮夷之幽宮。蓋二客不能從焉。劃然長嘯，草木震動，山鳴谷應，風起水涌。予亦悄然而悲，肅然而恐，凜乎其不可久留也。反而登舟，放乎中流，聽其所止而休焉。時夜將半，四顧寂寥。適有孤鶴，橫江東來。翅如車輪，玄裳縞衣，戛然長鳴，掠予舟而西也。

須臾客去，予亦就睡。夢一道士，羽衣蹁躚，過臨皋之下，揖予而言曰：「赤壁之遊樂乎？」問其姓名，俯而不答。「嗚呼！噫嘻！我知之矣。疇昔之夜，飛鳴而過我者，非子也耶？」道士顧笑，予亦驚寤。開戶視之，不見其處。

在蘇東坡這「一詞兩賦」中，〈後赤壁賦〉恐怕是讀者最為陌生的，這可能跟它沒被選進學校語文教材有關。不過，我們的重點不在「一詞兩賦」的文學成就，而是這篇〈後赤壁賦〉中的「攜酒與魚，復遊於赤壁之下」以及那一瞥驚鴻的「松江之鱸」。

元豐五年十月十五日晚，蘇軾帶著兩個朋友從雪堂走回臨皋亭，看到沿途秋景蕭瑟，五臟廟又適逢其時地發出了抗議，便興致使然，想再遊赤壁「小酌」一下。不過呢，看著自己以及身後兩個雙手空空的男人，蘇軾覺得想要湊上一桌像樣的酒菜怕是有點難。

這裡必須得提一句，一千年前偏僻的黃州小城，可沒有隨叫隨到的外送小哥，深夜還能面帶著笑容把打包好的飯菜送到你家門口。此處必須提到另一位長者——在烏臺詩案中受牽連而被罰紅銅三十斤的張方平。這位張先生比蘇軾大三十歲，是蘇軾的忘年之交，也是他的大恩人。當年因為蘇家三父子都是四川出身，按理考科舉應該先在老家考第一場，之後再去首都參加剩餘部分考試，但張方平惜才，不僅幫蘇家辦妥了「高考移民」，還專程寫信給歐陽修請他多多關照。

後來，張方平整理了自己的文集《樂全集》，蘇軾主動以門生的口吻為此書作序。正是在《樂全集》中，張方平記錄下當時大宋鄉村百姓真實的生活狀態：「窮鄉荒野，下戶細民，冬至節臘，荷薪芻，入城市，往來數十里，得五七十錢，買蔥茄鹽醯，老稚以為甘美，平日何嘗識一錢？」

鄉下那些村民也就是逢年過節的時候，挑著柴火到城裡去賣，換五十個七十個銅錢，買點燒飯佐料帶回去，平常哪裡能用得到一個銅子？老百姓日常生活中基本上用不到錢，大多數時間更是高度自給自足，獨立於貨幣經濟之外，這才是中國古代大多數人一生的實景。至於夜生活、市場經濟什麼的，還是洗洗睡吧，想都別想了。

換句話說，蘇東坡這會兒手上沒酒沒菜，就算有錢，也沒處買去。好在，同行一位不願透露姓名的朋友，主動貢獻出今天傍晚撈到的一條魚，這條魚嘴巴大，鱗片細，這小模樣還挺像水產界的巨星——松江鱸魚。（「客曰：今者薄暮，舉網得魚，巨口細鱗，狀如松江之鱸。」）正是這位做好事不留名的朋友，以及這條搞不清身分的魚，成全了他「小酌」的心願，也促成〈後赤壁賦〉的誕生。

不過，我這樣一個喜歡刨根問底的人，最有興趣的還是探究這條「巨口細鱗」的魚兒究竟是何方神聖，為此，我們先得從「松江鱸魚」這個詞開始層層推理，細細拆分。

松江，現代人一般把它當成一九五八年從江蘇省劃入現在上海的松江區。而古代的松江區長期隸屬於吳郡，其境內曾有個格外有名的地方叫作「華亭」。家鄉在吳郡的西晉大臣陸機為成都王司馬穎所殺，他死前感嘆「華亭的鶴鳴聲，再也聽不到了」。從此，「鶴唳華亭」就成為一個著名典故，代指一個人心中難以割捨的白月光。

華亭之所以在元朝更名為松江，主要原因是發源自太湖最終匯入東海的吳淞江（也做吳松江，上海市段被稱為蘇州河）流經此地。然而，對生活在北宋中晚期的蘇東坡來說，作為行政區劃的「松江」其實並不存在，所以，他筆下的「松江之鱸」，實則是吳淞江之鱸。

「松江」的問題解釋清楚了，下面就是「鱸」了。這種鱸魚到底有什麼特殊之處呢？光是靠〈後赤壁賦〉裡提到的「巨口細鱗」，不夠在腦子裡3D建立模型。

廣義上的「鱸魚」包括了鱸形目下所有的成員，這個目有超過一萬兩千個成員，可算是脊椎動物中的第一大目，其中常見的食用種類，不僅包含今天市面上的各種鱸魚，甚至還包括了黑魚、帶魚、黃魚、鯛魚、羅非魚（吳郭魚）、石斑魚、金槍魚等等這些個跟鱸魚八竿子打不著的「關係戶」。即便我們把範圍縮小一級到「鱸亞目」，那麼也有三千多個好兄弟在裡頭……這該如何從頭說起？

好了，我就不賣關子，除了蘇軾描述的「巨口細鱗」外，宋代以後的文人為這松江鱸魚留下一道重要的線索，就是這種魚有個獨一無二的特徵：「四鰓」。《松江府志》就記錄說：「天下之鱸皆二鰓，惟松江鱸四鰓。」

儘管鱸形目的成員長得千奇百怪，但在呼吸器官的進化上都比較保守，牠們都規規矩矩地長著一對魚鰓，沒有任何一種現存的鱸魚是長了兩對四個鰓的。那麼，這種所謂的「四鰓鱸」究竟是基因突變、地理隔離還是生物改造的產物？難道是古人記錯了嗎？難不成牠是一個沒有熬到現代就被吃滅絕的鱸魚孤種？

這背後的真相，恐怕和央視著名的科普節目《走近科學》的「闢謠半小時」有著異曲同工之妙，就是簡單的看錯了。今天，只要你捨得花錢，「松江鱸」還是可以買到的，而這種小個子魚的鰓上有赤紅色的褶皺，看起來好像是多長了兩個鰓一樣。

或許你會覺得奇怪，幾千年來難道沒人發現這只是個視覺錯誤？

嗯，硬要找個合理解釋的話，可能就是儒家「君子遠庖廚」的悠久歷史與傳統。畢竟古代有條件著書立說的人大多都只會吃魚，像蘇軾這般能接觸食材、親自掌勺的文人實在是少之又少，而這一小撮人之中能有機會吃到松江鱸魚的更是屈指可數，所以「四鰓」的說法並沒人特地去糾正。只要好吃不就行了，何必費那工夫？

再說了，標新立異，不正好迎合大眾心態，所謂「四鰓鱸，除卻松江到處無」，這種名號還能讓松江鱸魚的牌子打得更響，不是求之不得？

只不過，按照動物學分類，這種「四鰓鱸」並不是真正的鱸魚，而是屬於鮋形目杜父魚科。作為一種生活在近海的洄游魚，牠們的活動範圍，也並非僅限於今天的上海松江區，北到遼寧，南到臺灣，乃至菲律賓和日本、朝鮮半島也不乏牠的身影，可以說，整個東亞的沿海地區都有牠們的分布，實在算不上是什麼松江特色。

而「松江鱸」的美名，更是給牠們帶來了災難。近代以來，由於人們過量捕撈，上海周邊的松江鱸魚幾乎絕跡，直到二〇〇〇年以後，才靠人工養殖的手段解決問題。儘管如此，牠們也只在中國某些特供餐廳有售，身價依然貴得要命。

然而，這個長著「四鰓」的小傢伙，真的就是蘇軾筆下「巨口細鱗」的松江之鱸嗎？別急，下面我們還將繼續推理。

三、松江鱸魚的換臉復仇

緣分這種東西吧，千迴百轉，有時候你不得不信，這中間有多少彎彎繞繞，就像蘇東坡筆下「羽扇綸巾」明明說的是周瑜，可是在現代它硬是變成了諸葛亮人設的一部分。而松江鱸[2]魚也和這羽扇綸巾頗有緣分，這是因為，最早為松江鱸魚代言的歷史名流，正是周瑜和諸葛亮二人共同的對手——曹操。

左慈字元放，廬江人也。少有神道。嘗在司空曹操坐，操從容顧眾賓曰，「今日高會，珍羞略備，所少吳松江鱸魚耳。」放於下坐應曰，「此可得也。」因求銅盤貯水，以竹竿餌釣於盤中，須臾引一鱸魚出。操大拊掌笑，會者皆驚。操曰，「一魚不周坐席，可更得乎？」放乃更餌鉤沉之，須臾復引出，皆長三尺餘，生鮮可愛。

這個故事出自《後漢書．方術列傳》，雖然是正史，卻充滿了奇幻色彩，說是曹操在許昌辦宴席，天底下的珍饈美味盡收眼底，獨獨缺了一味吳淞江鱸魚。於是，擅長魔術表演的左慈先生，硬是打破了次元壁，從一個普通銅盤裡將千里之外的淞江鱸魚給釣了出來。

左慈跟曹操，按現在的籍貫看，一個是合肥人，一個是亳州人，兩個安徽老鄉一唱一和演了一齣好戲。而曹操忽然提起這種江南的特產，不知是不是曹丞相意欲蕩平孫吳潛意識的流露。

然而可惜的是，《後漢書》沒有記載曹操下令如何烹調這些松江鱸魚的細節，即便是蘇軾的〈後赤壁賦〉，也只講到「攜酒與魚，復遊於赤壁之下」便戛然而止，而酒足飯飽之後便進入了類似「醉後不知天在水，滿船清夢壓星河」的說愁階段。所以，想從料理手法上獲得身分訊息顯然是靠不住的。

對於松江鱸魚而言，曹操的加持，可能是牠揚名立萬的第一步，而第二步就要輪到前面說過的西晉人張翰，那個為了實現鱸魚自由而辭官不做的狠人。說到他的事蹟，辛棄疾筆下那句「休說鱸魚堪膾，盡西風，季鷹歸未」恐怕更讓人熟悉。「堪膾」，就是可以做成膾的意思，而這句話的用典出處《晉書．張翰傳》中也是這麼記載的：「翰因見秋風起，乃思吳中菰菜、蓴羹、鱸魚膾，曰：『人生貴適志，何能羈宦數千里以要名爵乎？』」

張翰在自己的〈思吳江歌〉裡也沒提具體怎麼做鱸魚，倒是再次提到秋天的鱸魚比平日裡更為肥美：「秋風起兮木葉飛，吳江水兮鱸正肥。三千里兮家未歸，恨難禁兮仰天悲。」

看來，蘇軾十一月吃掉的那條「巨口細鱗」，若真的是松江鱸的話，他還真是有口福呢。古代人吃魚，除了前面提到的做成「鮓」以外，切成「膾」，即做成生魚片也是很常見的，「膾」的相關記載可以追溯到三千年前的西周，其國民程度幾乎能跟燒烤抗衡，所謂的「膾炙人口」就是這麼來的。

---

2 松江鱸：傳說中的松江四鰓鱸，光看長相的話，不能說秀色可餐，至少是其貌不揚，唯一讓人們眼睛一亮的地方，就是牠們鰓蓋上的橙色褶皺。

唐宋時期，松江鱸魚最為有名的吃法就是「金齏玉膾」。蘇軾本人非常中意這道菜，在第二章裡引用過的〈和蔣夔寄茶〉裡，他是這麼說的：「扁舟渡江適吳越，三年飲食窮芳鮮。金齏玉膾飯炊雪，海螯江柱初脫泉。」

這就要再說起之前就提到的一位老朋友，北魏時期「美食著作」《齊民要術》作者賈思勰了。他在書中記錄了生魚片以及一種名為「八和齏」蘸料的製作方法，「八和齏」就是「金齏玉鱠」最初的蘸料搭檔。順便一提，這裡「鱠」跟「膾」的意思大差不離，只不過「膾」可以泛指一切生肉片，而「鱠」則專指生魚片。

由於《齊民要術》這一節的原文實在太長，所以我就提煉一下，省得浪費版面。我們可以先從原料說起，「金齏」指的是配生魚片的蘸料，包括蒜、薑、橘、白梅、熟栗黃、粳米飯、鹽、醬，而它的金色主要來自其中的橘皮和熟栗黃。

橘皮能增香，但若添加太多，一定會使料的味道變苦，所以借用甜美的栗子來調色最好不過；其他幾味配料的處理比較複雜，蒜不能用太辣的，除掉蒜皮，切掉根部，條件允許得再放到水裡浸泡一兩天，這樣會讓味道更柔和；生薑則要切碎後用布袋把苦汁絞去。白梅頗有點意思，這裡說的不是梅子裡的某個品種，而是鹽梅。要把剛長出來的梅子摘下，晚上用鹽醃，白天放在太陽底下暴晒，往復十天之後，白梅就做出來了。以上這些材料全部用石杵舂成泥狀後，就是黃色的「金齏」。

蘸料的製作如此複雜，但要是我說《齊民要術》的這段文字對魚肉反倒沒什麼細緻的要求，大家恐怕都得說這是買櫝還珠了。事實上，除了提到選用一尺長的魚肉切片最佳之外，賈思勰確實沒規定這道菜非得用哪種特定的魚，之所以後世人會把「金齏玉鱠」跟松江鱸魚綁定在一起，還是因為著名的浪蕩天子隋煬帝楊廣。

「但求死看揚州月，不願生歸駕九龍。」隋煬帝下江南的種種風流韻事向來為人津津樂道，唐朝史官所著《隋唐嘉話》記載了隋煬帝吃到吳郡所獻的松江鱸後，感慨說，「所謂金齏玉膾，東南佳味也」。有了皇帝代言，以吳淞江鱸魚所制的金齏玉膾從此開始獨領風騷，最終徹底霸占了這個品牌。

說到這裡，細心的朋友們是不是已經發現盲點了？從張翰開始，人們都稱讚這「鱸魚堪膾」，也就是適合做成生魚片，然而，什麼魚比較適合切成魚片呢？那必須是個體較大、肉質厚實、肌間刺少（最好沒有）的魚，比如今天日本料理刺身中常見的鯛魚、金槍魚、鮭魚等，但是今天所謂的「松江鱸魚」，明顯都是些小個子，就算加上頭尾，牠的身體幾乎只有二十公分長，鮮有超過人一個手掌大小的，而《後漢書》中左慈變戲法變出來的吳淞江之鱸可是長達三尺有餘！折合成現在的單位超過了七十五公分，即便史書描寫有誇張的成分在，但松江鱸魚也絕不會萎縮到這麼離譜的程度吧？

至於這種杜父魚的肉嘛，嗯，也是講究點到為止，不算很多，這樣的魚拿來切生魚片，怕是對一般廚師的刀工有著過高的要求。更何況，牠們的嘴倒是不小，但是身上壓根兒就沒有鱗片，跟〈後赤壁賦〉裡的「巨口細鱗」也不能完全對應。最尷尬的是，牠的味道屢屢被評價為乏善可陳，不過爾爾，完全配不上牠高貴的身價。總之，這種魚全身上下都透著一股「只有土老闆才肯來吃我」的倔強個性。

那麼，「松江鱸魚」的真身究竟會是什麼呢？其實，在清代學者聶璜的《海錯圖》以及今天中國知名科普作者張辰亮的《海錯圖筆記》裡，可能有最接近真相的答案。

根據聶璜考證，古書上的松江之鱸，應該是一類在東亞很常見的魚——花鱸[3]，作為一種海生鱸魚，花鱸有時也會洄游到入海口附近的淡水江河中，剛好適應吳淞江東流入海的地理環境；牠們體形較大，長到七尺不在話下；渾身上下的鱗片細細小小，還有很多小黑點，相比其他海魚嘴也不小，完全符合「細鱗巨口」的特徵；最重要的是，花鱸的肉質緊實，沒有萬惡的肌間刺，蒸熟了是人們俗稱的「蒜瓣肉」，切做生魚片吃起來，也是口感層次豐富且有彈性。總而言之，范仲淹筆下那句「江上往來人，但愛鱸魚美」或許就是為牠量身定製的。

聶璜在《海錯圖》裡特意畫了一幅花鱸的畫，並指明牠才是「松江鱸」的本尊，指出人們把「四鰓鱸」當成松江鱸「是誤也」。而張辰亮不僅找到了南宋楊萬里筆下「白質黑章三四點，細鱗巨口一雙鮮」，以及張鎡「鱗鋪雪片爭光細，腹點星文墨暈粗」的描述加以論證，還指出松江之鱸就連「四鰓」的特徵都與花鱸相吻合，這是因為花鱸鰓前的褶皺雖然不紅，但要比其他的魚更加明顯。

而且，這花鱸不僅符合諸多的歷史記載，味道不錯，其身價也相當親民，沿海地區大部分菜市場和超市裡都可以買到的「海鱸魚」正是牠們，生鮮品的價格甚至只要幾十塊錢一斤，比現在高檔飯店動輒千元一客的酒席上才能碰到的「松江鱸」不知便宜到哪裡去了。何況牠本身的味道一點也不差，對於我這種來自社會底層的普通人來說甚至還要更加可口。

至於這位長相抱歉、內在也不華麗的杜父魚科的「松江鱸」，是如何李代桃僵，將原本正統的「花鱸」逼成了旁門左道，還真不能全怪今天人們的商業運作，而是跟歷史上吳淞江的環境變化有著極大關係。

歷史上，吳淞江曾是太湖的主要出海通道，但是從宋代開始，吳淞江的入海口變得越來越窄，下游河道逐漸淤塞。九里、五里、三里……，無論歷代如何疏濬或是改用新河道，都難以阻擋這一趨勢。到了十六世紀末，明朝隆慶萬曆年間，為吳淞江開闢的下游水道僅寬十五丈，不過五十公尺左右而已，而原本吳淞江的小支流黃浦，卻在人們一次又一次的疏濬中抓住了未來，強勢地奪走長江的出海口，將原本的「吳淞口」改造成以它為名的「黃浦口」，這就是所謂的「黃浦奪淞」。對此我就不細說了，畢竟，那已經是另一個故事。

河道的淤積和萎縮，必然使原本吳淞江入海口附近的花鱸洄游入江的機會大不如前，人們再也難以在吳淞江流域捕獲足夠的「松江鱸」。為了維持舊有品牌，找另一種並不為人熟悉的魚類改名換姓頂上松江鱸，就是商場裡常見的做法。除了沒有鱗片外，由於此類杜父魚的兩側鰓上有橙紅色的條紋疊加，解釋成「四鰓」也能說得通，而且作為一種偏好死水的底棲魚類，淤塞的河道反而讓牠們的種群更為繁盛，這個計劃終得以瞞天過海。

雖然古人這麼做可能沒有很強的功利性，但是常言道無巧不成書，到了宋代以後，這種號稱「四鰓」的杜父魚開始跟花鱸共享「松江鱸」之名，到了近現代，已經完全鳩占鵲巢，甚至讓「松江鱸」成為牠們的物種名。

---

3 花鱸：細鱗巨口、白質黑章、身長三尺、狀如四鰓、東亞分布，你們還說松江之鱸不是我？

這真是比現在大學聯考找代考更加刺激的事呢！

乍一聽上去似乎有點陰謀論，不過類似的情況在歷史上也算屢見不鮮，比如另一種跟隋煬帝有關的植物——揚州瓊花，其命運與松江鱸魚如出一轍。真正的瓊花在宋元交替之際就滅絕了，後來有人找來一種名叫「聚八仙」的花樹補種在當地，而瓊花之名居然就這樣給頂替了。到了近代，就連這種假冒的瓊花都差點絕種，經過人們不懈的尋訪、培育，方才脫離險境。

曾是皇家御膳的「金齏玉膾」，現在所有的原料都可以在菜市場買到，要一家三口飽餐一頓，怎麼也花不到幾百塊錢。這種滄海桑田，比隋煬帝陵被名叫楊勇的開發商挖出來更有落差，但在食物界卻實屬平常，或許堅持「只買貴的不選對的」的人們，寧可接受昂貴且沒那麼美味的假松江鱸，也不願意褪去「金齏玉膾」那可望而不可即的面紗。

但即便如此李代桃僵，也比某些紀錄片製作值得信賴。

二〇一八年，飽受詬病的《舌尖上的中國》第三季開播，在第三集節目中，節目組嘗試復原古書裡的「玲瓏牡丹鮓」和「金齏玉膾」。然而，在片中那位經營園林的國學大師指導下，大廚一舉將「玲瓏牡丹鮓」做成了「過油滑魚片」，把「金齏玉膾」改成了「南瓜金湯鱸魚」。更加要命的是，大師悉心選用的鱸魚，不是花鱸，也不是松江鱸，而是來自大洋彼岸新大陸的大口黑鱸。

大口黑鱸也被叫作「加州鱸魚」，屬於鱸亞目太陽魚科黑鱸屬，跟花鱸只能算是遠房親戚，原產於北美洲的美國和加拿大。顧名思義，這種洋鱸魚的嘴特別大，上顎末端幾乎延伸到眼角後方，靠著一張大嘴，牠們吃得多、長得快，性情兇猛又不挑食，故經常可以稱霸池塘。

而中國則是在二十世紀七八十年代改革開放以後，才從美國引進大口黑鱸，並成功達到人工繁殖。經過幾十年的發展，大口黑鱸已經成為中國水產市場上的一大霸主，以及知名的野外入侵物種，菜市場、飯店提到的「淡水鱸魚」，如果沒有特殊說明，一般都是這傢伙。

雖說《齊民要術》並沒規定製作「金齏玉膾」的魚種，但使用來到中國不到四十年的北美鱸魚還原所謂「典籍中的菜餚」，還一口一個文人情懷、傳統美食文化，實在是不恰當。

美食需要用心錘鍊，對歷史的態度更是要實事求是。如果《舌尖上的中國》第三季的製作團隊知道這一點，也不至於把前兩季立起來的口碑砸得稀爛，導致評分斷崖式下跌。

本來，這節到這裡差不多就結束了，然而，在本書完稿前後，動物學界關於「鱸魚」的定義卻發生了翻天覆地的變化，倚仗於分子生物學的發展，人們才發現原本脊椎動物第一大目的鱸形目，其實是一個分類學上的「垃圾桶」。

早先的博物學家和動物學家們，根據形態和特徵，把全世界江河湖海一大批像花鱸這樣肌肉發達、鱗片細小、張嘴是大口、背上有鰭棘的魚類歸到「鱸形目」名下，然而，根據近些年來分子水平上對差異程度的觀察和研究，這些外貌上有諸多共同特徵的魚類，實際在親緣關係上相去甚遠。比如怎麼看都是正統鱸魚的花鱸，實際屬於單鰭魚目（也有翻譯為擬金眼鯛目），而大口黑鱸也被劃入新的日鱸目，可以說是正式成立了分舵。

不過最弔詭的還要屬松江鱸，上文說了，牠其實屬於鮋形目的杜父魚科，原本跟鱸魚可謂風馬牛不相及。然而，最新的研究顯示，所謂的「鮋形目」不過是鱸形目在演化過程中產生的一個小分支，其下如杜父魚科這樣的分類單元，被併入了重啟後的全新「鱸形目」，於是，松江鱸也就歪打正著成為真正的鱸魚，從此以後，誰要再叫牠冒牌鱸魚，牠沒準兒會對你生氣。

總之，這事還真挺有意思，就是有點一言難盡。

四、引以為傲的煮魚法

前面絮絮叨叨東拉西扯推理了這麼多，我們還是沒能揭開蘇軾寫作〈後赤壁賦〉當天所吃到的「細鱗巨口」的真實身分。黃州遠離入海口，蘇軾的朋友顯然不能釣到千里之外的花鱸，更不會像後世人一樣把杜父魚當作松江鱸。

還有一種可能，就是根據南宋文人朱翌的考證，所謂的「巨口細鱗者」其實就是我們的老朋友鱖魚。「桃花流水鱖魚肥」中的那個鱖魚，一來跟花鱸的確有諸多相似之處，同時也是鱸形目的成員（現在則被劃歸到大口黑鱸所在的日鱸目），二來鱖魚和牠的親戚們都高度適應淡水，湖北是牠的分布範圍，況且，入冬前鱖魚也很肥美，還是牠們咬鉤最頻繁的一段時間。

這種說法唯一的問題在於，雖然鱖魚大致符合「細鱗巨口」的描述，但牠的花色與鱸魚卻有明顯不同，而且作為從唐代便開始風靡的著名食用魚，鱖魚可不是什麼無名小卒，古人在大致上還是能分清鱖魚和鱸魚兩者的區別。蘇軾固然不是什麼出名的博物學家，但對魚類（食材）還算熟悉的他，不至於連「翹嘴鱖」都認不出來，大家可別把他看扁了啊！所以，對於朱翌的看法，我並不認同。

對了，古人沒有那麼強的飲食衛生觀念，所以無論魚是來自江河湖海，只要肥美新鮮，都是可以做成「膾」生吃的。但是按照現代科學的觀點看，生活在淡水裡的魚類，實在是不適合做膾，這是因為魚體內有非常多的寄生蟲，更要命的是，淡水魚身上的寄生蟲是可以在人體內存活的！東漢末年的揚州太守陳登，就是向曹操獻了滅呂布之策，還一度擊敗孫策的那個猛人，生前嗜食魚膾，還很有可能是淡水魚，死時「嘔蟲」數升，年僅三十九歲。

對此，即使是像我這樣遇事熱愛尋根究底的人，都感到無能為力，這條對〈後赤壁賦〉的誕生發揮了關鍵作用，且不惜獻身的無名英雄，恐怕在未來也只能繼續無名下去了。

雖然搞不清這條魚的真實身分，但我們倒是能夠透過黃州時期蘇軾的習慣，大概猜測到牠接受的料理方法，也就是牠的歸宿如何。

早在元豐五年六月，一位剛從西夏戰場歸來的故人，在被貶路上途經黃州，特地與蘇軾相會，他叫作張舜民。這次會面早於「一詞兩賦」的寫作，可以說，正是因為與張舜民的這次交往，才讓蘇軾把宋遼西夏鼎立的局勢和三國歷史聯繫起來，從而對「赤壁」產生了非同一般的情愫。

剛剛經歷戰爭創傷的張舜民，自然對王安石的保甲法和青苗法牢騷滿腹，為此他寫下一首諷刺詩〈漁父〉：「家住耒江邊，門前碧水連。小舟勝養馬，大罟當耕田。保甲元無籍，青苗不著錢。桃源在何處？此地有神仙。」

蘇軾讀了他的詩，也相和了一首〈魚蠻子〉詩：「江淮水為田，舟楫為室居。魚蝦以為糧，不耕自有餘。異哉魚蠻子，本非左衽徒。連排入江住，竹瓦三尺廬。於焉長子孫，戚施且侏儒。擘水取魴鯉，易如拾諸途。破釜不著鹽，雪鱗芼青蔬。一飽便甘寢，何異獺與狙。人間行路難，踏地出賦租。不如魚蠻子，駕浪浮空虛。空虛未可知，會當算舟車。蠻子叩頭泣，勿語桑大夫。」

如果烏臺詩案只是捕風捉影、影射新政，那這首〈魚蠻子〉可謂是蘇軾不滿新法的鐵證了。全詩都在用現實的筆法寫苛政猛於虎，逼得百姓寧可以船為家，四處漂流，過著如同水獺和水猴子（狙：古人指獼猴）一樣的生活，也絕不肯回到剛踏上一隻腳便要交數不清賦稅的陸地。而所謂的「桑大夫」，就是指新法的擁護者們，蘇軾將他們比作西漢時因主張財政改革而落了一世罵名的御史大夫桑弘羊。

漁夫們雖然不是蠻夷，但作為新法的受害者，他們在江上的生活卻又和普通的漢人迥異，江岸上的人都在悲嘆「魚蠻子」，但他們自己又何嘗不是「魚蠻子」呢？

值得一提的是，蘇軾筆下漂浮於江上的漁民，在捉到了「魴鯉」，也就是鯿魚或者鯉魚之後，其處理方法是「雪鱗芼青蔬」，這跟他後來所記的料理魚法頗有相似之處。

其實，除了上文講到的「鮓」和「膾」之外，魚還有一個更加樸素且美味的料理方式，那便是煮成魚湯[4]。在《史記．貨殖列傳》中，就已經將江南的飲食習慣概括為「飯稻羹魚」，直到今天，熬製羹湯飲用都是中國人處理魚肉最常見的做法。

在黃州期間，蘇軾日常待客的時候，確實愛親自下廚弄出一鍋魚湯。《蘇軾文集》和《蘇軾佚文彙編》分別收錄有〈煮魚法〉和〈書煮魚羹〉兩篇短文，描述的都是蘇軾自己對謫居黃州期間親自烹調魚湯的回憶，我們先就〈煮魚法〉中的相關記載，來看看蘇軾獨創的魚湯配料表：

子瞻在黃州，好自煮魚。其法，以鮮鯽魚或鯉治斫冷水下入鹽如常法，以菘菜心芼之，仍入渾蔥白數莖，不得攪。半熟，入生薑、蘿蔔汁及酒各少許。三物相等，調勻乃下。臨熟，入橘皮線，乃食之。其珍食者自知，不盡談也。

由此可見，蘇軾煮魚湯取用的一般是鯽魚或鯉魚，配料則要用到菘菜心、蔥白，還需要用生薑、蘿蔔汁和酒的混合液進行調味，等魚快要出鍋的時候，還要再加點切成絲的橘子皮。

所謂的「菘」，聽著古雅，但它還有一個讓人倍感親切的名字：白菜。今天的大白菜，堪稱我們最日常的蔬菜，早在先秦時期的典籍裡就留下了食用菘的記錄。而在《南史．齊書》當中，秋末的白菜和春初的韭菜，被稱作味道最鮮美的蔬菜，雖然這話從高潔的隱士周顒嘴裡說出來感覺有點怪怪的。「文惠太子問顒：『菜食何味最勝？』顒曰：『春初早韭，秋末晚菘。』」

唐宋兩代是菘培育變種的一個重要時期，比如牛肚菘（白菘）就在此時聞名遐邇，不過，當時的白菜多在南方生長，直到元明兩朝才實現了南北兩開花。

對於自己獨創的「蘇氏魚湯」，蘇軾本人很是滿意，因為嘗過這魚湯的朋友沒有當著他的面說不好的。他自詡「其珍食者自知，不盡談也」，而將煮魚湯視為自己下廚房的拿手好戲。七年以後，早

4 就像東坡肉一樣，今天各地很多用魚做成的菜肴，都被冠以「東坡魚」之名，然而根據蘇軾自己在〈煮魚法〉中的描寫，最為正宗的「東坡魚」其實就是一碗頗具匠心的溫暖魚湯。

已離開黃州的蘇軾成了杭州知州，這一天有好幾位朋友到訪，蘇軾一時興起，又親自掌勺，為大家燉了一鍋魚湯，在接受了眾人的誇獎和奉承之後，為了表揚一下自己，蘇軾又特地寫下一篇〈書煮魚羹〉：

予在東坡，嘗親執槍匕，煮魚羹以設客，客未嘗不稱善，意窮約中易為口腹耳！今出守錢塘，厭水陸之品。今日偶與仲天貺、王元直、秦少章會食，復作此味。客皆云：此羹超然有高韻，非世俗庖人所能彷彿。歲暮寡欲，聚散難常，當時作此，以發一笑也。

這種發自靈魂深處的愉快是偽裝不出來的。我在讀到這篇短文的時候，似乎看到了東坡因為他親自做的魚湯大受好評，高興得歪嘴一笑。

既然有這等詳盡的煮魚方法流傳下來，東坡的粉絲們還不快去使用偶像的菜譜給自己留下最溫暖的回憶。雖然不一定符合現代人的口味，但至少物美價廉、食材保真，再怎麼說，買條鯽魚比花幾千塊錢去看演唱會的性價比要高得多，再不捧場可真是說不過去了。

只不過，煮魚湯這種吃法，或許不太適用於元豐五年十月十五日，蘇軾寫下〈後赤壁賦〉的特定場景。如果把那巨口細鱗、狀似松江之鱸的魚兒燉成了湯，魚湯和酒混在一起，在肚子裡七上八下，然後再去「履巉岩，披蒙茸」，想想都覺得有胃酸逆流的風險。

寫到這裡，連我自己都感覺胸口一陣灼熱。

第五章　取名大師的小農生活

蘇軾生前，曾多次用自己朋友的名字為食物命名，而身後不到百年，各種被冠以「東坡」之名的菜餚便如雨後春筍般冒了出來，先生若泉下有知，不知會做何感想？

一、遠方來客與蜜酒祕方

二〇二〇年九月，北京故宮博物院舉辦了一個「千古風流人物——故宮博物院藏蘇軾主題書畫特展」，展出了保存至今的七十八件有關蘇軾的真跡文物。作為一個自認為跟東坡先生頗有淵源的人，我幾乎是第一時間預約去看展，不為別的，只為能和蘇東坡隔空握個手。可在看完展後的激動之餘，卻還有那麼一點點的失落，主要是因為由於種種不可抗力，蘇軾筆下那件被稱為「天下第三行書」的〈寒食帖〉（又名〈黃州寒食詩帖〉），並不在展品之列。

我之所以期盼看到〈寒食帖〉，不僅僅因為它是公認的蘇軾書法的巔峰之作，更因為它是見證元豐五年的蘇軾心態轉變的重要信物。

〈寒食帖〉裡的兩首詩，寫的就是蘇軾在元豐五年的寒食節，因生活困頓、內心壓抑而發出的人生之嘆：

其一

自我來黃州，已過三寒食，年年欲惜春，春去不容惜。
今年又苦雨，兩月秋蕭瑟。臥聞海棠花，泥污燕脂雪。
暗中偷負去，夜半真有力。何殊病少年，病起頭已白。

其二

春江欲入戶，雨勢來不已。小屋如漁舟，濛濛水雲裡。

空庖煮寒菜，破灶燒濕葦。那知是寒食，但見烏銜紙。

君門深九重，墳墓在萬里。也擬哭途窮，死灰吹不起。

因為蘇軾這裡寫得文藝且隱晦，我們不妨對這兩首詩的內容稍加刪減，改編成類似於名導王家衛風格的電影獨白：

冬至後一百零五日，大寒食。自從我來到黃州，已經過了三次寒食節。每一年，我都會惋惜春天的離去，可惜春光卻並不需要人們的留戀。今年春寒，陰雨綿綿，就像秋天一般蕭瑟，接連兩個多月。我躺在還沒病的病榻上，看著窗外的海棠花被雨打落，聽著花瓣跌在汙泥上。

不會看氣氛的大雨，完全沒有停下來的意思，我的小屋就像漁船，隨時會消失在茫茫的雲煙間。我在空蕩蕩的廚房裡，試著加熱涼透了的菜，可是破爛的灶洞裡沒有柴，只能用潮溼的葦草勉為其難生火。直到看到屋外的烏鴉銜著紙錢，我才想起今天又是寒食節。回朝的路被九重高門阻隔，祖先的墳墓又在萬里之外。有那麼一瞬間，我想模仿阮籍作途窮之哭，可心裡如死灰一樣，很難再燃起來。

喪嗎？感覺已經不能再喪了，人都快喪沒了。（編注：喪為網路用語，頹廢之意）

說實話，鑑於我們之前已經劇透了蘇東坡在黃州的大致經歷，也知道他在去年年初開墾了東坡的荒地，年底豐收的二十石大麥又緩解了他經濟上的壓力，一個月前甚至還建好了雪堂新居，也就是說，這個時候的蘇軾其實早就度過了最困難的時期。然而，或許是因為吃膩了「二紅飯」，或許是因為暴漲的春雨讓他閒得沒事幹，他心中關於烏臺詩案的傷疤又再次被揭開。

於是乎，元豐五年那個潮溼陰冷的寒食節，壓抑、惆悵和孤單又一次在他身上爆發出來。這樣的蘇軾，跟後來「相與枕藉乎舟中，不知東方之既白」的灑脫酒客形象差別未免有點大，反倒像極了杜甫在〈茅屋為秋風所破歌〉和〈登高〉裡表現出的狀態。

而在未來的一年裡，蘇軾基本上完成了內心的「整合運動」，情緒趨於穩定，心境也發生了一百八十度大轉變，變得積極開朗起來，幾乎再也寫不出〈寒食帖〉裡那種力透紙背的悲涼文字，而他的創作水準也在此前的基礎上又攀上新高峰，「一詞兩賦」裡那種曠達的情懷，不是能輕易偽裝出來的。就連蘇轍都承認，哥哥的文風一變，自己恐怕再也難以超越。

其實，如果要從飲食方面找原因，自從雪堂落成後，彷彿受到召喚似的，蘇軾連著兩年在友人手中得來不少新鮮玩意兒。

上一節說松江鱸的時候，我特意留了個盲點。再遊赤壁時，魚的問題解決了，可蘇軾及兩位不願透露姓名的朋友喝的那一斗小酒，究竟又是什麼來頭？〈後赤壁賦〉裡唯一的線索，是指出它是蘇軾的老婆王閏之特意祕藏的，以備丈夫的不時之需。

倘若將時間線推回到半年之前，在蘇軾一首名為〈蜜酒歌〉的作品裡，我們也許可以給這個問題找到一個符合邏輯的答案：

真珠為漿玉為醴，六月田夫汗流泚。
不如春甕自生香，蜂為耕耘花作米。
一日小沸魚吐沫，二日眩轉清光活。
三日開甕香滿城，快瀉銀瓶不須撥。
百錢一斗濃無聲，甘露微濁醍醐清。
君不見南園採花蜂似雨，天教釀酒醉先生。
先生年來窮到骨，問人乞米何曾得。
世間萬事真悠悠，蜜蜂大勝監河侯。

元豐五年的四五月間，擅長釀造蜜酒的綿竹道士楊世昌從綿竹來到了黃州。楊世昌字子京，說來他和蘇軾都是川蜀之人，算是半個老鄉。

除卻這層關係，道士的身分也是蘇軾願意親近他的重要原因。可以說，道家思想對黃州時期的蘇軾產生了很大的影響，烏臺詩案後仕途的失落感、政治理想的幻滅感、歷經浩劫的恐懼感、困窘生活的壓迫感一併向他湧來，鬱結於胸中的憤懣實難排解，而「道」便成為一澆其胸中塊壘之酒杯，在其創作中頻繁地展現出來，比如：「浩浩乎如馮虛御風，而不知其所止，飄飄乎如遺世獨立，羽化而登仙」、「須臾客去，予亦就睡。夢一道士，羽衣蹁躚」。

總的來說，蘇軾於元豐五年能夠創作出如此上乘的名篇佳作，絕非偶然。在這中間，楊世昌應該發揮了不可忽視的作用。這位仁兄的黃州之行並不短，在此地停留了將近一年，直到元豐六年的五月九日。我有理由懷疑前後〈赤壁賦〉中的「客」，指的就是這位雲遊四海的隱士。在與楊世昌的交遊中，可想而知兩人會圍繞「道」，探討世界的本原，窮究天人的演變。

「蜜酒釀法」或許就是在某次不經意的觀點交流中，被楊世昌透露給了面前這位看似潦倒，實際上也確實活得不怎麼樣的的眉山老鄉。《東坡志林》裡留下了關於黃州蜂蜜酒的製作方法：

予作蜜酒格與真一水亂，每米一斗，用蒸麵二兩半，如常法，取醅液，再入蒸餅麵一兩釀之，三日嘗，看味當極辣且硬，則以一斗米炊飯投之，若甜軟，則每飯一次，更入麵與餅各半兩，又三日，再投而熟，全在釀者斟酌增損也，入水少為佳。

簡而言之，用蒸麵、米飯、蜂蜜和米為原料進行發酵。等三天之後打開嘗嘗味道，如果覺得太辣，就再加進一斗米飯釀造三天。要是過分甜軟，就再加麵和餅。特別提醒：這些原料放多放少，完全看主人的口味酌情添加，不過在加水的問題上，始終是越少越好。

以蘇軾還專門寫了篇詩答謝楊世昌來看，他是相當陶醉於整個釀造過程的。第一天忍不住掀起酒蓋，發現一個個小氣泡正從酒液裡不斷上浮，就像河裡的小魚吐泡泡。第二天酒缸裡的東西漸漸清澈。等最後一天開封，感覺這撲鼻的香氣灌滿了整個黃州城。

不對，這裡還是別說開封，說啟封好了，免得提到開封又觸及人家的傷心事。話說，蘇軾當時應該不知道有〈後元豐行〉這首詩，「百錢一斗濃無聲」，彷彿是針對一年前王安石筆下的「百錢可得酒斗許」的陰陽怪氣，這簡直是間接為新黨提供證據啊。

蘇軾和王安石兩人之間的因緣，在未來還有更直接的際會，我們先按下不表。

對了，《東坡志林》雖然在作者一欄都標為蘇軾本人，但這本書很明顯是經過多人不斷輯錄增補過，內容訛誤也不少。所以，我們不能看到書裡的「蜜酒釀法」就把它板上釘釘地認作是楊世昌傳授給蘇軾的那種。如果細讀〈蜜酒歌〉理解上下文，會發現詩裡的蜜酒似乎並不需要放太多大米作為原料，證據就在結尾的後四句：「先生年來窮到骨，問人乞米何曾得。世間萬事真悠悠，蜜蜂大勝監河侯。」

唉，我這幾年窮到骨子裡，問人要米也要不到，誰想到世間萬事如此奇妙，蜜蜂輕輕鬆鬆便贏了監河侯。

監河侯，也就是跟莊子有關的典故「涸轍之鮒」。莊子借米不得，就說了個快要乾死的鯽魚的故事來表達對監河侯的惱怒，但蘇軾卻在此不以為意地說，有蜂蜜在，自己就不用去想監河侯那檔子事了。很明顯，釀造楊氏蜂蜜酒不需要太多糧食。這跟《東坡志林》裡記的配方怎麼瞧都不太像，或許，書中收錄的是蘇軾在鹹魚翻身後改進過的富貴方亦未可知。

關於蘇軾的蜜酒還有個番外篇。宋人葉夢得在《避暑錄話》中提到蘇先生黃州造蜜酒的尷尬下場，所謂「飲者輒暴下」，也就是但凡喝了的人都拉得天昏地暗、日月無光。難不成是蘇軾開蓋子看酒液的次數太多，導致蜂蜜酒成了細菌培養皿？《避暑錄話》所言不一定為真，看蘇軾在〈蜜酒歌〉

中對楊世昌的感恩戴德，一點也品不出剛從茅廁出來氣若游絲的尷尬樣子。

雖然飲用甘蔗汁在先秦時代的楚國就已盛行，但中國古代利用甘蔗製糖的工藝在唐朝之前一直不甚發達。唐太宗在位時，派王玄策出使天竺，誰知使團正巧碰上戒日王死後的大混戰，隨身攜帶的各種財物全被掠奪。遭遇如此奇恥大辱的王玄策並沒有灰頭土臉地回長安向皇帝哭訴，而是去了吐蕃，向大唐的女婿松贊干布借兵，並在尼泊爾的助攻下，帶大軍殺回天竺，降伏了眾多城邦，由此王玄策被現今網友稱為「一人滅一國」的戰神。

王玄策的天竺之行有一項非常值得肯定的功績，就是引入天竺製砂糖法。唐朝在此基礎上改進了中國的蔗糖提取方法，可謂功在千秋。

甜味在很長一段時間是一種奢侈的味道。砂糖在十六世紀還被認作是珍貴藥材。甜味給人帶來愉悅，人類對高糖的喜好是刻在DNA裡的，這就是為何蜂蜜這種自然的高糖分產品能在幾千年的時間裡始終深受人類歡迎的根本原因。

時移世易，在今天，攝取糖分已經是一件十分簡單的事情。蜂蜜中糖分與水占總量的近百分之九十，剩餘的才是各種胺基酸等物質。可是，能補充相同營養成分的水果和蔬菜種類豐富，性價比也要比蜂蜜高得多，現代人沒有必要再將蜂蜜當作什麼養生食品。

如果真的相信《神鵰俠侶》裡的情節，跟小龍女一樣喝上十六年的「玉蜂漿」，成為胖子的可能性要比青春常駐大得多。

在〈又一首答二猶子與王郎見和〉中，蘇軾寫下了這樣一段話：

脯青苔，炙青蒲，爛蒸鵝鴨乃瓠壺。
煮豆作乳脂為酥，高燒油燭斟蜜酒，貧家百物初何有。
古來百巧出窮人，搜羅假合亂天真。

用青苔做肉脯，青蒲做烤肉，蒸葫蘆以替代鵝鴨……，喝著自己釀的蜜酒，蘇軾感慨道，自古以來，巧妙的料理功夫讓人眼花繚亂，但它們有很多都是窮人為了過生活才想出來的啊。

事實是這樣嗎？也不盡然。比如蒸葫蘆就是唐朝宰相鄭餘慶玩的把戲。鄭餘慶天生簡樸，有次在家裡宴客，他細心囑咐僕人告訴後廚「要蒸爛去毛，別把脖子弄斷了」。滿座都以為宰相要請大家吃鴨或者鵝，誰知等主菜端上來，卻是葫蘆。

蘇軾在落魄之中，用「精神勝利法」自嘲。蜜酒的甜，帶上了一瓢幽默，一絲悲苦，還有一口孤獨。

二、故鄉的元修菜

蘇軾在黃州東坡建好的雪堂，在南宋時已經成為黃州的名勝。陸游在《入蜀記》中描繪了他親眼所見的雪堂內陳設：「四壁皆畫雪，堂中有蘇公像，烏帽紫裘，橫按筇杖。」蘇軾的畫像是後來雪堂最醒目的招牌。

可惜的是，今天莫說是黃岡，即便放眼整個湖北省境內，都找不到任何一座宋朝遺留下來的木結構建築。準確地說，長江以南大多數地方都殊途同歸，潮溼的氣候令絕大多數非磚石類型的樓閣臺榭不能倖存，就算是曾作為南宋都城的杭州，都很難逃脫這一宿命。

所幸有太多像陸游一樣的文人墨客，將眼中的雪堂鉅細靡遺一字一句寫在書稿裡：

> 試以《東坡圖》考雪堂之景，堂之前則有細柳，前有浚井，西有微泉，堂之下，則有大冶長老桃花茶、巢元修菜、何氏叢橘，種秔稌，蒔棗栗。

文中提到的桃花茶、巢元修菜、何氏叢橘，這三樣明顯比那些不配擁有姓名的棗栗稻麥要高貴得多。宋朝已經出現了帶有店鋪商標的廣告，最為大眾熟知的可能就是印著「收買上等鋼條，造功夫細針」推廣語的濟南劉家功夫針鋪，而大冶桃花茶、巢元修菜、何氏叢橘恐怕藉著蘇軾的名頭，在後來的黃州變成了名人特色，故而才會被後世大書特書。

將人名或封號冠於蔬果之上的傳統在中國由來已久。秦代東陵侯召平在長安種植的甜瓜被稱作「東陵瓜」。漢朝秣陵人哀仲的梨「大如升，入口消釋」，即為「哀家梨」。而巢元修是四川眉山人，是比楊世昌更加正宗的蘇軾老鄉，按《東坡黃州年譜》所記，他於元豐五年九月來到黃州，「館於雪堂」，並負責教授蘇軾的兩個兒子蘇過與蘇邁。

菜之美者，有吾鄉之巢，故人巢元修嗜之，余亦嗜之。元修云：使孔北海見，當復云吾家菜耶？因謂之元修菜[1]。余去鄉十有五年，思而不可得。元修適自蜀來，見余於黃，乃作是詩，使歸致其子，而種之東坡之下云。

跟東陵瓜和哀家梨以種植者命名不同，巢元修並沒有在黃州參與蘇軾的田園拓荒計劃，只是蘇軾囑咐元修幫他找來菜籽種在東坡之下而已。有意思的是，在蘇軾的老家四川，這種菜被稱為「巢」，剛好巢元修也姓巢，元修本人對此物也是格外中意，所以蘇軾便給它改了個「元修菜」的名字。

「使孔北海見，當復云吾家菜耶」這一句值得好好說道，這是《世說新語》裡的一個典故：「梁國楊氏子，九歲，甚聰惠。孔君平詣其父，父不在，乃呼兒出，為設果。果有楊梅，孔指以示兒曰『此是君家果』。兒應聲答曰『未聞孔雀是夫子家禽』。」

說的是晉朝尚書孔坦有次到自己一個姓楊的朋友家去，誰知朋友剛巧不在。孔坦便想逗弄一下號稱聰明的九歲小世侄，於是指著他家裡待客用的楊梅說：「這是你家果啊。」意思就是楊梅跟你一樣姓楊。誰知，這個九歲小孩反應甚快，當即回覆說：「之前沒聽說過孔雀是夫子您家的家禽呢！」由於主人公一個姓孔一個姓楊，生活年代離漢末三國又很近，所以後來該故事被嫁接到了「讓梨小童」

---

1 元修菜：清炒的野豌豆苗，吃起來比豌豆尖還要素雅一些，不過蘇軾好這一口，大抵是解了自己人在他鄉窘途的思鄉之愁。

孔融跟「雞肋大哥」楊修兩人身上。難怪巢元修提起這事，說的人是孔北海（孔融曾任北海國相）而非孔坦。

當然，也不排除這是蘇軾刻意搞怪的結果。畢竟他可是有「今日度之，想當然耳」的前科。鑑於我不想再跑題進行解釋，如果有人不太熟悉蘇軾的這段黑歷史，那建議自行搜索「歐陽修」、「堯」、「殺之三」等關鍵詞[2]。

所以呢，搞出這麼多事情的「元修菜」到底是個什麼菜呢？我們且閱讀一下蘇軾在〈元修菜〉原文裡的描寫：

彼美君家菜，鋪田綠茸茸。豆莢圓且小，槐芽細而豐。
種之秋雨餘，擢秀繁霜中。欲花而未萼，一一如青蟲。
是時青裙女，採擷何匆匆。烝之復湘之，香色蔚其饛。
點酒下鹽豉，縷橙芼薑蔥。那知雞與豚，但恐放箸空。
春盡苗葉老，耕翻煙雨叢。潤隨甘澤化，暖作青泥融。
始終不我負，力與糞壤同。我老忘家舍，楚音變兒童。
此物獨嫵媚，終年繫余胸。君歸致其子，囊盛勿函封。
張騫移苜蓿，適用如葵菘。馬援載薏苡，羅生等蒿蓬。
懸知東坡下，塉鹵化千鍾。長使齊安人，指此說兩翁。

詩中有兩處細節讓我比較在意，一是寫它外形的兩句：「彼美君家菜，鋪田綠茸茸。豆莢圓且小，槐芽細而豐。」二是寫烹調方式的：「點酒下鹽豉，縷橙芼薑蔥。」至於其他的內容，參考價值就沒那麼大了。

南宋知名的風味美食家、《山家清供》的作者、已知「東坡豆腐」的創造者林洪，比任何人都想知道問題的答案。每次讀到這首詩，林洪總會按捺不住心頭的困惑，去田間阡陌好好搜尋一番，可從來沒找到什麼「豆莢」、「槐芽」過。

回想起來，在沒有資料庫以及Google的時代，博物君子們之所以那麼受人尊重，其實就是因為他們腦子裡豐富的知識儲存量，可以讓你在需要的時候免去翻開一本本古籍找典故的勞累。如果身邊沒有這樣的朋友，不好意思，你可能一輩子也找不到問題的答案。

林洪是幸運的，他有。浙江永嘉人鄭文乾，從四川帶來了他心心念念的答案：巢菜是一種野豌豆苗。野豌豆是豌豆的近親，二者在分類上都屬於豆科蝶形花亞科，一個是野豌豆屬，一個是豌豆屬。野豌豆剛剛長出嫩葉的時候，蜀人會及時採摘，先用麻油熱炒，再加上鹽和醬烹調。這是一道時令菜，因為等春天一過，野豌豆葉子長老了，就不能吃了。

2 編注：蘇軾科舉考試時，在應試文章中寫下一則典故：「當堯之時，皋陶為士。將殺人，皋陶曰『殺之』三，堯曰『宥之』三。」意思是堯在位時，掌管刑法的皋陶三次宣布執行殺頭令，堯連三次給予赦免。當時考官梅堯臣很讚賞蘇軾的文章，並推薦給監考官歐陽修，蘇軾因而高中進士。但歐陽修與梅堯臣不知蘇軾文章中的典故，詢問蘇軾典故出處時，蘇軾笑答：「想當然耳。」他表示並沒有這個典故，是他自己編的。

找了整整二十年，終於得到真相，林洪欣喜若狂，他在書中寫道：「君子恥一物不知，必遊歷久遠，而後見聞博。讀坡詩二十年，一日得之，喜可知也。」

不過呢，看名字大家就明白，野豌豆絕非四川獨有。曾經到訪雪堂的陸游一眼就認出了元修菜，並且表示這東西江南隨處可見，它還有個很朦朧夢幻的別稱：「漂搖草」。只不過南宋時的江南人一般不會主動去吃它。

蜀蔬有兩巢。大巢，豌豆之不實者。小巢，生稻畦中，東坡所賦之元修菜是也。吳中絕多，名漂搖草，一名野蠶豆，但人不知取食耳。

（陸游《劍南詩稿》）

陸游的話一點沒錯。今天很多江蘇人連家門口的草坪上都長著大片野豌豆，有些老人偶爾會就地取材掐一些豌豆芽，簡單放鹽爆炒，配粥吃味道最佳。豌豆芽本身沒有大味，嫩葉柔和順滑，只有淡淡的苦味，和茶葉類似，不過，這種高雅的苦味還真是令人著迷。

那麼，野豌豆的果實好不好吃？我猜一定有人好奇這個問題。不瞞大家說，我有一個朋友，在他還有童真的時候，對大自然充滿了好奇，在看到動畫片裡鼓勵小朋友多吃綠色蔬菜的橋段以後，便興致勃勃地出門採過一小籃子野豌豆，拿回家讓奶奶給他熬粥。

根據他的回憶，野豌豆果實自帶的苦味跟嫩芽沒有太大區別，但其口感卻極其粗糙，就算煮成粥也能清晰地感覺到它在舌尖不斷磨擦。經他這麼一說，我放棄了嘗試的念頭。我估計這玩意兒，能吃固然是能吃，但就好比杜父魚科的松江鱸一樣，是一種性價比很低的食物，採它付出的勞動量，跟它的口味完全不成正比。所以自古以來大家都只吃豌豆芽，一定是實際做過後得出的最佳解答。

對了，野豌豆還有一個更加古雅的名字：「薇」。《詩經》中所謂的「采薇采薇」，採的可不是觀賞用的薔薇、紫薇，而是用來吃的野豌豆苗。

同時，一定要糾正許多人的誤解，野菜並不一定更自然、更健康。以野豌豆苗來說，它所含的嘌呤成分比大部分海鮮都要高，如果是痛風患者還是少碰為好。像蘇軾這種釀酒達人，還好仕途的多數時候都沒什麼機會吃這道野趣小菜，不然怕是要為它所苦了。

巢元修不遠千里來到黃州，仰賴蘇軾住在東坡，在某種意義上講是避難而來。元修本名巢谷，一般情況下，官修史書不會記載這種沒有功名的小人物，不過，元符二年（一〇九九年）蘇軾的好兄弟蘇轍為他寫了一篇傳記，他跌宕起伏的前半生故事才得以流傳。

巢谷出身普通農家，從小按部就班讀書應試，然而一到汴京，看到參加武舉考試的各地英傑，他很是仰慕，於是棄文從武練習騎射，可惜始終未能中舉。此後，巢谷前往關西遊歷，和一個名叫韓存寶的人結為摯友。

元豐四年，瀘州蠻首領乞弟叛亂，瀘州就是現在的四川瀘州。附近各州官兵都拿蠻族無可奈何，朝廷便委任韓存寶「經制瀘夷」，負責討伐。韓存寶不熟悉瀘州蠻的情況，便邀請巢谷跟他一同出征，以備請教。

後來韓存寶率軍逡巡不進，朝廷要問罪於他。被捕之前，韓存寶估計自己會被處死，便託孤給巢谷：「我是涇原一帶的武夫，死了沒什麼可惜的。只是我妻兒無人依靠，就會受飢寒之苦。我有好幾百兩銀子，只有托你送給他們了。」巢谷很夠朋友，帶著銀子步行上路，一路跋涉，改名換姓，到韓存寶家把銀子交給他兒子。這件事別人誰也不知道。

韓存寶被處死後，巢谷因為在其軍中做幕僚，受到牽連，只能逃到長江、淮河一帶躲藏起來，直到朝廷發出赦令才又露面，回到四川。

被貶謫在黃州的蘇軾冒著危險收留巢谷，聘其給兒子做家教，可謂是在懸崖上走鋼絲。不過，蘇軾似乎不以為意，反倒欣慰於老鄉「依舊似虎，風節愈堅」的模樣。

「元修菜」的玩笑，其實是身在黃州的兩個眉山人在人生最低谷時的互相慰藉。同為天涯淪落人，君子之交淡如水，野豌豆的清苦，是人生，也是君子的氣節。既然選擇了道義，就要有心理準備承受處江湖之遠。

三、桃花茶：我才不是懸案

有時候我覺得，某些地方旅遊機構所謂的專家，要對歷史謠言的傳播負很大的責任。為了爭奪旅遊資源，他們往往會雞蛋裡挑骨頭似的將一些明明沒有爭議的問題，改造成所謂的「歷史懸案」，甚至於不惜偽造史料，自稱找到了決定性證據，自導自演一出出鬧劇。

蘇軾在雪堂所種的桃花茶，就悲慘地成為地方「文史專家」的火力點。看完他們的論證，我真心懷疑，他們在滿嘴跑火車（編注：意旨信口開河、說大話）之前，是不是連蘇軾的〈問大冶長老乞桃花茶栽東坡〉的原詩都沒有讀過？

周詩記苦荼，茗飲出近世。初緣厭粱肉，假此雪昏滯。
嗟我五畝園，桑麥苦蒙翳。不令寸地閒，更乞茶子蓺。
饑寒未知免，已作太飽計。庶將通有無，農末不相戾。
春來凍地裂，紫筍森已銳。牛羊煩訶叱，筐筥未敢睨。
江南老道人，齒髮日夜逝。他年雪堂品，空記桃花裔。
（〈問大冶長老乞桃花茶栽東坡〉）

某些人固執地認為，既然名為「桃花茶」，那一定是以桃花為原料沖泡而成的。但事實上，蘇軾向「大冶長老」求去種在雪堂的其實不是桃樹，而是茶樹！蘇軾在詩裡寫得清楚，他「乞茶子」來種是為了「雪昏滯」——解膩用的。這不是我們平常喝的茶，還能是什麼呢？

之所以以「桃花」為名，應該並不與茶的品種相關，而是指茶的產地。南宋的周紫芝，也就是那個「竹坡居士」，在他的《太倉稊米集》中有述：「蘇內相在黃岡，嘗從桃花寺僧覓茶栽，移種雪堂下。」

換言之，周紫芝認為這裡的「桃花」實指桃花寺，是地名。南宋時期編纂的地理志《輿地紀勝》第三十三卷「江南西路・興國軍・景物下」裡有關桃花茶與桃花寺的部分描寫更為詳細：「桃花寺，在永興縣南五十里桃花山之下。寺中有甘泉，裡人用以造茶，味勝他處，今茶號曰『桃花絕品』。」《輿地紀勝》認為桃花茶之所以聞名遐邇，訣竅不單在於茶葉，還在於桃花寺裡清冽的甘泉，二者結合，才能泡出好茶。

如此一來，我們也能理解，為什麼桃花茶在蘇軾筆下曇花一現，之後再也不見蹤影。茶樹可以移走種在雪堂，泉水卻是無法遷移的。沒有了靈魂的桃花茶，想來味道不再醇香，自然沒落了。

不過，這又引發另一樁公案。大冶和隔壁的陽新各自有一座以桃花為名的山，只是大冶的那座桃花山後來改名為桃花嘴，證據在明代嘉靖年間的《大冶縣誌》中：「桃花山，在縣治西五里，即今之桃花嘴。」蘇軾當年傾心尋覓的桃花茶，看詩題應該來自大冶境內。可周紫芝任職的「興國軍」卻在今天的陽新。這中間孰是孰非？

總而言之，「桃花茶」絕非用桃花泡成的茶，這點透過文獻上的梳理已經可以確定。不過，不可否認的是，兩宋時期，以花入饌的飲食習慣確實得到了一定的發展，我們下面再詳談。

四、東坡羹：背後的原因讓人暖心

讀過〈離騷〉的人，恐怕都記得這兩句：「朝飲木蘭之墜露兮，夕餐秋菊之落英。」蘇軾這樣描繪他在黃州的日常生活：「我頃在東坡，秋菊為夕餐。」

至於他到底是真的用菊花做了菜，還是僅僅拿屈原不得志來暗喻自己，我們姑且先不做研究。在中國傳統文化中，菊花和梅花都被打上了不畏霜雪、超然世間的標籤，宋人做菜常以此二物為材料，其實與兩種花的味道無甚關係，純粹是為了走抒情文藝風。

苦苦尋覓蘇軾筆下元修菜真面目的那位林洪，在《山家清供》裡留下了諸多花饌的製法，和菊花相關的就有好幾種，其中的一種做法和吃野豌豆芽一樣，春天摘下嫩葉，略炒一下，放鹽和薑煮成羹湯，可以清心明目，如果加上枸杞葉，那就更是絕妙。不過，能食用的菊花莖部發紫，這點需要注意辨別。

身邊的北方朋友都說沒有嘗試過這種吃法，於我而言菊花嫩葉可是再熟悉不過，就連我家門口都長著一大叢野生菊花。每到秋天，綿延十多公尺的黃色花叢在落日下尤顯光華璀璨，還有幾十隻蜜蜂在中間不斷穿梭。

不在花期時，菊花嫩芽隨時都能掐下，混著雞蛋液做出一碗口味清雅鮮美的蛋湯。而且掐得越頻繁，冒得越快，沒過幾天又是一層翠綠色的嫩芽，頗有一種取之不盡、用之不竭的感覺。

熙寧變法時舊黨的代表人物、蘇軾的老熟人司馬光是菊葉羹的忠實愛好者。自詡「飲啄厭腥膻」的司馬光，回家看到東園裡剛被雨水滋潤過的菊苗，一時間食指大動，親自採擷，叮囑後廚千萬別加其他調料，免得蓋過嫩芽本身的鮮味。做成羹湯下肚，菊葉的香氣堪比幽蘭，讓整個人神清氣爽，正所謂「餔啜有餘味，芬馥逾秋蘭。神明頓颯爽，毛髮皆蕭然。乃知惬口腹，不必矜肥鮮」。（司馬光

〈晚食菊羹〉）

林洪所錄第二類才真正用到花瓣，將菊花和大米混合蒸熟製成「金飯」。這種做法對菊花瓣的處理要求會稍微複雜一些，得用甘草湯和鹽先汆一下，在飯將熟未熟時倒進去。為了達到金飯的效果，需選用「紫莖黃色正菊英」，顏色上必須得有保證。

《山家清供》中所錄菜品一向以雅聞名，煙火氣十足的同時，也給人以賞心悅目的感覺。身在黃州的蘇軾，在烹製蔬菜上有自己的獨特創見，很多年以後，回憶起在東坡種田的時光，在蘇軾心底留下最深印象的作物，應當是蔓菁。

蔓菁這個名字，對不少人來說挺陌生的。稍稍修改一個字，變成蕪菁的話……那情況似乎也好不到哪裡去。但如果把它交給一位生活在先秦時期的古人，估計他一眼就能認出來，這不就是「葑」嘛。

因為跟蘿蔔一樣，人們一般會食用塊莖，所以在某些地方也會把蔓菁叫「小蘿蔔」。只是，蔓菁在很多地方已經沒什麼存在感了，幾乎所有人都將它認作野菜。這一千年裡，遭遇類似經歷的蔬菜很多，比如葵菜，從百菜之王直接降級成沒幾個人認得出來的野草，堪比從鑽石跌到青銅。

而在離開黃州數十年後，蘇軾還對這段在東坡拔蔓菁煮菜梗的日子念念不忘，滿足於在嶺南竟意外尋覓到了同樣的味道：

我昔在田間，寒庖有珍烹。常支折腳鼎，自煮花蔓菁。

中年失此味，想像如隔生。誰知南嶽老，解作東坡羹[3]。

（〈狄韶州煮蔓菁蘆菔羹〉）

想自己當初在田間勞作，回去就在簡陋的廚房裡自己煮蔓菁吃，隔了這麼些年，再嘗到一樣的味道，真像是隔了幾輩子。

蔓菁做羹味道真有這麼鮮嗎？也不盡然。答案在蘇軾留下的另一篇〈東坡羹頌〉裡：「東坡羹，蓋東坡居士所煮菜羹也。不用魚肉五味，有自然之甘。其法以菘若蔓菁、若蘆菔、若薺，皆揉洗數過，去辛苦汁。先以生油少許塗釜緣及瓷盌，下菜沸湯中。入生米為糝，及少生薑，以油碗覆之，不得觸，觸則生油氣，至熟不除。其上置甑，炊飯如常法，既不可遽覆，鬚生菜氣出盡乃覆之。羹每沸湧。遇油輒下，又為碗所壓，故終不得上。不爾，羹上薄飯，則氣不得達而飯不熟矣。飯熟羹亦爛可食……」

〈東坡羹頌〉描述的就是用蔓菁、白菜、薺菜、蘿蔔等菜蔬混在一塊兒「調羹」的方法。蘇軾在一開頭就明說了，這道由他發明的菜「不用魚肉五味，有自然之甘」，就跟那句「最好的食材往往只需要最簡單的烹飪方式」差不多是一個意思。

---

3 東坡羹：用蔓菁、白菜、薺菜、蘿蔔等蔬菜做羹，既少油，也是低碳水化合物，減肥期間的胖友們不妨一試，這說出去，可比現在市面上流行的種種減肥代餐有格調多了。

可是，大小蘿蔔加白菜、薺菜混合在一起的所謂「自然之甘」是什麼味道，相信並不難想像。雖然蘇軾嘴上說要發揮食材本身的亮點，卻也不得不在下鍋前把這些蔬菜「揉洗數過」，先把刺舌頭的苦味汁水擠掉，他想品味的僅僅是「甘」而已。我懷疑他是因為窮，才加不起魚肉五味。

這道「東坡羹」和我小時候常吃的菜粥鹹稀飯，本是一脈同源的東西，區別在於菜粥裡只有青菜而已，並沒有加入這麼多樣的蔬菜。為什麼我家的「羹」這麼簡陋呢？當然是因為做這東西本身的目的，就是為了偷懶啊！作為一種為了圖省事才會準備的食物，它最為講究的就是「菜飯合一」，要是搞得太複雜，豈不是偏離了本意？蔬菜加上大米，混上點鹽，煮上幾十分鐘就大功告成。

在很多人的記憶中，這道樸素的菜羹是人生中第一等的美食，軟糯的口感，鹹鮮中帶一點甘甜，它或是學生下晚自習後的宵夜，或是上班族經歷了「九九六（編注：早上九點上班，晚上九點下班，每週工作六天）」回到家中的慰藉，或是每一個為了生存或生活而忙碌操勞的人抵抗這不講道理的世界的最後一道防線。

它稱不上是什麼美味，但至少可以溫暖一個人的胃，還有心。

不過，元豐五年的蘇東坡，他對這菜羹的情感，比我們這些平凡的現代人要更為豐富吧？從雲端墜落到泥地裡，吃著寡淡無味的「東坡羹」都能嘗出甜來，希望我一輩子也不用過得這般大起大落。

境遇相似的巢元修，或許也在東坡羹裡嘗出了幾分熟悉的滋味。和尚應純前往廬山遊歷前，元修與幾位朋友聯合請蘇軾親傳東坡羹的製法，這篇〈東坡羹頌〉因而得以流芳後世。

遠離汴京的蘇軾可能一生都不知道，就在這一年，宋神宗改革官制，曾經有過想要召回他的念頭，然而最終為臣下所阻，未能成事。被趕出朝堂的日子還要繼續，只不過，對於改變了自己的黃州，他很快就要說再見。

第六章　啟程！啟程！黃州的最後一瞬

元豐七年，蘇軾離開黃州前寫下了〈再書贈王文甫〉，其中「昨日大風，欲去而不可。今日無風可去，而我意欲留」一句，可能是他即將踏上旅途之前最為真實的心態。

一、從愛竹到好筍

摩羯座最需要注意的星座：天秤座。

摩羯座最容易受其影響的星座：天秤座。

摩羯座最佳敵人組合星座：天秤座。

一次是偶然，兩次是巧合，三次呢？那可真是太準了！

蘇軾對古代的星相學不算特別了解，但至少知道自己和唐代韓愈的星座一樣，都是「磨蝎（摩羯）」。他如果了解現代的星座運勢學，一定會更加高興，起碼他能找到一種合理的解釋，來分析他與曾鞏之間的種種「孽緣」。

元豐六年（一〇八三年）春天，和蘇軾同列「唐宋八大家」的曾鞏在江寧（今南京）嚥下了最後一口氣，與此同時，身在黃州的蘇軾也為紅眼病和瘡患所苦，不得不閉門謝客，休養身體。

兩位當世文豪的人間蒸發，立刻成為大宋朋友圈裡如炸彈一般的熱搜消息。「估計他倆跟李賀差不多，都是被天帝徵召到上面寫文章去了……。」相傳，唐朝「詩鬼」李賀死前，看見天帝派紅衣使者傳召他去天上白玉樓作文，那麼現在，蘇軾和曾鞏肯定步了他後塵！這個不知道誰是始作俑者的謠言，甚至以極快的速度進入了宮廷，引得給蘇軾定罪的宋神宗百感交集，飯也不吃，光在那裡「以手撫膺坐長嘆」地念叨：「才難」，意思就是人才難得。

二十六年前的嘉祐二年（一〇五七年），還是宋仁宗在位時期，蘇軾、蘇轍還有曾鞏，都被主持當年科舉會試的歐陽修賞識而高中，據說仁宗對一同登科的二蘇兄弟尤為關注，回宮後萬分激動地跟曹皇后說：「呦，今天我給子孫們找到了兩個太平宰相！」

相對蘇軾兄弟，曾鞏的名聲要小得多，現在很多學生說到「唐宋八大家」，其他七人的名字都能脫口而出，唯獨最後的曾鞏要多想一會兒，到了離世才跟蘇軾綁定上了回熱搜，也不知九泉之下的他做何感想。

死人對世事一無所知，苦惱的只是活人罷了。不過，蘇軾面對自己「物故」的傳聞，似乎並沒有太多反應。對於他而言，只要病好，重新活躍起來，一切謠言就會不攻自破。

很快，一份來自太和縣（今江西吉安泰和縣）的書信送到蘇軾手中，來信的人名叫黃庭堅。

說起黃庭堅，大家應該都挺熟悉的，他是「蘇門四學士」之一，這時的他正在太和做縣官。他為什麼要大老遠送信去黃州呢？如果說他是專門求蘇軾跟自己和詩，寫寫吃筍心的事，你會不會覺得小黃同學太過任性了些？但這就是事實。在信中黃庭堅如是寫道：「比以職事在山中食筍，得小詩，輒上寄一笑，旁州士大夫和詩時有佳句，要自不滿人意，莫如公待我厚，願為落筆……。」——上次在山裡吃筍，寫了一首小詩，特地寄給蘇先生您取笑。附近州郡的士大夫跟我和詩，雖然也有佳句。但想想咱倆的情誼，他們可比不了，應該還是您的詩最合我心意！

黃庭堅寄給蘇軾的這首詩流傳了下來。黃庭堅愛吃筍，這事聞名遐邇。臺灣故宮博物院至今收藏著他一篇名叫〈苦筍賦〉的手跡。因為愛吃苦筍過頭，以至於親朋好友幾十個人輪番上陣，勸說他收斂一些，再吃的話……就會瘦了！

生活在十一世紀的黃庭堅，沒有經歷過今天即時通訊長輩群裡「健康小知識」的集中轟炸，對於一直在耳邊絮絮叨叨的「健康專家」們的忍耐力當然很低，那篇〈苦筍賦〉就是針對此事所做的回擊：「哼！筍集江山的秀氣於一身，做成菜開胃得很，用來下酒讓人口水直流，整天說什麼多吃筍會得病，我怎麼一點兒事都沒有？」

在文章最後，黃庭堅還引用了一首李白的詩「但得醉中趣，勿為醒者傳」。也就是說，我自己知道吃筍有多少好處有多快樂就行了，你們不配擁有！

對不配的人，自然要抱以不屑的態度。但他對蘇軾明顯不同，蘇軾只大黃庭堅九歲，是黃庭堅人生中最重要的伯樂。人才輩出的宋代文壇，開始並沒有黃庭堅的一席之地，直到蘇軾見到他的文章，認為這是世間少見的「超軼絕塵，獨立萬物之表」的神作，自此小黃名聲大振，一騎絕塵而去。類比一下，就相當於今天某位十八線小演員忽然被大前輩點名：這個年輕人前途不可限量！從此星途坦蕩。

蘇軾作為當時的偶像級人物，對偶然見到的後輩作品多有誇讚，黃庭堅內心的喜不自勝可想而知。後來也是他主動去信，跟蘇軾訴說心底的崇拜之情，所謂「蓋心親則千里晤對，情異則連屋不相往來」，從此，兩個筆友時有唱和，雖未親見，卻感情日深。

這首從太和寄到黃州的詩流傳了下來。黃庭堅說過去每到春天，洛下斑竹筍的價錢要比魚肉貴重得多，堪稱奇珍，不過，有一次他去白下（今南京）的某富裕大族家裡做客，被人家廚房裡「水陸畢陳」的豪華陣仗給驚到，他不由得想起唐朝大宦官高力士與芥菜的故事：安史之亂爆發後，唐玄宗退位失勢，身為玄宗親信的高力士被流放去了南方，長安城裡受到熱捧的鮮美芥菜，在這裡生長得漫山遍野，卻為人們無視。果然，世間的食物，處處都是物以稀為貴。

洛下斑竹筍，花時壓鮭菜。一束酬千金，掉頭不肯賣。
我來白下聚，此族富庖宰。繭栗戴地翻，觳觫觸牆壞。
戢戢入中廚，如償食竹債。甘葅和菌耳，辛膳胹薑芥。
烹鵝雜股掌，炮鱉亂裙介。小兒哇不美，鼠壤有餘嘬。
可貴生於少，古來食共噫。尚想高將軍，五溪無人采。
（黃庭堅〈食筍十韻〉）

黃庭堅用高力士被肅宗流放的典故，讓人無法不想到蘇軾的人生境遇。高力士與蘇軾都受前任皇帝恩寵，又皆被貶謫到南方，雖然將恩人比作宦官是有差點意思，但真是有一點相似。

至於以筍為題，怕是也沒那麼簡單，古人一向喜歡賦予食物以獨特的精神內涵。在〈苦筍賦〉裡，黃庭堅稱讚竹筍「苦而有味，如忠諫之可活國。多而不害，如舉士而皆得賢」。而蘇軾由於文字獄而橫遭慘禍，生活又何嘗不是「苦而有味」？

蘇軾自然看得出黃庭堅這口竹筍吃得不一般，其中有對他的牽腸掛肚，也有對時局的百般無奈。在回給黃庭堅的〈和黃魯直食筍次韻〉中，蘇軾是這麼描述的：

飽食有殘肉，饑食無餘菜。紛然生喜怒，似被狙公賣。
爾來誰獨覺，凜凜白下宰。一飯在家僧，至樂甘不壞。
多生味蠹簡，食筍乃余債。蕭然映樽俎，未肯雜菘芥。
君看霜雪姿，童稚已耿介。胡為遭暴橫，三嗅不忍嘬。
朝來忽解籜，勢迫風雷噫。尚可餉三閭，飯筒纏五采。

東坡魚、東坡羹裡的金牌佐料——菘，也就是白菜，在竹筍[1]面前瞬間褪去了表面的榮光，被蘇軾無情丟開：想跟竹筍同臺競技，就你也配？

他繼續寫道，已經褪殼的筍不再鮮美，但還是可以做成竹筒，盛著米飯扔進江水去祭奠冤死的屈原。那時候沒有人知道，蘇軾是否會和屈原殊途同歸，走向一個悲傷的結局。乍一看只是在討論竹筍的兩首詩，實則是一次對未來的探索，對先人的追憶。

讓我們說回竹筍這位故事主角。中國吃筍的歷史可追溯到三千年前。口味清雅的筍，可以為各色佐料任意描畫，調配出適合所有人胃口的不同味道。「任人所好」的特點使它成為接受面最廣的家常菜品之一。就像很多人家喜歡用豬肉燒筍乾，每次這道菜裝盤上桌之後，筍的銷路要比豬肉好得多，可憐「工具豬」無人問津，白白丟掉性命為筍乾做了陪襯。

唯一美中不足的就是，想要挖到鮮嫩的竹筍必須掌握時間，稍遲一步竹筍就會變老，入口便如乾嚼木頭一般既澀又塞牙。成功的挖筍人要從老天手裡搶奪，才能得到一枚枚近乎蓴菜般潤滑，又似羊羔肉般肥美的十全好筍。

為了長久享用筍的獨特的風味，早在南北朝時期，我們就發明了多種醃漬鮮筍的技術。賈思勰在《齊民要術》中就收錄有以糜子（糯小米）粥和鹽做底料的「淡竹筍法」：

> 取筍肉五六寸者，按鹽中一宿，出，拭鹽令盡，煮糜一斗，分五升與一升鹽相和。糜熱，須令冷，內竹筍鹹糜中一日。拭之，內淡糜中，五日，可食也。

用米粥來醃製竹筍，在現代已經很少見。這種處理方法還是利用澱粉糖化產生的乳酸來防腐，因此也被稱作「米藏法」。此外，也可以用醋或苦酒將筍製成泡菜，稱為「酢」。另有一種比較奢侈的油燜法，就是將筍放進動植物油中燜熟，做成油燜筍。

到底選用何種方法處理鮮筍，與竹筍的品種也有關係。如能製成泡菜的巴竹筍，出產在四川成都一帶。說起來離蘇軾的老家眉山並不遠，身為標準的四川人，蘇軾就像故鄉的大熊貓一樣熱愛竹子，想來是嘗過其中滋味的。

為了培養出好筍，種竹子的方法也有講究。因為竹子在地下延伸的方向多為向陽的西南方，《齊民要術》力薦將竹子種在園子的東北方向，施肥的話則可以選用稻糠或者麥糠。前文說過，蘇軾的開

---

1 竹筍：無肉使人瘦，無竹使人俗。竹筍燒豬肉，不瘦亦不俗。

璽筆記〈東坡八首〉，第二首和第七首都提到了他在黃州種竹子的經歷：從擔憂「好竹不難栽，但恐鞭橫逸」，到竊喜「家有十畝竹，無時客叩門」。

總之，來到黃州以後，從前那個高呼「可使食無肉，不可居無竹」的清高文人，已經成為過去，現在的蘇軾對竹子的愛固然不會消失，但對於竹筍，他才是愛得深沉。

既然說到了黃庭堅，就不得不提他的舅舅李常。李常，字公擇，堪稱蘇軾同病相憐的好友，他當初也是因為反對王安石的青苗法得罪新黨遭到外放。因為境遇相仿，蘇軾跟李常惺惺相惜，後來還為他寫下「我思君處君思我」的別離詩句。

第一章裡引用的那首〈送筍芍藥與公擇二首．其一〉，不知道大家還有沒有印象？

> 久客厭虜饌，枵然思南烹。故人知我意，千里寄竹萌。
> 騈頭玉嬰兒，一一脫錦棚。庖人應未識，旅人眼先明。
> 我家拙廚膳，彘肉芼蕪菁。送與江南客，燒煮配香粳。

在兩人的交流往來中，竹筍扮演了重要的角色。蘇軾把故人不遠千里寄來的竹筍乾送給李常，還搭配了芳香四溢的稻米，或許，在離家在外的蘇軾眼中，珍貴的筍已經成了「南烹」的代表作，地位可以比肩今日川菜裡的開水白菜。

當時的蘇軾應該想不到，兩人還會在黃州相逢。元豐三年，時任淮南西路提點刑獄的李常，特地跑到黃州拜訪蘇軾，全然不顧此時蘇軾是謫官之身。而在月餘之前，他做了蘇軾姪女的媒人：在李常的舉薦下，蘇軾去信蘇轍，將蘇轍的女兒許配給光州知州曹九章的兒子。

這次黃州會面的人情味任誰都感受得到。蘇軾陪同李常第三次遊覽武昌西山。應李常的請求，蘇軾作〈菩薩泉銘（並敘）〉，並在數日後作〈好事近〉贈別。逆境之中坦然相交的情分尤為珍貴，唯一遺憾的是，按蘇軾年表推算，這時城東的荒地尚未完成開墾，李常怕是沒能吃到東坡家自產的筍乾。

元豐六年清明過後，道潛和尚（字參寥）自吳中來到黃州，成為蘇軾生活中的一道光。身為詩僧的道潛與黃庭堅一樣，都與蘇軾神交已久，區別在於黃庭堅公務在身，縱有千言萬語，也只能紙短情長；而身為一個和尚，道潛的工作時間比較有彈性，因此他在黃州長住了下來，成為唯一能陪伴蘇軾不需「見字如面」的故友。道潛初來便館於東坡，兩人間的情誼自不必多言。「攢金盧橘塢，散火楊梅林。茶筍盡禪味，松杉真法音。雲崖有淺井，玉醴常半尋。遂名參寥泉，可濯幽人襟。」（〈參寥上人初得智果院會者十六人分韻賦詩軾得心字〉）

自梁武帝強制僧人吃素之後，出家人便徹底不能再碰葷腥。竹筍有肉的質感，卻無一丁點腥膻之氣，自然成為佛門中人的最愛。

與將野豌豆命名為元修菜相似，蘇軾把一口井稱為「參寥泉」。要是蘇軾能活到現在，只怕國際天文學聯合會會把給小行星取名的任務全權外包給他。我相信除了彼此貌合神離的沈括，以及最終交惡的章惇等少數人之外，蘇軾應該會毫不猶豫地將他所有朋友的名字都用上。不過沈括不用擔心，因為一九七九年中國已經將編號為二〇二七的小行星命名為「沈括星」了。

在前後〈赤壁賦〉完成後，由於道潛到來，蘇軾再次與他一同觀赤壁山水。這時春和景明，道潛作詩道：「蕭瑟江梅樹樹空，蘭芽猶短未成叢。行窮赤壁山西路，只有桃花一樣紅。」——江邊的梅花早已凋零，蘭花則剛剛出芽，尚未成叢，走到赤壁西邊大道的盡頭，只有桃花紅如火。雖是寫春景，但不管是什麼詞句，沾上了「赤壁」總會帶上點悲傷的色彩。

「隔林彷彿聞機杼，知有人家在翠微」，這是道潛最有名的一句詩，在當時幾乎「每為人誦」，可以說是紅遍了大江南北。而據《王直方詩話》載，蘇軾在京城的故舊聽說有僧人在黃州長住，便去信問道：「那人是寫『隔林彷彿聞機杼』的和尚嗎？」

有道潛在身邊，蘇軾終於不用成日在書信裡與相隔千里的友人唱和，但這也間接導致了元豐六年蘇軾的原創詩文數量與元豐五年相比，有了明顯的下降。當然，這無法苛責，畢竟人生不可能一直都在風口上，有高潮有低谷實屬正常。這一年年初，蘇軾身體抱恙，而病人就該有病人的樣子，為了創作燃燒自己可不是什麼值得吹捧的事，況且，到了這一年年末，蘇軾又迎來一樁喜事。

元豐六年下半年，重陽節過後不到半月，蘇軾的愛妾王朝雲給他產下第四個兒子。雖然之前就已有了三子，但此時蘇軾已經虛歲四十七，在貶謫中誕生了新生命，他一定會別有感觸，所以對於幼子，他明顯比較上心。

蘇軾那時正為《易經》作傳，剛好看到《易經》中的第三十三卦「遁」，這卦爻辭中有「嘉遁，貞吉」、「好遁，君子吉」之類的話。我並不懂周易，但據說這一卦象有遠離漩渦、消遁、歸隱的寓意。可能是想到深陷黨爭的自己有如無根之木、無源之水，蘇軾便取了「遁」字用作小兒大名，既代表了自己遠遁世外的境遇，又包含著對孩子未來的美好祝願。

蘇遁滿月那天，按照當時的習俗，身為父親的蘇軾要給孩子洗澡，洗著洗著，蘇軾想到了自己聰明反被聰明誤的人生境遇，寫下一首詩：「人皆養子望聰明，我被聰明誤一生。惟願孩兒愚且魯，無災無難到公卿。」

在黃州期間，蘇軾能夠創作出上乘的佳作名篇絕非偶然。到黃州的頭一年蘇軾極度自閉，跟從前的親朋幾乎斷了往來，即使有個別來信基本上也不回覆，幾乎斷絕了上半生所有的社交。用他自己的話來說，就叫「平生親友，無一字見及，有書與之亦不答，自幸庶幾免矣」（〈答李端叔書〉），而他之所以會這般自閉，在很大程度上就是因為政治打擊。

當時他並不知道，身為謫官也有好處，在黃州他不用簽書公事，而眾所周知，案牘一向是「勞形」的。沒有了公務困擾，他便可以安心做自己，等有了東坡農場，生活的壓力也得到解決，他的新生活便開始了。

心情一般的時候就忙於農活，心情好的時候流連於山水，該吃吃該喝喝，最多在家帶帶娃，盡一下做父親的責任。由於政治理想破滅，儘管他還憂國憂民，儘管他還關注前線，但他很清楚現在的自己身處江湖之遠，要努力做到「超然物外」，靜心關注日常的小事和風景，從頭開始審視自己的過去和內心。最終，他徹底結束了自閉和苦惱，這正是他見微知著，思考人和宇宙的關係，並在此基礎上實現昇華的契機。

借助於楊世昌、道潛等友人的陪伴，作為北宋士大夫代表人物的蘇軾，汲取了佛道兩家思想中有價值的成分，在與友人一次又一次的談天論道、焚香默坐自我省察中，整合兩家思想為我所用，最終成為儒釋道的嵌合記憶體。

對這三大主流思想逐漸合一的趨勢，蘇軾有自己的看法。他在〈祭龍井辯才文〉中說道：「孔老異門，儒釋分宮。又於其間，禪律相攻。我見大海，有北南東。江河雖殊，其至則同。」他認為，儒釋道表面雖然各異，但追根溯源，其本質卻是相同的。修身以儒、治心以釋、養生以道一直是蘇軾奉行的準則，他以此來平衡內心的得失，排解憂愁苦悶，進而達到曠達自適、超然物外的狀態。

這就像是竹筍，集清雅與鮮美的特色、出世和入世的精神於一身，也難怪蘇軾將它視作如茶一類引人禪思的妙物。道潛來後不久，巢元修帶著為蘇軾尋找野豌豆種子的任務離開了黃州，而此時，蘇軾平淡而又精采的黃州生涯，也即將結束。

二、為甚酥、何氏橘：與黃州告別

時不時便約著道潛遊歷山水的蘇軾，用事實向天下人說明了一件事：他還沒死。

元豐七年（一〇八四年）正月二十五日，神宗皇帝下了一道手札，將蘇軾從黃州遷移到汝州。對於蘇軾而言，這個消息好壞參半，壞的是，蘇軾還得繼續做他的團練副使；而好的是，汝州位於西京洛陽的東南角，相比於黃州，距離政治中心可是近得多。

「人才實難，不忍終棄」，或許是此前蘇軾病亡的謠言讓宋神宗有所觸動，當他得知蘇軾還在人世以後，覺得是上天挽留了這傢伙，免得自己後悔。皇帝思考再三，決定還是要給蘇軾一個重啟人生的機會。

皇帝的調令手札還得在路上飛一會兒。在這期間，蘇軾照舊約道潛等人品茗作詩，還親自打理茶圃。來到黃州已經五年，他早已習慣這裡的生活，甚至打算在此置業。

直接原因是，幾個月前，蘇軾的另一位好朋友，同時也是烏臺詩案的另一位受牽連者王鞏（字定國），自嶺南被赦北上，到達黃州時，蘇軾驚訝於他的氣色竟好過從前，不是說嶺南窮山惡水環境很惡劣嗎？這時候，王鞏的侍妾寓娘說了一句頗具哲理的話：「此心安處，便是吾鄉。」

這句話令蘇軾感觸頗深，或許，自己也該將黃州視為「此心安處」，他應做好在這裡長居的心理準備，在黃州好好置辦一份長久的家業。隨後，他寫下一首〈定風波〉，將此事記錄下來。只不過，現在的他不知道，在未來，「試問嶺南應不好，卻道：此心安處是吾鄉」這檔子事，將在自己的身上一語成讖。

三月初三上巳節這一天，蘇軾約上道潛，來到黃州定惠院東山的一棵海棠樹下。對於這棵海棠，蘇軾有著深厚的感情。元豐三年二月，蘇軾初到黃州，定惠院曾是他的住所。沒過多久，海棠就到了花期，粉白色的花瓣，隨著微風飄散，就好似佛陀講法時飛花的情景，蘇軾在最為自閉的那段時間，可能就是靠著看它來慰藉內心。

從此，每一年的花期，蘇軾都要來此賞花飲酒。而這一次前來，蘇軾的關注點並不全在海棠上，因為當天喝酒的時候吃到的一種點心，實在讓他魂牽夢縈：「有劉唐年主簿者，饋油煎餌，其名為甚酥，味極美。」（〈記遊定惠院〉）

劉唐年是黃州主簿，上巳節這天，給蘇軾帶去這道名為「為甚酥」的小點心，想東坡先生也是吃過見過的，可誰料他卻對這糕點一見傾心，數天過去還念念不忘。他大筆一揮，作文向劉唐年訴說自己對「為甚酥」的「相思之苦」：「野飲花間百物無，杖頭惟掛一葫蘆。已傾潘子錯著水，更覓君家為甚酥。」（〈劉監倉家煎米粉作餅子余雲為甚酥潘邠老家造〉）

蘇軾對「為甚酥」的念念不忘，並非憑空而來，根據他〈贈別王文甫〉一文推測，大約在上巳節定惠院賞花後的五天左右，他便收到了神宗皇帝將他調任汝州的文告。無論蘇軾是否願意，事情都已經注定，這是他最後一年在黃州賞海棠了，有了離愁別緒加成，這塊油餅便承載了更多美味之外的東西。

蘇東坡的鐵粉兼我們的老朋友南宋人周庭芝，在他的《竹坡詩話》裡還記載了一個故事，說明這餅為什麼名叫「為甚酥」：「東坡在黃州時，嘗赴何秀才會，食油果甚酥。因問主人此名為何，主人對以無名。東坡又問：『為甚酥？』坐客皆曰：『是可以為名矣。』」

根據這段文字推測，當時的對話可能是這樣的——蘇軾：這東西是什麼酥啊？（「為甚酥？」）路人：哎，用這當名字也不錯嘛！

限於資料缺乏，我們今天無法復原當時的「為甚酥」，甚至搞不清蘇軾吃到的這種酥餅到底有沒有餡料。不過在今天的黃州，「為甚酥」卻並未絕跡，有一種叫作「東坡餅」的小吃頭頂著「為甚酥」的大名。為此，我特意從網上查了一下製作方法：用細麵粉做成蟠龍狀，用麻油煎炸，片片如薄絲條，然後撒上雪花白糖。

客觀來說，現在的這個「東坡餅」很是其貌不揚，至於口味嘛，也只能說是因人而異，你覺得好吃那就是好吃，一切以食用者個人口感為準。但就做法來看，可能也是如松江鱸一類的後世替名者，也有可能來自後人為了還原典籍而搞的「再創作」。北宋時油果點心的種類繁多，汴京城內的各種餅家自五更天開始就營業待客：「武成王廟前海州張家、皇建院前鄭家最盛，每家有五十餘爐。」而蘇軾滿口誇讚的東西，不大可能光靠白糖便能名動千古吧。也許，這個謎團從它被命名「為甚酥」的那一刻起便注定解不開。為甚，為甚，天下果然無人再知為甚。

順便再一提，《竹坡詩話》中的記載其實跟蘇軾自己寫的〈記遊定惠院〉有矛盾之處。東坡居士是在定惠院賞花飲酒的時候吃了為甚酥，而竹坡居士則把這事嫁接到蘇軾離開禪院以後拜訪何家的院子，院子主人為了招待蘇軾而辦的宴會上，而且，他只提到設宴的「何秀才」，卻將這油果的真正主人劉唐年甩在一邊，不著一字，簡直殘忍。

每次聊起跟糕點有關的話題，我都樂於提一下生活在大唐的一個倒楣蛋袁德師。

眾所周知，中國古代有「避諱」的傳統，皇帝和長輩的名字，身為人臣人子不能亂用，就連諧音的字也不例外，統統要「隔離」，否則便是不忠不孝的罪人。而不巧的是，袁德師父親名字裡剛好帶「高」，於是乎，這位知名的糕點師這輩子都不能吃上一口糕點。

故事雖然滑稽，但古時候繁文縟節對人的束縛可見一斑。除此之外，唐朝中期成書的《酉陽雜俎》中還記載，由於唐朝皇帝姓「李」，跟鯉魚的鯉同音，所以大唐禁止販賣鯉魚：「國朝律，取得鯉魚即宜放，仍不得吃，號赤鯶公，賣者杖六十，言鯉為李也。」

還好，宋代管得沒那麼寬，而蘇軾的身分也不至於高到要讓人避諱「酥」字。不然的話，現場可真是有點尷尬了。對於蘇軾而言，雖然沒有生在強盛的大唐多少有點遺憾，但凡事要往好處想，至少，蘇東坡就可以放心大膽地用鯉魚煮湯了。

說回到「何秀才」，他的大名叫作何聖可。如果不是偶然結識了蘇軾，在他朋友圈裡留下了一點蛛絲馬跡，何先生很可能會比為甚酥更為神祕……，因為壓根兒沒人關心他是誰啊。蘇軾和道潛在何家的那場聚會，或許就是他人生的巔峰。歷史總是無情的，而「任是無情也動人」也不能通用於所有人，芸芸眾生在身後得到的可能只是史書裡的一句「有奇」。

雖然何秀才「無甚」可書，但他家出現的東西似乎不賴。除了為甚酥，蘇軾還看上了何聖可小花圃裡種的幾叢橘子樹：「道過何氏小圃，乞其藂橘，移種雪堂之西。」

蘇軾愛吃橘子嗎？答案是肯定的。說實話，我從短暫的人生當中發現一件事，那就是自己似乎並不愛吃橘子。中國人對橘子真是愛到骨髓裡，就連橘子皮都不忍心丟棄，硬是發明了「陳皮」，作為小食蜜餞以及開胃藥材。

早在還沒成吃貨之前，蘇軾在徐州知州任上就留下了「一年好景君須記，最是橙黃橘綠時」這樣有味道的文字；而在元豐六年十月，蘇軾還寫了一首名叫〈食甘〉的詩：「一雙羅帕未分珍，林下先嘗愧逐臣。露葉霜枝剪寒碧，金盤玉指破芳辛。清泉蔌蔌先流齒，香霧霏霏欲噀人。坐客殷勤為收子，千奴一掬奈吾貧。」

這裡的「甘」，就是柑橘的「柑」，在全詩五十六個字裡沒有出現一個「橘」或者「柑（甘）」字，卻用了不少跟柑橘有關的典故。例如「香霧」，取自南朝梁劉孝標的〈送橘啟〉：「采之，風味照座，劈之，香霧噀人」；而「千奴」則指《襄陽記》裡的東漢丹陽太守李衡舊事：「衡每欲治家，妻輒不聽，後密遣客十人於武陵龍陽汜洲上作宅，種甘橘千株。臨死，敕兒曰『汝母惡我治家，故窮如是。然吾州里有千頭木奴，不責汝衣食，歲上一匹絹，亦可足用耳』……。」

李衡的老婆沒什麼理財頭腦，弄得家徒四壁，還整天妨礙老公創業。於是李衡派人暗中在武陵種下上千棵橘子樹，留給子孫作為謀生的產業。從此之後，橘子樹便被稱作「木奴」。不需要主人供給衣食，還能年年給主人帶來用不盡的錢財，比韭菜容易割多了，真是優秀的賺錢工具啊。

寫到這裡，蘇軾又觸景傷情，李衡有上千棵橘子樹，我懷裡卻只這麼一小點，都不夠和朋友們分甘同味，於是，在見到何家院子裡的橘子樹的那一刻，這種自卑情緒可能在蘇軾心底復甦了。「自食其力」的東坡主人，當即決定在雪堂種下一叢橘樹，等個幾年，縱然規模比不上李衡的，但用來招待客人總是綽綽有餘了吧？

不過，和幾百年後的朱自清先生一樣，在蘇軾心中，橘子亦成為離別的代名詞，那陰差陽錯的調令，讓蘇軾再也沒機會看到雪堂的橘樹日後碩果纍纍的樣子，他不日便要離開。如果早知道兩天，他可能也不會做這樣一件多此一舉的事。

回望黃州這五年，蘇軾有劫後餘生的寬慰，也有身在江湖的憂心。但無論如何，黃州都是他人生中永遠無法忘懷的那個曾經。

臨行前，蘇軾將雪堂交給自己在黃州結識的兩位朋友潘大臨和潘大觀居住。南宋時雪堂成了黃州知名的旅遊打卡景點，慕名而來的文士們來到這裡「勝地巡遊」，可他們所見的雪堂，到底還有多少蘇軾留下的東西呢？沒有人想去探究這個問題。與其費這個精力，還不如好好吟一首蘇軾的〈滿庭芳〉：「當此去，人生底事，來往如梭。待閒看，秋風洛水清波。好在堂前細柳，應念我，莫剪柔柯。仍傳語，江南父老，時與晒漁蓑。」

黃州的生活告一段落，然而蘇軾的人生態度從此改變。正如蘇轍所說，自從謫居黃州後，蘇軾「其文一變，如川之方至，而轍瞠然不能及矣」。佛儒道三家的思想合流，令蘇軾淡泊名利，從容自如，以一種欣賞的眼光過起了田園生活，還欣慰地享受起身邊的美食。這種心靈上的豁達，被他用以對抗現實中的困頓，從而在稀鬆平常的日常生活中發現、感悟了美好。

蘇軾在黃州的巨大蛻變，到今天都是文學研究中的一個話題，除了前面提到的觀點外，還有人試圖以荊楚文化中的「樂觀」、「包容」元素去解釋這種飛躍式的進步。雖然這種解釋看似牽強，但並非全無道理，至少從側面反映出蘇軾「一詞兩賦」那般神來之筆給世人帶來的震驚。

而與創作上的高峰期相伴的，是蘇軾味覺的「覺醒」。在東坡辛苦勞作，從「二紅飯」到春鳩膾，從燒豬肉到東坡羹，從煮魚湯到元修菜，從蜜酒到桃花茶，從為甚酥到何氏橘……，大部分食物，他都切切實實地參與了製作，就憑這一點，他已經超越歷史上無數個只會指點食材和廚師卻不屑於下廚的老饕文人。

如果說，來黃州前的蘇軾，只是一個剛開竅的吃貨，那離開黃州時的蘇東坡，已經成為名副其實的美食家。

渡過了滾滾長江，蘇軾來到武昌西山。在朦朧夜色之下，最後一次向黃州回望，想起自己在東坡上苦心經營起來的農莊和雪堂。就在此時，彷彿是為了配合這種依依惜別的情愫，黃州的鼓角聲陸續傳來，這位數年以來都以笑容面對世人的蘇學士，終於難以控制地流下了眼淚。「昨日大風，欲去而不可。今日無風可去，而我意欲留。」

需要注意的是，在元明兩朝，全國性的陸路交通網絡並未形成，如果選擇從黃州直接北上赴汝州，還得翻越險峻的大別山。所以，蘇軾前往汝州唯一理性的方法就是取水道先向東走，經過長江、邗溝、淮河、汝水，從地圖上看，這麼走是要繞上一大圈。

路上，蘇軾會相繼到達廬山、江寧、揚州這些數百年來堪稱東南絕景的形勝之地。只是這本書並不是景點手冊，那些跟美食無關的大宋穿越旅行指南，還是暫且略過。比如蘇軾在廬山吟詠風月的種種，如果讀者朋友真的感興趣，那我建議大家重溫一遍學生必背古詩詞之〈題西林壁〉。

唯一不得不說的是，蘇軾在途中將路過筠州（今江西高安），他十分欣喜，因為在筠州可以見到自己一別數年的親弟弟蘇轍，雖然蘇轍會在筠州「監酒稅」，完全是拜他所賜。剛到奉新，蘇軾便迫不及待寫信告訴蘇轍。後者在接到書簡之後，連忙帶著兩位禪師來建山寺迎接哥哥。當時筠州並非什麼文采風流的寶地，所謂「筠州無可語者，往還但一二僧耳」，但兄弟重逢的喜悅，已經足以沖淡這種缺憾。

這年的端午，蘇軾過得格外熱鬧，他帶著幾個姪兒一同上大愚山真如寺遊覽山水、禮佛。親人之間交遊，與朋友還是不同，會格外融洽溫馨。在過去的幾年裡，蘇轍跟哥哥之間的書信往來從未中斷。蘇軾的黃州生活他一清二楚。看到哥哥這般興致勃勃的模樣，蘇轍卻可能不是那麼輕鬆。據說，在蘇軾臨行前，蘇轍生怕哥哥又犯口無遮攔的老毛病，還不忘提醒：「子由戒以口舌之禍，及餞之郊外，不交一談，唯指口以示之。」（賈似道引劉壯輿《漫浪野錄》）

「大哥，你這一輩子倒的楣一半是因為濫交朋友，另一半就是因為長了這張嘴，大哥你以後千萬可要長點心！」

「嗯，點心？哪來的點心？」當然，蘇軾沒有這樣插科打諢，由於這段文字來自南宋賈似道這等大人物，因此蘇轍勸誡蘇軾這件事的真實性，就由大家自行評判吧。但即便是真的，照蘇軾後來的行為來看，他必定沒有聽取弟弟的意見。

而就在不遠的前方，有一個人正在江寧（今南京）靜候他的到來，而這個人，正是十幾年來政治漩渦的中心，某種意義上，他也是蘇軾人生苦難的源頭。

第七章　蘇東坡的江海世界

從元豐七年四月離開黃州，到元豐八年十二月抵達汴京，一路上，蘇軾走走停停，順道做了幾個改變自己人生的決定。而在這江海世界中，他又見到了什麼人，品嘗到了何種滋味呢？

一、蘇王相會

如果大家還沒忘的話，我們的主角蘇軾，他之所以攤上烏臺詩案貶謫黃州，最直接的原因便是被捲入了新舊黨爭。雖然朝堂上的新黨炙手可熱，但新黨的中流砥柱——曾經的宰相王安石卻已隱退多時，到了元豐七年，他寓居江寧已有八年之久。

作為熙寧變法的發起者，王安石此時卻並非風光無限，他在政治上的處境堪稱舉步維艱。舊黨視其為死敵，新黨又陷入分裂內鬥，心力交瘁的他選擇離開朝廷，來到江寧這個清淨之地。然而，無論身在何處，改革家的壯志都不會衰減，回想起來，「春風又綠江南岸，明月何時照我還」，不就是他對重返汴京執掌大權的期盼嗎？

說到這裡，或許各位看官腦海中已經浮現出蘇王二人相遇之後，各自手持四十米的大砍刀，從長江邊一路火花帶閃電到決戰紫禁之巔……，但想像只能是想像，大家都是體面人，又何必動武呢？更何況，這會兒可是出了名的重文輕武的大宋朝，誰先拔刀誰可就輸了。

論年紀，王安石比蘇軾長十六歲，放到今天看有點近似於「兄長越位，叔父未滿」。無論兩人在江寧唱和的詩文，還是坊間筆記小說所見，翻來覆去基本上只能歸類為兩字：風味。

從前在汴京做宰相時，王安石有次跟神宗皇帝奏事時忽發頭痛病，宋神宗連忙命人取來禁中（編注：天子居住之地）的治頭痛祕藥。這味藥用新鮮蘿蔔汁配上生龍腦調製而成，如果右邊頭疼就灌入左鼻，反之亦然。這是宮中從宋太祖那時起就代代相傳不為外界所知的奇方。果然，王安石用藥後，頭痛立刻就消失了。事後，宋神宗為表恩寵，還將此藥方一併賜給王安石。

這種皇帝給予寵臣的莫大恩惠，照常理講應該會被視作「奇貨可居」的珍寶，成為自家代代相傳的獨門祕方，但王安石一轉手便將之傳授給了與他在江寧相會的蘇軾，沒有一點吝惜的意思。

從這事上來看，蘇王二人之間的衝突能厲害到哪裡去？要是真到了分外眼紅的地步，如果讓我成了王安石，估計會把給蘇軾的藥方裡的蘿蔔汁換成花椒汁……。

不在漩渦中心的人，自然無法理解改革的阻力來自何處。正如此前所說，即便新黨內部也是山頭林立。王安石身為發起者，成為變法的象徵。換言之，宋神宗實施新法的利弊，不能跟任何一個單獨的人對等。蘇軾也深知這一點，他相繼為新舊兩黨傾軋，都是由於直言不諱，直指兩方各有問題，並不針對或偏向哪一方。他這麼做最後導致的結果也很明顯。

既然如此，蘇軾沒有什麼理由去仇視一個年過花甲的老人，何況此時的他已經和自己一般遠離朝堂。縱然在某些政見上有分歧，但「位卑未敢忘憂國」，其實，大家的理想都一樣，只是所走的道路不同而已。

「軾今日敢以野眼見大丞相！」據《曲洧舊聞》記載，王安石騎著驢親自到江寧的碼頭迎接蘇軾一家，見到昔日的宰相兼「對頭」，蘇軾也很識趣地身著便服「不冠而迎」，甚至這般出言打趣。

在這之後，蘇王二人同遊蔣山，品評古今，閒暇時便坐而論道。王安石盛讚蘇軾的才華：「不知更幾百年，方有如此人物！」當看到蘇軾遊玩蔣山後所作「峰多巧障目，江遠欲浮天」，王安石不由嘆息，說自己寫詩一輩子，都沒有能跟這兩句爭鋒的。

而蘇軾則稱自屈原和宋玉死後，千餘年來再無人能寫出王安石「積李兮縞夜，崇桃兮炫晝」這般堪稱〈離騷〉精神續作的佳句，為此王安石幾乎要引蘇軾為知己。

商業互吹，妥妥的商業互吹。不過，這似乎比兩人大打出手的劇情要精彩得多，難怪後世將蘇王二人的相會譽為「文忠經行金陵事蹟之最偉者也」。

遺憾的是，跟王安石在一起，蘇軾估計是不會有什麼口福的。關於王安石其人，高EQ的說法叫「生性簡樸率真」，而用低EQ的話來說就是「活得比較粗糙」，他在吃穿上都不講究。在汴京做宰相的時候，坊間都在傳王安石嗜吃獐子的胸脯肉，而他的夫人聽說了卻很疑惑，因為她最清楚自己的相公從不挑食，只要不把他餓著，給他吃什麼都無所謂。最後破案了，真相讓人啼笑皆非：原來在宴會上，王安石只吃自己面前碰得到的食物，獐脯肉離他筷子最近，所以吃得最多。之後人們還試驗了，不管在他面前放什麼菜，都是一樣的結果。

所以說，在江寧期間，蘇軾大概體味不到當地飲饌文化的魅力，這可能是現在南京美食很難把蘇東坡拿出來說事的重要原因。

僅僅一年後，王安石便在江寧病逝，死後被追贈為太傅，而受命撰寫〈贈太傅敕〉的人，正是剛回汴京任職的蘇軾。由於宋神宗和王安石雙雙撒手人寰，朝中舊黨一家獨大，在當時對新黨實行全面清算的大環境中，蘇軾依然公正地評價王安石的一生，殊為不易：「將有非常之大事，必生希世之異人。使其名高一時，學貫千載。」短短幾句，亦見君子之風，比起後來那些只知道抹黑王安石變法的經學家史學家，蘇軾的境界不知高到哪裡去了。

當初蘇王二人相談甚歡，還許下「卜鄰以老」的未來，只可惜，王安石的逝世，讓這一願望終成「塞上牛羊空許約」。說起來，金庸的《天龍八部》的背景似乎也在這個時代。

江寧相會的那段日子，蘇軾恰逢喪子之痛。七月二十八日，去年他和朝雲生的孩子蘇遁不幸夭折，時年不滿一歲。這個新生命曾給蘇軾的貶謫生活帶來不少明亮的色彩，「吾老常鮮歡，賴此一笑喜」——寡淡的田間生活，常賴孩兒的稚氣才有歡樂。蘇軾也認為兒子的眉眼像極了自己，而上天卻讓將邁入五十歲關口的他遭遇喪子之痛，何其殘忍。蘇軾用來壓抑傷痛的，或許只有在黃州五年悟出的佛道之理。

《欒城集》中收有一首蘇轍寫給蘇軾的慰詩。對早夭的姪兒蘇遁，蘇轍表達不出多少悲痛，所以全詩重點在於安慰哥哥上：「人生本無有，眾幻妄聚耳。手足非吾親，何況妻與子……棄置父子恩，長住旃檀林。」——人的一生也許只是一場空，妻子兄弟或聚或散都是自然，與其沉浸在悲痛之中，不如早點看開，脫離苦海。

蘇軾身在黃州的幾年裡，跟弟弟時常有書信往來，哥哥在哲學上的造詣，蘇轍瞭然於心，既然你從前便已明白「哀吾生之須臾，羨長江之無窮」，便不要太過傷感，畢竟，古往今來，又有誰能逃脫生死的輪迴呢？

二、薛丁格的鰣魚

江寧的行程結束後，前往汝州的旅途還得繼續。京口（鎮江）、常州、真州（儀徵）、泗州成了東坡先生下一階段的目的地，所謂「京口瓜洲一水間，鐘山只隔數重山」。現在想起來，王安石的詩還真是相當貼切啊。

當年八月下旬，又一場文化人的聚會在鎮江拉開帷幕，與蘇軾同會於京口的還有滕元發、許仲塗與秦少游三人。許仲塗是潤州長官，滕元發則是兩中探花、三任開封府尹的大人物，至於秦少游嘛，跟黃庭堅相仿，被後世列為「蘇門四學士」之一，而在坊間傳說中，他還是蘇軾的妹夫，「蘇小妹三難秦觀」是才子才女的一時佳話。

不過，蘇軾只有一個早夭的姐姐，並沒有妹妹。有關蘇軾之妹的記載，最早出自南宋問世的《東坡問答錄》，雖然原書掛名為蘇軾所撰，但書中內容荒誕不經。清朝修《四庫全書》，一向儒雅隨和的四庫館臣們都忍不住在批註中大罵此書是「偽書中之至劣者也」，如此看來，蘇軾跟秦少游之間是大舅哥與妹夫的關係自然是靠不住的。

蘇軾比秦少游大十二歲，兩人的關係亦師亦兄，早在熙寧十年（一〇七七年）秦少游便特地前往徐州拜會在當地任職的蘇軾，他還模仿李白，寫了句「我獨不願萬戶侯，惟願一識蘇徐州」。對秦少游的文采，蘇軾很欣賞。秦少游連著兩次科舉失利。此次二人在鎮江重逢，看到後輩連遭挫折，蘇軾連忙寫信給王安石，向他舉薦秦少游。王安石也對秦少游多加讚賞。得到兩位當時文豪的強推，秦少游信心大增，再上汴京參考，終在元豐八年考中進士。當然，這都是後話了。

鎮江最負盛名的景色是枕長江而立的「三山」（北固山、金山、焦山）。今日三山的格局隨著長江江沙的堆積，已經有不小的變化，而在北宋時候，金山還是一座矗立於長江水中的島嶼，並未與陸地相連。金山島上有被唐朝茶聖陸羽評為「天下第七泉」的中泠泉，蘇軾與滕元發同遊金山寺，喜愛品茗的他又怎麼會錯過呢：「中泠南畔石盤陀，古來出沒隨濤波。試登絕頂望鄉國，江南江北青山多。」（〈遊金山寺〉）

某名人在旅行途中順道品嘗了當地名產，這是幾百年來餐飲行業不變的宣傳模式，在相關的敘事文本中，如乾隆皇帝南巡、慈禧太后西狩，都是走一路吃一路，留下了數不清的「讚不絕口」。比如大運河沿線，因為跟乾隆的南巡路線高度重疊，自二十世紀八〇年代旅遊業興起以後，跟乾隆相關的地方名吃便雨後春筍般冒了出來，因為它們的文案風格過分雷同且制式化，以至於網上有了「天不生我乾隆爺，萬古美食如長夜」的調侃之言。

同樣都是走到哪吃到哪的「美食代言人」，相比那些關於乾隆皇帝的段子，蘇軾則靠譜很多，至少其中大部分都有他自己的詩文作為證據，比如在鎮江，蘇軾確實享用過一道來自長江的美味，還特地為它寫了一首無題詩：「芽薑紫醋炙銀魚，雪碗擎來二尺餘。尚有桃花春氣在，此中風味勝蓴鱸。」

這條味道比鱸魚還讚的「銀魚」究竟是什麼魚呢？現在的江南名產「太湖三白」中，也有一個名為「銀魚」的成員，但這種魚跟蘇軾寫的完全不是一回事，一般用來熬製羹湯或者炒蛋，屬於鮭形目銀魚科，是一種通體透明、柔軟無鱗的小魚，牠們的個頭長短不過三公分，估計得要二三十條一字排列，才能湊到「二尺餘」的長度。

蘇軾筆下所謂的「銀魚」，指的其實是「長江三鮮」中的一位成員——鰣魚[1]，來自鯡形目的鯡科。之所以被命名為「鰣」這麼奇怪的字，跟牠的習性有著密不可分的關聯。《食鑑本草》中說「鰣魚，年年初夏時則出，餘月不復有也，故名」，意思就是每年只有初夏時分牠會出現在長江裡，因時而動，因此得名。

在第五章，我曾提到王安石的〈後元豐行〉，稱神宗統治下萬物繁盛，「鰣魚出網蔽洲渚」，說漁民們打到的鰣魚把長江周邊的小島碼頭全都鋪滿了。可見在宋代的江南，美味的鰣魚雖然是長江的特色，但並不是稀罕的東西，產量堪稱巨大。

要烹飪這道江鮮，按蘇軾所寫得配上「芽薑」、「紫醋」。鎮江陳醋應該是除了山西陳醋外中國最為知名的醋製品了。好巧不巧的是，傳說中蘇軾的好朋友，也是鎮江金山寺的住持佛印和尚就藏有優質的桃花醋。後世更演繹出佛印、東坡、黃庭堅三人嘗桃花醋皺眉喊酸的橋段，三人從此成為國畫的傳統題材〈三酸圖〉中的人物原型。

段子不一定為真，但桃花醋倒是存在。五代十國時成書的《雲仙雜記》即談到「唐世風俗，貴重葫蘆醬，桃花醋，照水油」，可見在唐朝，「桃花醋」已經是名聲在外。對應「尚有桃花春氣在」一句，看來蘇軾嘗到的燒鰣魚，使用的醋很有可能就是鼎鼎大名的桃花醋。

嗯，現代要做桃花醋是沒什麼難度，難的是找到這道菜的主角「鰣魚」。

說到這裡，有人恐怕就有疑問了，現在鰣魚貴是貴了點，但飯店裡不是還有嗎？真找起來難道不比釀醋快得多？如果有人提出這樣的質疑，那只能說明你一點都不知曉長江生物多樣性面臨的危機，在野外，長江鰣魚早已「功能性滅絕」了。

滅絕就滅絕吧，「功能性」又是什麼意思？簡單來說，這就代表科學家不排除該生物還有殘餘的少數個體，但僅存的種群數量已經很難再維持繁育後代的重任了。換言之，鰣魚已經失去捕撈價值，古人筆下「出網蔽洲渚」那樣的鰣魚魚汛，最後一次出現在一九八六年，之後便消失不見。

鰣魚不是長江獨有的物種，無論江南還是嶺南，都曾經有牠的身影。不過歷史上分布再廣泛的物種，都敵不過人類慾望的貪婪，曾經數量以幾十億計的北美旅鴿，同樣在二十世紀初難逃滅絕的厄運。二十世紀八〇年代以來，長江漁船數量劇增，加上上游水電站的建設，導致鰣魚的種群數量「滅門式」下降，曾經是長江鰣魚主產區的安徽，上一次捕撈到鰣魚的記錄還要上溯到一九九四年。近三十年來，鰣魚彷彿消失了，雖然有人嘗試過對鰣魚進行人工繁殖，但並未成功。

既然如此，我們現在還能吃到的鰣魚來自哪裡呢？具體可以分為兩種，一種是來自東南亞的長尾鰣，另一種則是北美洲的美洲西鯡，雖然牠們都是鰣魚的親戚，但卻並不是鰣魚本尊。張愛玲曾說人生恨事之一是鰣魚多骨，可憐現今連這多骨的折磨都離人遠去了。

我猜，以後要是哪個節目或者紀錄片想要複製蘇軾筆下的薑醋燒鰣魚，或許會在不知不覺中鬧出

1 張愛玲心中人生三大遺憾：鰣魚多骨、海棠無香、《紅樓夢》未完。就憑鰣魚這如此平凡的長相，若不是真的好吃，很難讓我們的張愛玲女士把這話說出來。

跟《舌尖上的中國》第三季的製作團隊將北美大口黑鱸錯認為松江鱸的笑話。

明朝初年，明太祖朱元璋定都南京，鰣魚自然成了朝廷貢品。畢竟長江就在都城邊，從捕撈到送上皇帝餐桌不過一兩天的事情。然而，朱元璋沒想到，自己的兒子燕王朱棣日後會起兵造反，啊不，是發兵靖難，事成之後他將北京作為新都，京城往北遷移了一千里，但鰣魚的進貢卻並沒有取消。

明末人沈德符所作的《萬曆野獲編》中專門寫了南京入貢船的細則：每年五月十五日，南京方面要將鮮鰣魚送往明孝陵，祭祀朱元璋，隨後裝船運往北京，限定六月下旬要送到並供奉北京太廟，之後再充作御膳。為了保鮮，貢船沿途都要不斷補充冰塊。

這運輸規定看似完善，實則各個環節錯漏百出。打個比方，鰣魚上貢是在初夏，你採買冰塊總得要錢吧？但負責運輸的官吏怎麼會放過這個肥差呢？於是，雖然朝廷的帳面上年年都有買冰的事項，可送貢的人要麼將魚做成魚乾，要麼直接把魚丟進船艙不管，總之就是不會去好好置辦冰塊。

我這麼說，大家想想都能猜到，貢船上的魚腥臭味會有多重。沈德符曾經「蹭」過一次貢船上京，聞到那味道「幾欲嘔死」。對於這種氣味，如果你想獵奇，大可以開一罐北歐進口的鯡魚罐頭感受一下，畢竟從分類學上看，鯡魚罐頭的主角鯡魚跟鰣魚的親緣關係還挺近。

這船「化學武器」送到北京後，御廚們會做一大鍋「雞冢筍俎」來掩蓋這些鰣魚肉的臭味，再由皇帝賞賜群臣，但實際上也就是充個面子，高級官員很少會真的吃這東西，倒是京師本地的下級官吏往往會將其視作珍品。

沈德符還在書裡寫了個小故事，說有個北方人到南京當守備，有天跟廚師抱怨道：你們怎麼從來沒給我做過鰣魚啊？這玩意兒難道不是江南的特產嗎？搞得廚子們百思不得其解：我們不是天天都做鰣魚給大老爺您吃嗎？

無奈之下，廚子只好現做一條鰣魚，指著給守備先生看，這才搞清事情原委。原來這個守備前半輩子見到的鰣魚都是臭的，以為臭味才是鰣魚的靈魂，遇到新鮮的，他反而認不出來。

時過境遷，一切關於鰣魚的美談、雜談和笑談，到今天都已經化作無法再現的傳說和遺憾。好在，東南亞的長尾鰣味道也還不賴，放下對復原原物的執念，接受替代品也未嘗不可。

三、不為詩案死，為河豚也可以

「竹外桃花三兩枝，春江水暖鴨先知。蔞蒿滿地蘆芽短，正是河豚欲上時。」這首〈惠崇春江晚景〉作為教科書中的古詩詞，可以和〈題西林壁〉並列為最廣為人知的蘇軾詩歌雙璧。然而，這首簡單的詩，內裡卻隱藏著諸多的美食密碼。首先，詩中描繪的景物並非蘇軾親眼所見，而是蘇軾為僧人惠崇的畫作〈鴨戲圖〉所寫的題詩而已。

不過，這幅畫作早已不存於世，反倒是蘇軾的這組題詩喧賓奪主，成為後世流傳的名作，畫裡真正的主角鴨子也逐漸無人問津，大家都把注意力放到末句的河豚身上。

河豚[2]，正規的名稱應為「魨」，是魨形目魨科下面數個生活在淡水中的物種的統稱。遇到敵害的時候，這些魚會吸入水和空氣，將自己膨脹成一個球浮於水面，雖然看上去圓滾滾萌萌的，但這種魚的卵巢、肝臟、腎臟、眼睛、血液中均含有劇毒，如處理不當，就會要人性命。

說來非常神奇，人類天生好像對自然界中有毒的食物有狂熱的追求動力。每年春天，雲南的「蘑菇小人」都會占據新聞版面的一席之地，毒蘑菇輕則致幻昏迷，重可奪人性命，按常理來說，稍微有點理智的人都唯恐避之不及。然而，「見手青（蘭茂牛肝菌）」這樣危險的美味，卻促使一代代人前赴後繼，用生命去迎合自己的味蕾，這些被五臟廟支配的人在歷史中從未消失。

而河豚，正是蘇東坡最為鍾愛的「毒物」料理。根據有關人士推測，當初惠崇的畫以鴨戲為主題，畫面上不一定出現了河豚，很有可能是蘇軾見春色生情，聯想到這是自己愛吃的河豚洄游產卵的時間段，因而「夾帶私貨」（編注：意指自行妄加揣測編造或過度詮釋）添加了河豚。

毫不誇張地說，河豚在中國乃至整個東亞，堪稱毒物界首屈一指的高級美食，無論在口感還是毒性方面都鮮有敵手。脂肪含量極低又彈牙的肉質，使得牠能被切成刺身，搭配上醋和蘿蔔泥，光是接近透明的視覺效果，就已令人賞心悅目，嘖嘖讚嘆。當然，熱乎乎的河豚火鍋同樣不容錯過，吃完河豚肉之後，還能將米飯配上湯頭享用。特別一提，日本人尤其愛吃白子，也就是河豚的精巢，烤白子那種細膩嫩滑的口感，讓男人欲罷不能。

在古代，食用河豚的習慣最盛之處莫過於江南。蘇軾的損友沈括在《夢溪筆談》中寫道：「吳人嗜河豚魚，有遇毒者，往往殺人，可為深戒。」看來，北宋吳地的老百姓，為這一美味喪命的不在少數。說來也難怪，「腹腴」的江南河豚與「甘脆」的福州蛤被大宋的食客們分別譽為「西施乳」跟「西施舌」，堪稱隨珠和璧式的交相輝映。西施乳，光聽這名字，都不免讓人想入非非，難以抗拒。

河豚毒素的生猛從古至今都使人膽寒，河豚全身上下，以肝臟毒性最強，這點早在唐代的《酉陽雜俎》中就有提及，河豚肉反而是毒性最弱的部分。作為世界上已知最強的神經毒素之一，只要半毫克的河魨毒素便能置一個成年人於死地。古人解河豚毒的方法，經過現代科學的測試，根本沒有任何功效，就算到現在，也沒有針對河豚毒的特效藥。《夢溪筆談》稱可以用蘆根和橄欖解河豚毒，但事實證明那只是一種美好的祝願。而藥物之外的其他方法，實際上也只有物理催吐，不過像河豚毒這種幾乎見血封喉的神經毒素，只要在身體中殘留一星半點都足以致命，這一招估計也不會有太大作用。

清代評書《三俠五義》第四十三回，說的就是一場河豚中毒的烏龍事件：龐太師的女婿給他老人家孝敬了新鮮河豚，太師忙命廚房做來，跟賓客們一同享用。誰知，席間一位客人忽然倒地不起，眾人驚呼這是中了河豚毒，我們怕是也難置身事外。正一籌莫展之際，有人建議趕快用金汁（糞水）催吐。於是，太師家的翡翠玉鬧龍瓶和羊脂玉荷葉碗這兩件寶貝成了僕人們拿去廁所舀糞的器皿，可謂諷刺到了極點。

---

2 現代養殖的河豚，多來自東方魨屬。河豚的毒素來自後天生長環境中食物的攝取，只要在飼養過程中規避毒素的攝取，理論上是不存在中毒風險的。不過這僅限於人工養殖的河豚，惜命的人，請務必遠離在野生環境下長大的河豚！

太師跟賓客好不容易捏著鼻子把糞水喝了下去，先前暈倒的那傢伙卻醒了，看著眼前大家集體喝糞水的奇景，這位仁兄疑惑不已——我剛剛只是因為鎖定的一塊河豚肉被別人夾走，一時急火攻心發了羊癇瘋而已，而你們現在這是做甚！

河豚的毒性之所以如此之強，跟牠愛吃的食物有直接關係，隨著生長，毒素也通過食物鏈日益累積。發現了這一點之後，現代的無毒河豚養殖業應運而生，古人對此一無所知，故而只能在身懷劇毒的野生河豚裡反覆橫跳。

就是這美味卻又劇毒的河豚，在一定程度上改變了蘇軾的人生軌跡。

離開鎮江之後，蘇軾不得不面對一個現實問題：到底要不要去汝州赴任？之前，跟王安石相約日後「卜鄰而居」，足見蘇軾對於江南的留戀。只是，他此時還沒有想好到底要定居在江南哪處地方。「老境所迫，歸計茫然，故所至求田問舍，然卒無成。」——每到一城，蘇軾都要挑挑當地的良田美宅，可惜很長時間都沒有尋到能讓他打一百分的。而除了王安石之外，江南那些仰慕蘇軾文才的朋友，都巴不得他定居在自己老家：「浮玉老師元公，欲為吾買田京口，要與浮玉之田相近者，此意殆不可忘。」（〈書浮玉買田〉）

挑來挑去，蘇軾終於選定了自己的歸隱養老之地，就在鎮江隔壁的常州宜興，之所以要叫「常州宜興」，那是因為古稱「陽羨」的宜興，在絕大部分的歷史時段是在常州名下，直到一九八三年才劃歸無錫。在寫給好友王鞏的信中，蘇軾是這樣描述的：「近在常州宜興，買得一小莊子，歲可得百石，似可足食」，儼然要把這裡當作他新的「此心安處」。

之前在黃州收了大麥二十石，蘇軾便富有創意地研製出「二紅飯」，現在江南豐腴的土地讓年收入增加了四倍，應該足夠全家二十多口人的開銷。蘇軾感覺自己挑的地方不錯，所以向朋友們發帖子集讚。也多虧他這一舉動，留下了不少關於這處「別業」的具體細節，比如蘇轍在〈和子瞻和陶雜詩〉第十首提及「誓將老陽羨，洞天隱蒼崖」、「兄已買田陽羨，近張公善卷西洞天」，意思就是說，蘇軾購置這套莊園的原因之一，就是距離善卷洞很近。

善卷洞，至今仍是宜興最出名的旅行目的地，它屬於喀斯特地貌景觀。據南宋《輿地紀勝》所載的傳說，這個洞穴是西周末年忽然「自開」的，可以容納上千人，後來又有道教始祖張道陵來此遊歷的傳聞，使得善卷洞更顯神祕。蘇軾在黃州期間，因與道士楊世昌交遊而深受道家思想影響，他選擇在宜興終老，恐怕跟張道陵有脫不開的關係。

三國時代，吳國末代皇帝孫皓曾在此地舉行了一次封禪典禮。照理說，所謂封禪應當安排在泰山，但山東並不在東吳的版圖裡，孫皓只能來善卷洞湊合一下，還立了一塊「禪國山碑」來紀念這中國歷史上唯一在江南舉行的封禪。碑文中列舉了當時吳國境內出現的一千七百多項「祥瑞」，堪稱自然奇蹟大總匯。直到今日，這塊「禪國山碑」依然保存尚可。

《輿地紀勝》中還提到「蘇軾別業」的確切所在地是「去縣四十里」的滆湖邊。滆湖在善卷洞北大約三十公里，又稱「西太湖」，大約形成於漢末到兩晉時期，今天湖面面積大約一百六十四平方公里，是當地有名的生態度假區。既然蘇軾打算歸隱後繼續過自給自足的務農生活，莊園離水源近一些自然是一件好事。

而根據宋代民間傳聞，蘇軾選擇在常州置業的原因之一，就是因為當地不僅有好河豚，還有擅長料理河豚的好廚師。宋代著名的學齡前科普書《示兒編》裡，就記載著一則蘇軾在常州吃河豚的小故事：

> 東坡居常州，頗嗜河豚，而里中士大夫家有妙於烹是魚者，招東坡享之。婦子傾室窺於屏間，冀一語品題。東坡下箸大嚼，寂如喑者，窺者失望相顧。東坡忽下箸云：「也直一死。」於是合舍大悅。

常州一位士大夫家裡有一位擅長做河豚的廚師，他知道蘇軾愛吃河豚，便特意相邀。知道當世文壇的偶像要到自己家來品嚐美食，他們全家人都瘋了，女人孩子紛紛躲在屏風後窺探著蘇軾的一舉一動，沒想到等了半天，除了聽到蘇軾嘴裡發出咀嚼魚肉的聲音外，連一句話都沒有。正在眾人失望之際，蘇軾突然放下筷子，暢快地說道：為這東西，一死也值得了！

沒有人知道這個故事發生的具體時間，或許就在蘇軾離開鎮江過常州時，我不由得浮想聯翩，會不會正是因為這道河豚，讓蘇軾堅定了在此終老的決心呢？

對了，蘇軾在這趟旅程創作的另一首詩中再次提到河豚，不過這次，河豚淪為另一種魚的陪襯：「粉紅石首仍無骨，雪白河豚不藥人。寄語天公與河伯，何妨乞與水精鱗。」

這首〈戲作鮰魚[3]一絕〉的主角，當然就是魚。魚學名長吻鮠，屬於鯰形目鱨科鱨屬，你可以將其理解為一種鯰魚。要知道，大部分在吃上有追求的人，都對鯰魚的評價不高，這些長鬍子的魚們雖然無鱗刺少且肉質嫩滑，但由於底棲及什麼都吃的習性，導致牠們大多數身上的「土腥味」尤其重，只有透過花椒大料和猛火，才能使牠們美味起來。

然而，魚卻是鯰形目中的一個另類，牠們身上帶點粉紅，生得很有「少女感」，主要生活在長江中，還有洄游的習性，水質差就活不下去，所以又被稱為「江團」。魚不但肉質細膩，還沒有異味，身上無刺，肚子上帶軟邊，甚至連鰾做成魚肚後都很肥美，古人便將其稱為「魚中珍品」。民間還有「不食江團，不知魚味」的說法，簡直拉滿排面。

不過，江團固然美味，但蘇軾「雪白河豚不藥人」的說法也有問題。魚的背鰭刺和胸鰭刺中均有毒腺，雖不至於像河豚那樣能置人於死地，但被刺一下也不是開玩笑的。

最後，我們再說說「蔞蒿滿地蘆芽短」中的蘆芽和蔞蒿。蘆芽，顧名思義就是蘆葦的嫩芽，古代江南人常吃這個，但如今它早已從餐桌上消失，以至於作為江南人的我也從未吃過，所以沒什麼發言權。但對於蔞蒿，我可就有得說了，作為一個「肉食動物」，我每頓幾乎無肉不歡，但非要在肉和蔞蒿之間選一樣，那我寧可一天不吃肉。如果讓我選出自己最愛的蔬菜，我會毫不猶豫地選擇蔞蒿。

---

3 蘇軾筆下的中國本土鮰魚學名長吻鮠，活體通體粉紅，只有背部稍顯暗灰；而市面上所謂的鮰魚、清江魚，則是原產自美洲的斑真鮰，全身灰色，只有在鰭的邊緣稍帶一點粉色，這又是一個類似大口黑鱸頂替花鱸、西鯡取代鰣魚的故事，前些年我曾經被騙多次，好在「李鬼」斑真鮰本身不算太難吃。

蔞蒿[4]，也叫蘆蒿、藜蒿，多生長於水濱，來自專為折磨生物專業學生而生的菊科大家庭，筆直的莖稈上長著狹長的小葉。早在先秦時代，蔞蒿就廣為人知，據說，《詩經》中的「呦呦鹿鳴，食野之蒿」以及「翹翹錯薪，言刈其蔞」都是指它。按理說，蔞蒿並不是什麼罕見的山珍，在中國境內幾乎都有分布，只不過作為一種高度親水的植物，它在水資源比較充沛的南方省分更加常見且長勢更為旺盛。

初生的蔞蒿莖稈是灰綠色的，待到成熟則會變為紫紅色。在翻紅之前，蔞蒿都是美味的，而春節剛過的那段時間，蔞蒿汁水更為豐盈，口感更加清脆，可以說是美上加美。對於這一點，西晉時的陸機便已有所察覺，他在《詩蔬》中寫道：「正月根芽生，旁莖正白，生食之，香而脆美，其葉又可蒸為茹。」

然而在我看來，相比生食，蔞蒿最好吃的做法還是炒著吃。陸機那個時代，「炒」這種烹飪方式還不流行，但在今天，蔞蒿那鮮嫩的莖葉，無論是炒切成長條的豆腐乾，還是炒切為細絲的瘦豬肉，都極為搭調。蔞蒿入鍋，只需加上一點油清炒，不消幾分鐘，四溢的清香便能充滿整個廚房。

每年自家鄉回北京，我都會帶上兩三斤揀好的蔞蒿，在一週內炒了吃掉。其實，北京並非找不到做蔞蒿的館子，但一來價格頗高，二來不知是因為做法還是原料的原因，總是讓人覺得「沒內味」（編注：內味指有那個味道、有那種感覺）。

突然想起來，在吃的名氣不輸蘇軾的現代作家汪曾祺老先生，對蔞蒿也頗有執念。他在《歲朝清供》中這樣寫道：「蔞蒿薹子自十九歲離鄉後從未吃過，非常想念。去年我的家鄉有人開了汽車到北京來辦事，我的弟妹托他們帶了一塑料袋蔞蒿薹子來，因為路上耽擱，到北京時已經捂壞了。我挑了一些還不及爛的，炒一盤，還有那麼一點意思。」看來，從故鄉的野菜中吃出那麼些意思，或許比大快朵頤地吃肉，更多那麼點文人的風雅吧。

我要比汪曾祺先生幸運太多，因為有了高鐵的緣故，揚州到北京只要四個多鐘頭，放在行李箱裡的蔞蒿不會再被捂壞。在吃蔞蒿的時候，只要四下無外人，我便不再控制咀嚼的聲音，既是因為那聲音清脆好聽，更是因為當我嚼起蔞蒿那多汁的莖稈，感覺就像是抱著一江春水一飲而盡。

想起童年讀「蔞蒿滿地蘆芽短，正是河豚欲上時」，當年的我絕對想不到，現在的自己居然因為一句詩而唾津潛溢。

四、人間有味是清歡

儘管在常州河豚吃到忘乎所以，但蘇軾心裡清楚，神宗皇帝將他調去汝州，不是開釋，依舊是罪放。縱然在常州買地置產，但能不能留下來，最終還要看皇帝的意思。於是，蘇軾只好一邊繼續朝北到達揚州，一邊派人投書給朝廷，懇求宋神宗大發善心，同意他留居宜興。

---

4 在今日江淮一帶，蔞蒿依然是很受歡迎的時令蔬菜，其無論是炒豆乾、炒肉絲，還是炒臘肉，蔞蒿都美味得恰到好處，就算有人會說我是夾帶私貨，我也要大聲地喊出來：「春天的蔞蒿天下第一！」

不知為什麼，蘇軾的上書未能上達天聽。他經過泗州（江蘇盱眙）時，心焦之下又上了一次〈乞常州居住表〉：「祿廩久空，衣食不繼。累重道遠，不免舟行。自離黃州，風濤驚恐，舉家重病，一子喪亡。今雖已至泗州，而貲用罄竭，去汝尚遠，難於陸行。無屋可居，無田可食，二十餘口，不知所歸，饑寒之憂，近在朝夕。與其強顏忍恥，干求於眾人，不若歸命投誠，控告於君父。臣有薄田在常州宜興縣，粗給饘粥，欲望聖慈，許於常州居住。」

蘇軾訴苦道，自從離開黃州，幼子病亡，全家人都因為旅途奔波而染上疾病，現在才剛走到泗州，路費就快用光，一家二十多口沒有容身之所，飢寒交迫。既然到了這種地步，現在自己終於也想通了，與其強撐面子，私底下向朋友們搖尾乞憐，還不如大大方方地告訴聖上，自己在常州還有幾畝薄田，乞求陛下允許他們一家人去往常州居住。

除此之外，蘇軾還少見地自敘成績，請神宗念在他當年在徐州親上前線抗洪並揭破謀反案件的勞苦，以求「功過相除」、「得從所便」。無論皇上是否同意，他都會在南京（今河南商丘）暫時靜候，以聽候朝旨。

過去烏臺詩案被貶黃州，蘇軾都未曾拿自己曾經的政績作為要求輕判的籌碼。此時，為了能定居宜興，他可算是拼了，幾乎突破了自己的底線。

可是，當時蘇軾的境遇當真有他所說的這般淒涼嗎？那也未必。畢竟真相夾雜著謊言最能讓人感動啊！蘇遁夭折是鐵打的事實，但其他說法卻是非常微妙。

蘇軾來到泗州是在元豐七年的十二月初一。根據他其他詩文的相關描述，在參拜了普照王塔，觀覽完佛骨舍利後，他便「舍山木一峰供養」，怎麼看也不像是吃不上飯的人會有的閒情雅緻。而他羈留泗州的真實原因，不過是由於此時正值寒冬，淮水結冰，走水路行船不便而已。

跟從前各地的官員一樣，對於蘇軾的到來，泗州知州劉士彥表現得非常熱忱。他邀蘇軾赴宴，共遊南山晚歸，有感於此景此情，蘇軾遂作了一首〈行香子〉：「何人無事，宴坐空山。望長橋上，燈火亂，使君還。」

不料，這首詞差點又惹出麻煩。據《揮麈後錄》，泗州當時有法，夜過長橋者「徒二年」。而蘇軾的詞名動天下，劉士彥生怕自己身為知州帶頭違禁的事情因此傳播到汴京，只能去求蘇軾不要聲張。知曉了前因後果，蘇軾哭笑不得，感嘆自己這輩子的罪過都在這張嘴上，一開口就得「徒二年」。

說來，這並不是蘇軾第一次來到泗州，就在烏臺詩案前不久，蘇軾在前往湖州赴任的路上，便途經泗州龜山。那時他似乎已經預感到厄運即將到來，留下了「我生飄蕩去何求，再過龜山歲五周」這欲言又止的悲詩。

在經歷了大風大浪以後，這一回再來泗州，蘇軾的心境已經全然不同。十二月二十四日，蘇軾與泗州人劉倩叔來到南山，在冬日裡的野餐結束後，蘇軾尋來筆墨，寫下了那首著名的〈浣溪沙〉：

細雨斜風作曉寒，淡煙疏柳媚晴灘。
入淮清洛漸漫漫，雪沫乳花浮午盞。
蓼茸蒿筍試春盤，人間有味是清歡。

之前中國網路上流行一個段子：「北方人過冬靠暖氣，南方人過冬靠一身正氣」，而作為南方的最北邊，北方的最南邊，寒冬中江北的清晨本該冷徹人心，誰料蘇軾卻毫不在乎。不但如此，他筆下的泗州簡直是「春潮萌動」：斟上一杯清茶，配上新鮮菜蔬堆疊的春盤，人間真正的美味還是這般清雅，真是讓人愉悅啊！

而「雪沫乳花」，指的是茶水上漂浮的氣泡。可別以為蘇軾喝的跟我們一樣是什麼加盟店的奶茶。宋人喝茶的方法和今日大不一樣，他們要先把茶葉搗成末，再將茶葉末放在茶碗裡，注入少量沸水調成糊狀，然後再注入沸水，同時用茶筅不斷擊打攪動茶湯，在此過程中，打出來的白色泡沫越多，就說明茶越好，這種方法就是所謂的「點茶」。

再來說說「春盤」。對現代人來說，這個擺放著「蓼茸蒿筍」的春盤中，前面的「蓼茸」聽上去就很陌生，其實，它是指蓼的嫩芽。蓼，是一種莖葉味道頗為辛辣的一年生草本植物，就像蔞蒿一樣多生長在水邊，所以也被稱為「水蓼[5]」。在早春時節，當時的人們會將水蓼的種子用水浸溼之後，放在葫蘆裡，掛在火爐之上，等水蓼的種子發出芽菜，再將其作為蔬菜來食用。在辣椒來到中國之前，略帶辛辣的蓼葉也曾被用來調味，等到辣椒傳入中國以後，便同茱萸等好兄弟們一起失業了。

而這個「蒿筍」，則有好幾種解釋，有人認為是蒿和筍的合稱，不過這裡的「蒿」是蔞蒿、青蒿還是茼蒿，則沒有人知道。但也有人認為這裡的「蒿筍」指的是一種特定的根莖類蔬菜，至於是哪種，亦有不同的說法，可能是被今天人們稱作「萵筍」的萵苣，也有可能是今天江淮、江南一帶人們常吃的茭白。

對了，前面說到晉人張翰「蓴鱸之思」的時候，提到了茭白[6]是由古書中的「菰」改名而來，這種說法是沒問題的，但也不是完全沒有問題。菰是一種生長在水中的作物，人們最早食菰，食的是菰的種子——菰米，在周代，菰米甚至貴為供周天子食用的「六穀」之一，唐宋以後也被稱作「雕胡」，李白筆下「跪進雕胡飯，月光照素盤」，以及杜甫詩中「滑憶雕胡飯，香聞錦帶羹」，說的都是它。黑長直的菰米，煮出來的飯又香又軟糯，是一種備受古人喜愛的高品質主食。

然而，菰這好好一種糧食作物，怎麼又跟根莖類的蔬菜扯上關係了呢？這是因為，古人在種植過程中，發現了有些菰的莖部會不斷膨大，從而形成紡錘形的肉質莖，這些植株在生長過程中毫無病象，只不過就是不抽穗，也結不出菰米。現今研究顯示，這是因為這些菰感染了一種名叫「黑粉菌」的寄生真菌。不過塞翁失馬，焉知非福，捨不得浪費的農人們含淚吃掉這些因感染而過分腫大的根莖，才發現它的可口，鮮嫩不亞於竹筍，清脆不亞於瓜，因為長在水中，還多了幾分清爽軟韌的口感。

---

5 水蓼多生長於溝渠邊或河灘、濕地，花期成批開放，豔紅一片，頗為壯麗。越王勾踐臥薪嘗膽的「薪」，並不是指一般的柴火，而是水蓼晒乾後的「蓼薪」。據説蓼的枝葉嗅起來也會有辛辣的感覺，或許當時勾踐在感到疲乏、不想奮鬥的時候，會用蓼的味道來刺激自己，提醒他勿忘復仇大業。

6 茭白和雕胡米：周天子食用的「六穀」包括稻、黍、稷、粱、麥、苽（同「菰」），並認為有苽與魚肉同食最配，有人知道「菰」就是今天的茭白的時候，往往百思不得其解，殊不知作為糧食作物才是菰的老本行。

這般不可多得的美味，自然不能放過，雖然並不懂其中的原理，但古人還是掌握了讓菰感染的特殊技巧，從此，菰開始「帶病上崗」，而它被感染的根莖，一開始並沒有固定的名稱，因為江南十里不同音，在不同的地方，有著蔃筍、蔃瓜、高瓜、茭瓜、茭筍、茭白等等不同名字，直到近代，它的書面名才定為「茭白」。在中國人的餐桌上，無論是古雅的「菰米」、「雕胡」，還是接地氣的「高瓜」、「茭白」，古老的菰都從未離去。

話說回來，且不論具體是哪幾樣蔬菜，蘇軾筆下那鮮美的「春盤」，其實就是將好幾種蔬菜擺放在大盤中，澆上湯汁，如果最後不是要用餅捲起來吃掉的話，感覺還真是跟現代人吃的沙拉有幾分相似。至於製作春盤所需的蔬菜，並沒有規定，純粹看個人愛好和挖菜的本事。就像蘇軾另一首詩〈送范德孺〉中提到的春盤，裡面就沒了蓼芽，反而多出了韭菜：

漸覺東風料峭寒，青蒿黃韭試春盤。
遙想慶州千嶂裡，暮雲衰草雪漫漫。

吃春盤這一習慣，跟古代物資匱乏有直接的關係。《論語》裡所說的不時不食，其實也挺無奈的，平民百姓沒有太多機會吃到什麼非當令蔬菜。一直到現在，北方某些地區還遺留著過年囤馬鈴薯和白菜的習慣，而醃製酸菜、鹹菜同樣是過冬前不可缺少的工作。在這種情況下，春回大地，新鮮蔬菜破土而出，自然成了令人無比激動的大事，這下終於可以從幾大缸鹹菜裡解脫出來了！

當然，這只是對百姓而言。達官貴人和皇親國戚們不惜物力成本，想在冬季吃到新鮮蔬菜也不是不可能。據《漢書》記載，為了滿足宮廷需要，漢朝人就開發出簡單的溫室大棚來種植非當令蔬菜：「太官園種冬生蔥韭菜茹，覆以屋廡，晝夜燃蘊火，待溫氣乃生。」

這種大棚就是在一個密閉空間內不分晝夜地點火，靠火散發出的高溫催熟蔬菜。為了一口新鮮的蔬菜如此不惜代價，恐怕只有站在金字塔頂端的人上人才負擔得起。

同樣是在這些人手裡，春盤漸漸被玩出了新花樣。《武林舊事》稱，南宋皇室會將特製的「春盤」工藝品賞賜給群臣貴戚。因為過於精美，每個甚至被炒到上萬錢的高價：「後苑造辦春盤供進，及分賜貴邸、宰臣、巨璫，翠縷紅絲，金雞玉燕，備極精巧，每盤直萬錢。」

在南山的寒風中吃著捲起的蔬菜，只是想想就有一陣寒意瞬間湧上心頭，然而蘇軾卻像是泡在溫泉裡喝酒一般，吃得津津有味。過去人解讀「人間有味是清歡」，總會先說這是蘇軾領會到了「平平淡淡才是真」，是他歷經苦難後曠達胸懷的展現。而在我眼裡則不然，如果把他這句話跟此前在〈乞常州居住表〉裡的「饑寒」對應一下，就可以感受到，後者的真實性似乎有待商榷。

蘇軾覺得，他這一連串的賣慘小動作，也許真的可以打動皇帝，苦盡甘來的那一天，似乎離自己越來越近了。俗話說「一切景語皆情語」，或許，這才是吃著春盤感到「清歡」的真正原因吧。

不過，被蘇軾奉為「真味」的東西從來都不是唯一的。蘇軾切實秉承了男人的天性——「全都要」和「走哪誇哪」。幾個月前，蘇軾從金陵送家眷往真州（今江蘇儀徵）安頓，途中又把吃到的豆粥捧上了天：

君不見滹沱流澌車折軸，公孫倉皇奉豆粥。
濕薪破灶自燎衣，饑寒頓解劉文叔。
又不見金谷敲冰草木春，帳下烹煎皆美人。
萍虀豆粥不傳法，咄嗟而辦石季倫。
干戈未解身如寄，聲色相纏心已醉。
身心顛倒自不知，更識人間有真味。
豈如江頭千頃雪色蘆，茅檐出沒晨煙孤。
地碓舂秔光似玉，沙瓶煮豆軟如酥。
我老此身無著處，賣書來問東家住。
臥聽雞鳴粥熟時，蓬頭曳履君家去。

（〈豆粥〉）

蘇軾在這裡講了兩個故事。其一是東漢光武帝劉秀起兵後，某次缺少糧食，是馮異找來了豆粥充飢；其二是西晉富豪石崇，他家總能在待客之時迅速端上豆粥來，但豆子難熟，這引起了石崇死對頭王愷的好奇，最終他從石家的佣人那裡探知，原來石崇是提前把豆子煮好磨粉保存，等需要的時候直接拿豆粉混進米粥沖泡。

看「萍虀豆粥」一詞就該知道，他們吃的豆粥還得加上各種佐料比如蔥蒜醬調味，蘇軾沒有石崇這麼有錢，吃到的豆粥只是農家味道罷了。能讓他大書特書一番，也不過是因為此時的心境不同，眼看「解放」有望罷了。

為了留居常州，蘇軾不惜滿口謊言，但他並不知道，此時的神宗皇帝才真正是到了「死生莫保」的地步。自元豐七年的秋天開始，宋神宗的身體每況愈下，在宴會上都握不住酒杯。第二年正月，神宗終於力不能支，冊立皇子趙煦為太子，開始籌謀後事了。元豐八年三月初五，宋神宗病死於宮中福寧殿，新帝宋哲宗趙煦年幼，由太皇太后高氏攝政。

高太皇太后一向不支持神宗的變法，她掌握朝政，無異於舊黨大翻身，蘇軾作為先前為新黨搆陷的文字獄受害者，自然被以司馬光為首的舊黨看作同道中人，更何況，蘇軾還是太皇太后她老人家最欣賞的文人。舊黨開始想方設法將蘇軾調回朝廷。當然，這事情不能做得太急，得一步步來。很快，在商丘翹首期盼的蘇軾，終於盼來了朝廷准許他在常州貶所攜全家居住的文告。

四月三日，蘇軾踏上回常州的旅程，此前被他推舉給王安石的秦觀，也在這時中了進士。說句不好聽的話，一切似乎都隨著神宗的死而順利起來。五月一日，途經揚州竹西寺時，蘇軾作詩道：

十年歸夢寄西風，此去真為田舍翁。
剩覓蜀岡新井水，要攜鄉味過江東。
道人勸飲雞蘇水，童子能煎罌粟湯。
暫借藤床與瓦枕，莫教辜負竹風涼。

此生已覺都無事，今歲仍逢大有年。
山寺歸來聞好語，野花啼鳥亦欣然。
（〈歸宜興留題竹西寺〉）

——我這次一去，就真是做個田舍翁了。向和尚借來藤床和瓦枕好好乘乘涼。感覺這輩子的事情已經都辦完啦，今年又是一個大豐收的好年景。看看，什麼叫「卸下偽裝」，這哪有幾個月前「死生莫保」的哭唧唧的樣子。

蘇軾在揚州喝到的雞蘇水也有點說頭。雞蘇其實就是龍腦薄荷，也叫作水蘇，因為能用來熬製雞湯，便有了雞蘇之名。宋代人在夏天會用植物的花或葉製成解暑飲料，也就是所謂的「熟水」，而雞蘇水就是當時流行的熟水的一種。

《神農本草經》說水蘇「主下氣，闢口臭，去毒」，對常受瘡病困擾的蘇軾來說實在不賴。另外，蘇軾還曾經親手製作麥門冬熟水贈送友人：「一枕清風直萬錢，無人肯買北窗眠。開心暖胃門冬飲，知是東坡手自煎。」

至於罌粟湯嘛，聽著就有點恐怖了。世人皆知鴉片是罌粟的提取物，由此引發的鴉片戰爭更是中國淪為半殖民地半封建社會的開端。在中國種植罌粟花是無可辯駁的違法犯罪行為。可實際上，早在鴉片戰爭前一千多年，中國已種植了罌粟，罌粟在唐朝就已經傳入。

蘇軾的老家四川及漢中一帶就是最早種植罌粟的地區之一，唐朝詩人雍陶曾作「行過險棧出褒斜，歷盡平川似到家。萬里客愁今日散，馬前初見米囊花」，詩中的米囊就是罌粟的別稱，棧道和褒斜道即漢中通向蜀中的傳統通道。

不過，中國人並不會從罌粟裡提煉鴉片，只是觀察到罌粟的殼與子有止痢等藥用價值。魯迅先生所謂「外國用鴉片醫病，中國卻拿來當飯吃」其實是有失公允的，事實剛好相反，將罌粟製成鴉片向中國傾銷的是洋人，而中國人反而更加重視它的藥用價值，宋朝的官修醫書《太平惠民和劑局方》就有記載罌粟湯的適用癥候和配方：「治腸胃氣虛，冷熱不調，或飲食生冷，內傷脾胃，或飲酒過度，臍腹痛，泄下痢或赤或白，裡急後重，日夜頻並，飲食減少，及腸胃受溼，膨脹虛鳴，下如豆、鮮血，並治之。」

「艾葉（去梗）、黑豆（炒，去皮）、陳皮（去白）、乾薑（炮）、甘草（炙，各二兩）、罌粟殼。上件銼為粗散。每服三錢，水一盞半，煎至一盞，去渣，溫服，食前。忌生冷、油膩，毒物。小兒量歲數，加減與之。」

宋人似乎是將罌粟湯視為調節腸胃功能的良藥，認為它還能發揮促進食慾、治療便血的作用。曾去過雪堂追尋蘇軾遺蹟的南宋大詩人陸游，也是罌粟湯的忠實支持者：「一杯罌粟紗燈下，最憶初寒宿上方」，令人隱隱覺得陸游有藥物成癮的跡象。

元豐八年五月二十二日，一路悠遊山水的蘇軾一家終於回到常州。然而早在半個月之前，朝廷決議起復蘇軾為朝奉郎、知登州（今山東煙臺蓬萊區）。正式文告雖尚未下達，但蘇軾已有所耳聞，看來，他對未來「終為田舍翁」的預測並不準確。此時的蘇軾，心中應該也期望著能回朝再有一番作為，他一邊相約文士，出沒在常州的名勝風月之地，一邊靜候著命運的安排。

不，安排他的其實不是命運，而是司馬光。據《續資治通鑑長編》，當年六月，司馬光與范仲淹之子范純仁，接連兩次向皇帝和太皇太后舉薦蘇軾、蘇轍兄弟。可見，無論是此前同意蘇軾留居常州，還是將他調任去登州，都只是讓他回京任職的前奏罷了。

七月下旬，蘇軾攜家眷正式啟程，從常州前往登州。說起來，這一次赴任與此前稍有不同。這是因為他所去的登州，正是宋遼對峙的海上最前線。

五、只有鮑魚可以安慰我

遼國，又稱契丹，直到它滅亡之前，都是懸在宋王朝頭頂上的達摩克利斯之劍（編注：懸頂之劍，意思是時刻存在的危險）。

雖然景德元年（一〇〇四年），在寇準的鼓勵下，宋真宗御駕親征，最終迫使南下侵犯的遼國蕭太后向皇帝答應跟大宋訂立所謂的「兄弟盟約」，以每年二十萬匹絹、十萬兩白銀的代價換取表面上的和平。可是我退一尺，敵進一丈，見到大宋寧可將財帛雙手奉上，也不希望再動兵，遼國自然以為它軟弱可欺。

宋仁宗慶曆二年（一〇四二年），遼以再次興兵作為要挾，逼迫宋朝在原來的基礎上每年再加歲幣二十萬，並將宋朝公主嫁給契丹親王和親，還要求宋朝方面將外交文書中的「獻」字改成「納」，稱「納幣」。這事情聽上去沒什麼大不了，但實際上，用「獻」還算是關係平等的國家之間的贈予，而改成「納」就成了下屬對上級應盡的義務，這等於否認澶淵之盟中兩國定下的兄弟國身分，而置宋的地位於遼之下。

宋朝派去跟遼國談判的使者富弼不是個庸才，他憑藉三寸不爛之舌，成功使遼國放棄了之前讓公主和親的想法，而對遼國繼而提出的「納幣」之稱，富弼則認為事關國體，據理力爭，寧死不從。但誰料，堡壘向來都是從內部攻破的，膽小如鼠的宋仁宗聽說此事後，為儘早求和，便一口答應遼國用「納」字的要求，簡直是「臣等正欲死戰，陛下何故先降」的典型案例。而到了宋神宗在位初期，遼國借與宋朝長期存在的邊境糾紛問題，又強迫大宋割地十餘里，再次成功地實現了外交訛詐。

簡而言之，對於宋朝當局而言，當年太祖太宗要從契丹人手裡收復燕雲十六州的理想，已經越來越遙遠，在多數時間，處於守勢的大宋像是一塊海綿，被遼國隨意揉搓。

在中晚唐時期，位於山東半島的沿海城市登州，已經發展成為中、日、新羅三國海上貿易網絡的核心港口。到了宋代以後，登州因為正好和遼國統治下的遼東半島隔海相望，便成為防範大遼從海上入侵的橋頭堡。然而，宋朝方面十分恐懼出海商人會進入遼國境內，從而將國內的情報洩露出去，所以一度嚴禁商販從登州出海，這一國際大港進入了衰退期。

所以，評價宋朝屈辱的歲幣政策，要看得更深些，每年交給遼國幾十萬，並不代表宋朝只損失這幾十萬，這些物資從徵集到運輸等等，每一個環節所消耗的人力物力都是巨大的，而這些負擔，自然不會由趙大官人家承擔，最終都會壓在每個老百姓頭上。

所以那些說送歲幣求和比起打仗的軍費開支要節省得多的人，更是屁股不正。這種說法，等於提前設定了「宋朝跟遼國戰爭一定不會贏」的立場，只能證明他自己都打心眼裡看不起大宋這個「世界第一大經濟強國」。不然，真要這麼比的話，某天大宋發憤圖強，一戰滅遼，豈不是最一勞永逸？而這才是真正的節省。

王安石有一首名作〈河北民〉，所寫的就是因沉重的歲幣而缺衣少食的宋朝邊民的慘況：

> 河北民，生近二邊長苦辛。家家養子學耕織，輸與官家事夷狄。今年大旱千里赤，州縣仍催給河役。老小相依來就南，南人豐年自無食。悲愁天地白日昏，路旁過者無顏色。汝生不及貞觀中，斗粟數錢無兵戎！

——唉，老百姓命實在不好，沒有生在前朝大唐貞觀之治的時候，當年一斗粟只要幾文錢，也沒外敵敢欺辱我們。

懷著報仇雪恥之心的王安石，在變法開始後便與宋神宗一道，全方位轉向積極外交，制定了南滅交趾、西攻吐蕃與西夏、東聯高麗夾擊遼國這三大光復「漢唐舊疆」的戰略方案，而在第三個方案中，自古以來便是聯絡中原王朝和朝鮮半島的交通樞紐的登州港扮演著重要角色。宋與高麗之間中斷長達四十年的外交活動，又在神宗時重新啟動，登州此時常有高麗使者來往。

這裡既是軍事重鎮，又是外交前沿，所以蘇軾對自己「知登州」的職務非常重視。他先後向朝廷上〈登州召還議水軍狀〉和〈乞罷登萊榷鹽狀〉，要求停止外派登州水軍前往別處公幹，免去剝削百姓的食鹽官營專賣。

此後一直到清代，蓬萊人還因為感念蘇軾當年的惠民政策而持續祭祀他。不過，這兩道文書，其實都是蘇軾回汴京之後所寫。這是因為，從他十月十五日抵達登州，到十月二十日接到委任他為禮部郎中召還京城的通知，蘇軾在登州做知州的時間，前後只有短短的五天而已，連他自己都吐槽「到郡席不暖，復蒙詔追」——蓆子都還沒坐熱乎，就又要上路了。

只是，英雄人物的靈光一現，從不跟我等凡人趨同。誰能想到蘇軾在如此短的時間裡，還為登州打了個響亮的廣告！下面請欣賞著名美食博主東坡先生力推五星好評水產之〈鰒魚行〉：

漸臺人散長弓射，初啖鰒魚人未識。
西陵衰老繐帳空，肯向北河親饋食。
兩雄一律盜漢家，嗜好亦若肩相差。
食每對之先太息，不因噎嘔緣瘡痂。
中間霸據關梁隔，一枚何啻千金直。
百年南北鮭菜通，往往殘餘飽臧獲。
東隨海舶號倭螺，異方珍寶來更多。
磨沙瀹瀋成大截，剖蚌作脯分餘波。

君不聞蓬萊閣下駝棋島，八月邊風備胡獠。
舶船跋浪黿鼉震，長鑱鏟處崖谷倒。
膳夫善治薦華堂，坐令雕俎生輝光。
肉芝石耳不足數，醋芼魚皮真倚牆。
中都貴人珍此味，糟浥油藏能遠致。
割肥方厭萬錢廚，決眥可醒千日醉。
三韓使者金鼎來，方奩饋送煩輿臺。
遼東太守遠自獻，臨淄掾吏誰為材。
吾生東歸收一斛，包苴未肯鑽華屋。
分送羹材作眼明，卻取細書防老讀。

蘇軾筆下的「鰒魚」，正是我們今天所說的鮑魚。鮑魚屬於腹足綱的軟體動物，對照到本詩作於登州，我們基本上可以確定，蘇軾吃到的正是今天山東長島的名產、號稱「中國鮑魚之王」的皺紋盤鮑[7]。這種鮑魚不但體形大，肉質還肥美嫩滑，堪稱米其林的最愛，鮑魚中的上品。

自從去年結束了流放黃州的生活之後，蘇軾的伙食品質明顯有了很大的提升，先是常州的河豚，現在又是登州的鮑魚。可憐生活在二十一世紀的在下，因為要還房貸的緣故，一個月也就吃得起一次餐廳，日常餐標說不定還趕不上這位千年前的古人。

這首〈鰒魚行〉在內容上大體可以分為三部分：開頭追溯歷史名人吃鮑魚的各自癖好，談論鮑魚有多受人歡迎；之後再談為滿足世人的口腹之欲，蓬萊漁民要冒多大的風險穿越驚濤駭浪；最後寫鮑魚的保存方法，以及自己的種種感想。

鑑於這首詩引用了大量典故，而且都跟鮑魚的食用歷史有關，下面且容我慢慢分解，畢竟，不能省的篇幅我是絕對不省的。首先是開頭四句引出的三位主角：王莽、曹操，還有劉邕。

眾所周知，王莽跟曹操都曾是匡扶社稷的能臣，後來又都成了欺凌漢帝的權奸，是篡漢大業的兩代忠實踐行者。他倆有個共同的愛好，就是吃鮑魚。蘇軾頗帶著點嘲諷的口氣嘆道，看來從古至今，反賊的性情都是差不多的。

據《漢書．王莽傳》記載：「莽軍師外破，大臣內畔，左右亡所信……莽憂懣不能食，亶飲酒，啖鰒魚。」意思就是說，王莽篡位後期，因為全天下到處都在造他的反，從而憂慮過度，食不下嚥，每天就靠喝酒吃鮑魚過日子——也不知道是該同情還是該羨慕。

漸臺本是皇宮太液池中的高臺，也是王莽最後的殞命之所。赤眉軍攻入長安城後到處縱火，王莽躲在漸臺想依靠水勢擋住熊熊烈火，然而最終還是被殺死，死後頭顱還被人砍了下來，成為歷代皇室

---

7 鮑魚所在的腹足綱，通常被稱為「螺類」，所以鮑魚又稱「鮑螺」。蘇軾當年在登州吃到的鮑魚，即俗稱「四孔鮑」的皺紋盤鮑，現在中國已有大規模的養殖，曾經漁民要冒生命危險才能捕到的珍奇美味，已經成了尋常百姓家都可以享受到的平民海鮮。

珍藏的「聖遺物」。

曹操喜歡吃鮑魚的說法則出自曹植的〈求祭先王表〉，這是曹操去世大概三個月以後，身為臨淄侯的曹植向漢獻帝請求允許自己祭祀父王時所上表章：「臣欲祭先王於北河之上，羊、豬、牛臣自能辦，杏者臣縣自有。先王喜食鰒魚，臣前已表得徐州臧霸送鰒魚二百枚，足以供事。」

曹植表示，用於祭祀的豬牛羊，在他自己的封地就能置辦，至於曹操生前特別愛吃的鮑魚，他則特地向徐州刺史臧霸求得兩百枚，已經足夠了。

而「瘡痂」的典故，說的則是南北朝時期南朝宋的南康郡公劉邕。他有個出名的嗜好，愛吃人傷口結的痂，一次他去拜訪好友孟靈休，孟靈休因為之前做了艾灸，所以身上很多被燙過的地方都結痂。結果劉邕見了兩眼放光，把他全身上下的血痂都剝下來吃掉，就這還嫌不過癮，又趴在地上，尋找之前脫落在地的痂。劉邕的封地南康共有官吏兩百餘人，不管有沒有犯錯，劉邕都下令讓他們整天互毆，為的就是能一直吃他們身上新鮮的痂。

為什麼劉邕會有如此變態的癖好？《南史》裡寫得很清楚，這是因為劉邕覺得痂在細嚼慢嚥之下，能品出鮑魚的味道……，相信聽過的人，都會和我一樣滿頭問號。

蘇軾舉出的這三個事例，就是為了證明當時鮑魚的珍貴程度，王莽和曹操萬人之上，才能時常享用到它，而曹植和劉邕縱然位列公侯，想一嘗鮑魚滋味也不是容易的事。這是因為，古代優質鮑魚的產地範圍非常狹小，幾乎只有在山東沿海才能見到，所以到了南北朝時期，退居江南的南朝貴族想要吃到鮑魚，只能依靠商販從北方走私販賣，因為要冒生命危險，故一枚值千金之價。

值得一提的是，蘇軾還提到了宋代鮑魚的一個別稱：「倭螺」。「倭」從漢代開始就被用於稱呼日本國，「東隨海舶號倭螺，異方珍寶來更多」，可見大宋跟日本保持著以鮑魚為商品的貿易往來，雖買賣的鮑魚不一定是同一品種，但至少可以見得鮑魚的美味已然超越國界，為東亞各國人民所認可。

蘇軾、蘇轍兄弟跟日本之間的因緣非常有戲劇性。熙寧五年（一〇七二年），日本高僧成尋為了滿足自己朝聖中國佛教聖地天臺山和五臺山的願望，冒險渡海入宋。蘇軾那時正好在杭州當通判，成尋向杭州府申請的路引文書上，就有蘇軾的親筆簽名。成尋之後來到汴京，得到宋神宗的召見與賞賜，在宋朝一共生活了九年，最終於汴京圓寂。他留下來的〈參天臺五臺山記〉，是知名度僅次於圓仁〈入唐求法巡禮行記〉的中國遊記。而蘇轍有次得了一把日本扇子，還特意作詩留念：「扇從日本來，風非日本風。風非扇中出，問風本何從。風亦不自知，當復問太空。空若是風穴，既自與物同。同物豈空性，是物非風宗。但執日本扇，風來自無窮。」

由此看來，這兄弟倆知道「倭螺」的事情一點不稀奇。

蘇軾讚不絕口的登州鮑魚到底出產在哪裡呢？正是詩中的「駝棋島」，這裡現在已更名為「砣磯島」，在蓬萊區北約二十二公里處，是一座幾乎正好位於渤海海峽最中心的海島，而海的對面又是什麼？是蘇州。不過，這個蘇州並不是現在江蘇的蘇州，而是當時處在遼國統治下的「蘇州」，也就是今天的大連。在宋遼對峙的格局下，山東半島作為宋朝的海上前線，砣磯島再向東北，就將到達遼國境內的遼寧半島，所以宋朝向來在此處布置重兵防衛。按蘇軾的〈登州召還議水軍狀〉描述，每年四月登州的戍軍登陸砣磯島，會一直駐紮到八月才撤回，戍軍總數足有四五千人之多。要知道，在近一千年後的今天，砣磯鎮的常住人口也才剛過一萬，說這裡是宋軍精心構建的海上堡壘也不為過。

然而，除了精神緊繃的軍隊外，彼時出沒在砣磯島上的，還有以捕撈野生鮑魚為生的漁民們。在經歷了殘酷的海上風暴後，他們潛入砣磯島周邊的海底，用鏟子鏟取吸附在礁石上的鮑魚，所用力氣大到幾乎將礁石震倒。他們用「糟浥油藏」的辦法保鮮，將鮑魚輸送到遠方，美味鮑魚在膳桌上熠熠生輝，就連在汴京生活的達官貴人們都對這等奇珍念念不忘。

除了「鰒魚」外，鮑魚還有「石決明」的別稱。據《東京夢華錄》記載，汴京城內有一種叫「決明兜子」的小吃。兜子到底是個什麼東西，歷來爭執不休，很多人為了省麻煩，就簡單地將其列為包子的一種，其實跟事實並不相符。按元代《居家必用事類全集》的記載，兜子用豆腐皮或粉皮包餡，跟用麵皮包的普通包子有很大差別。而「兜」本來是頭盔的代名詞，這種小吃上面開口，底部半圍，看上去就像是倒著的頭盔，叫兜子倒是恰如其分，不過感覺倒是有點像燒賣。

鮑魚並非尋常百姓能輕易吃到的，蘇軾筆下「中都貴人珍此味」便是印證。石決明變身小吃乍一看有點費尋思，難不成是達官貴人把做菜剩下的邊角料賣給市集上的店鋪？這就沒人知道真相了。但我還是在元代《居家必用事類全集》中找到一點線索。元代普通家庭會製作一種名為「假鰒魚羹」的替代品，以彌補吃不起真鰒魚的遺憾：「田螺大者煮熟。去腸靨切為片。以蝦汁或肉汁米熬之。臨供更入薑絲熟筍為佳。蘑菇汁尤妙。」

來翻譯一下，就是選用較大的田螺，把腸子之類的內臟去掉之後切片，配上蝦汁提鮮熬煮，熟了之後配上薑絲熟筍，如果能用蘑菇汁熬煮，味道尤其絕妙。

田螺對百姓來說，花上一天半天親自下田摸取足矣。只不過，用這個方法真的能做出鮑魚的味道嗎？我自己沒有這樣嘗試過，但恐怕也只是聊勝於無。至於石決明，做法也並不繁雜：「洗淨煮軟切去裙襴片兒薄批。冷水氷浸之。」製作海鮮，向來最常見的辦法就是清蒸加上一些蔥薑醋之類的佐料，就能去腥並激發食物原有的鮮味。拿鮑魚熬羹也是非常傳統的做法，就真是應了那句：「高級的食材，往往只需要採用最樸素的烹飪方式。」

講到這裡，就必須要提到一樁公案：秦始皇之死。

按照《史記》的說法，趙高和李斯密謀篡改遺詔，在始皇帝死後祕不發喪。為了掩蓋皇帝車駕不斷散發的屍臭味，他們命令「車載一石鮑魚，以亂其臭」，用鮑魚的味道蓋住屍體腐爛的氣味。然而，秦始皇駕崩的沙丘位於今天河北邢臺廣宗境內，以古代的交通條件，能在當地迅速徵集到這麼多鮑魚嗎？明顯是不可能的。所以，這裡的鮑魚應當是另有所指。

根據漢《釋名．釋飲食》：「鮑魚，鮑，腐也，埋藏奄（醃）使腐臭也。」原來我們吃的醃鹹魚在古代也被稱作「鮑魚」。用鹽醃製食物的方法相當普及，我們至今仍然在吃的鹹肉鹹鴨蛋，早在周朝就上了中國人的餐桌。如此一來，便能解釋趙高他們的行為，在沙丘徵集大量鹹魚應該不算太費工夫，畢竟老百姓差不多家家都有。

總之，今天的鹹魚是古代的鮑魚，今天的鮑魚是古代的鰒魚，而馬王堆漢墓出土的隨葬物清單「遣策」中記錄了很多「鮑魚」菜品，如「鹿肉鮑魚筍白羹一鼎」、「鮮禺鮑白羹一鼎」。馬王堆位於湖南，屬於漢長沙國，在那裡要吃到現代意義上的鮑魚幾乎是不可能，所以，這兩道羹湯裡提到的「鮑」，只不過是用淡水魚製成的鹹魚。《孔子家語》中所謂「久居蘭室不聞其香，久居鮑市不聞其臭」中的「鮑市」，指的其實就是鹹魚專賣店。

跟我們一衣帶水的鄰邦日本及朝鮮半島同樣是鮑魚的產區，我之前提到的「鮓」就被日本人用來處理鮑魚。對於日本皇室而言，「鰒鮓」一向是珍貴的貢品。而朝鮮的李氏王朝也一樣將鮑魚列入御膳中。明朝太監劉若愚曾將自己在宮中數十年的見聞撰寫成《酌中志》一書，他提到天啟皇帝明熹宗朱由校最愛吃一道名為「三事」的大雜燴菜：「又海參、鰒魚、鯊魚筋、肥雞、豬蹄筋共燴一處，名曰『三事』，恆喜用焉。」

將這麼多極鮮的食材混合在一起，這道「燴三事」感覺有點像福建的名菜「佛跳牆」。看來，天啟皇帝應該非常喜歡膠質食物那種軟糯的口感，只不過，這種「大補」的食物偶爾一吃還算營養豐富，但如果當成飯吃，肯定不利於健康，也難怪天啟皇帝在二十三歲那年便一命嗚呼。

最後，我們再來討論一下被蘇軾鄙視，說它們的味道遠不如新鮮鮑魚的肉芝、石耳以及醋芼、魚皮。肉芝應該不用我解釋了，就是肉靈芝，一種黏菌複合體，不好吃但是很貴，在民間被稱為「太歲」，「敢在太歲頭上動土」的那個太歲。而石耳這種菌類，跟我們今天家常菜裡的木耳、銀耳不同，大多生長在懸崖峭壁的陰溼泥縫裡，黃庭堅曾作〈答永新宗令寄石耳〉，提到「吾聞石耳之生常在蒼崖之絕壁，苔衣石腴風日炙」。不過在具體吃法上，石耳跟木耳做法比較相近，要麼用來炒菜，要麼跟雞或瘦肉放在一起煨湯，具體口感跟黑木耳差不多，但是更脆更有嚼勁。

「醋芼」應該是指某種酸菜，蘇軾沒有說具體是用什麼蔬菜做的；雖然蘇軾也沒有具體說明「魚皮」所指，但我卻在他的前輩梅堯臣的〈答持國遺魦魚皮膾〉一詩中發現了線索：「海魚沙玉皮，翦膾金齏釅。遠持享佳賓，豈用飾寶劍。予貧食幾稀，君愛則已泛。終當飯葵藿，此味不為欠。」

梅堯臣視作珍味的魚皮，實際上是鯊魚皮。如此看來，蘇軾提到的估計同樣是鯊魚皮。它跟鮑魚都屬於海產，被拿來比較也在情理之中。有意思之處在於，從梅堯臣的詩來看，鯊魚皮在宋朝也可以蘸「金齏」來吃，考慮到下海捕撈的困難程度，這種鯊魚皮恐怕比松江鱸魚還要珍貴許多。

當年十月的最後一天，蘇軾登臨蓬萊閣，不過，並不是為了眺望產鮑魚的駝棋島，而是為了觀賞難得出現的海市蜃樓。登州「海市」的異像在宋朝鼎鼎大名，蘇軾本以為自己在登州做官期間怎麼也能看到一回，沒想到前後只在任了五天就要離開，而當地父老鄉親又說海市多在春夏之季出現，現在都深秋了，估計不會再有。儘管如此，蘇軾依然選擇抓住最後的機會，去海神廣德王廟裡祈願，沒想到，第二天海市蜃樓真的出現了：

東方雲海空復空，群仙出沒空明中。
蕩搖浮世生萬象，豈有貝闕藏珠宮。
心知所見皆幻影，敢以耳目煩神工。
歲寒水冷天地閉，為我起蟄鞭魚龍。
重樓翠阜出霜曉，異事驚倒百歲翁。

人間所得容力取，世外無物誰為雄。
率然有請不我拒，信我人厄非天窮。
潮陽太守南遷歸，喜見石廩堆祝融。
自言正直動山鬼，豈知造物哀龍鍾。
伸眉一笑豈易得，神之報汝亦已豐。
斜陽萬里孤鳥沒，但見碧海磨青銅。
新詩綺語亦安用，相與變滅隨東風。
（〈登州海市〉）

詩中的潮陽太守，指的是唐代的韓愈，當初，這個跟蘇軾同一個星座的著名謫官，由於反對唐憲宗耗費民力迎佛骨，被貶到廣東潮州。後來遇到大赦，北歸途經衡山之時，正值秋雨季節，沒想到韓愈誠心祈禱後，竟然雲開霧散。

蘇軾與韓愈都是不幸的，但命運卻願意補償他們一點慰藉，韓愈「仰見突兀撐青空」，蘇軾也在離開登州前，圓了最後一個心願。

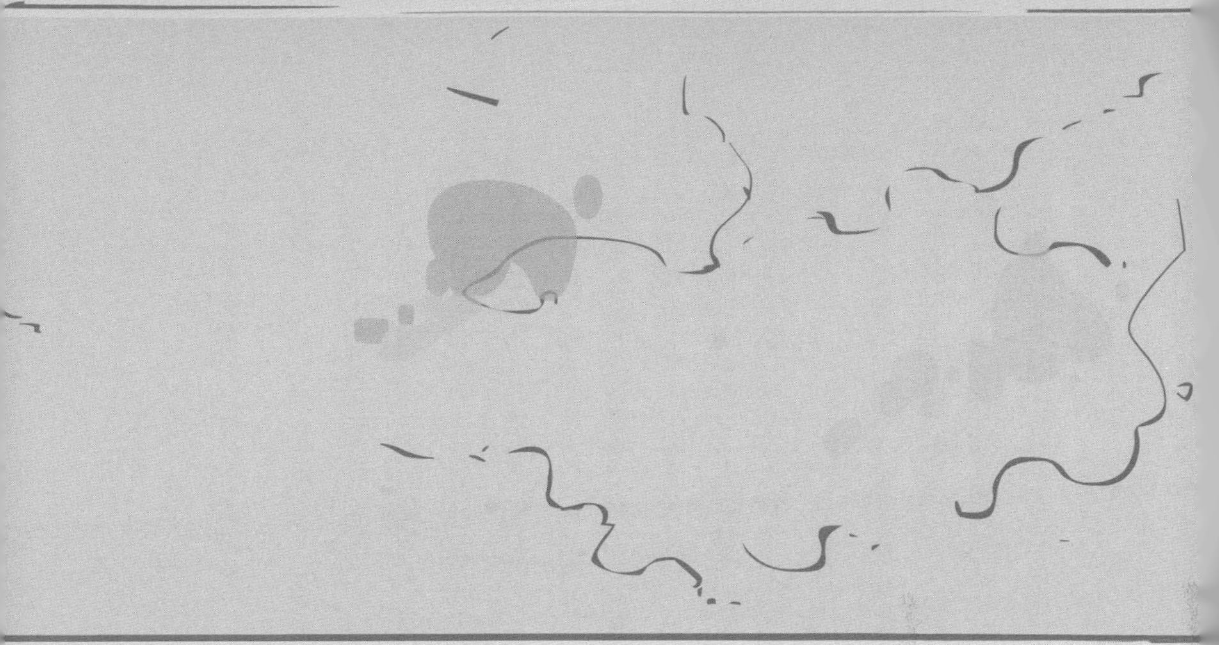

第八章　人生如逆旅

雖然蘇軾被召回了汴梁，度過生命中難得的一段安逸時光，但他卻又在不經意之間，得罪了矯枉過正的舊黨，隨著司馬光和高太后相繼離世，蘇軾不得不再度踏上他的外放及尋味之路。

一、惹不起的汴京，也躲不起

元豐八年（一〇八五年）十二月，闊別汴京將近五年的蘇軾又踏進京師，那個曾經被趕出朝堂的人，即將登上他政治生涯的頂點。

在太皇太后和司馬光的關照下，蘇軾剛在禮部掛了一個多星期的職，就被陞遷為起居舍人。這六品官才當了兩個月，又被免試任命為四品的中書舍人。第二年（元祐元年）九月，他又升職為三品的翰林學士知制誥。在當時人們心目中，通常被授予這一職位，就是進了副宰相的人選後備隊。

人生不可預料，不到一年的時間，一個卑微到了極點的謫官，就像坐了火箭一般一飛衝天。之後，他又兼任了經筵侍讀，收了一個學生。這個學生是當時的皇帝。

這一任命，當然是高太皇太后一手安排的。身為宋神宗的生母，高太皇太后並不滿意兒子一味推行新法，但她卻了解兒子對蘇軾的態度，也一樣欣賞蘇軾的才華。《宋史》中記載了一個故事，有一天晚上蘇軾在宮中值宿，高太皇太后特地召他來到便殿談話，大致內容如下：

高：愛卿你前年這時候做的什麼官呢？

蘇：是黃州團練副使。

高：那現在呢？

蘇：是待罪翰林學士。

高：陞遷這麼快的原因你知道嗎？

蘇：這都是太皇太后跟皇上的恩德。

高：不是這樣的。

蘇：那是因為朝中大臣的舉薦嗎？

高：也不是。

蘇：臣雖然無狀，但其他搞小動作陞官的事情真的從沒做過啊！

高：重用你是先帝神宗的遺志啊。先帝在時每次讀你的文章，都會感嘆說這是奇才，只可惜時不我待。

聽完這番話，蘇軾失聲痛哭，高太皇太后以及她身邊年幼的宋哲宗也垂淚不已。

說到底，高太皇太后對蘇軾的感情，可能來自遺憾。想當初，她跟神宗為了新法的事情產生諸多矛盾，她指望時間會彌補一切，但誰能想到兒子會英年早逝呢？既然如此，重新重用蘇軾，也算是在某種程度上，圓了她兒子未曾實現的願望吧。

有了政治靠山高太皇太后的庇護，蘇軾過了一段安靜的日子。這段時間，他的工作重點之一就成了陪伴哲宗讀書。《宋史》還有這樣一段記錄：「每進讀至治亂興衰、邪正得失之際，未嘗不反覆開導，覬有所啟悟。哲宗雖恭默不言，輒首肯之。嘗讀祖宗《寶訓》，因及時事。軾歷言：『今賞罰不明，善惡無所勸沮；又黃河勢方北流，而強之使東；夏人入鎮戎，殺掠數萬人，帥臣不以聞。每事如此，恐浸成衰亂之漸。』」

每次講課，蘇軾都很是慷慨激昂。但有意思的是，蘇軾對高太皇太后執政下的大宋時局很是不滿，也曾屢屢毫不隱諱地向小皇帝表達自己對國家未來的擔憂。也許，正是在蘇軾的嘮叨聲中，年幼的哲宗心裡埋下了未來親政後要改弦易轍的心思。

雖然蘇軾獲得了飛速陞遷，對工作的態度也很熱忱，但很快他又在自己最不擅長的官場人際方面犯了迷糊。即便以尋常人的視角來看，誰都知道司馬光他們這麼熱心地把蘇軾調回京城，當然是希望他堅定地站在舊黨一方，把王安石以及新黨相關的改革措施統統廢止。投桃報李，認清現實，這是身為政治家的基本操守吧？

其實，之前在泗州上書時，蘇軾還表達過對新黨政策的諸多不滿。新黨一直積極結好東方的高麗國，希望將來北伐之時，高麗能感念大宋的恩德，配合一同出兵。可是蘇軾在泗州了解到的情況卻是，高麗人會把大宋賞賜的珍寶，一轉手送一大半給遼國。

> 又見淮東提舉黃實言：「見奉使高麗人言：所致贈作有假金銀錠，夷人皆坼壞，使露胎素，使者甚不樂。夷云：非敢慢也，恐北虜有覘者以為真爾。」由此觀之，高麗所得吾賜物，北虜皆分之矣。而或者不察，謂北虜不知高麗朝我，或以為異時可使牽制北虜，豈不誤哉！
>
> （《東坡志林》）

你看看你們新黨的外交是多麼的失敗，簡直留下千古笑柄。可剛回到汴京，蘇軾居然一視同仁地對自己的友軍下手了：什麼？你們要盡廢新法？怎麼可以呢？大家都有缺點的嘛！我覺得你們堅持的祖宗之法也不怎麼樣！

說實話，就算有些事情明明會有轉圜的餘地，被你這麼一搞也沒有了。這並不是我開玩笑啊，司馬光想廢除王安石當年設立的免役法重新恢復差役法時，蘇軾就大談了半天「差役、免役，各有利害」，只能說是太過鋼鐵直男了，人家跟你談這事，就是想讓你表明態度，又不是真的要聽你的意見。而且蘇軾在反對的同時，自己又拿不出什麼兩全其美的好辦法，他這麼做，除了得罪人之外，基本上不存在實際意義。

蘇軾在新黨、舊黨之間搖擺不定，還表現在其他許多地方。司馬光跟知樞密院事章惇兩人不和，到了「冰炭不相入」的地步。章惇反對盡廢新法，時常出言譏諷司馬光，稱他為沒用的「村夫子」，挫磨他的自尊，搞得老先生苦不堪言。

但這兩人都是蘇軾的老相識，在他的勸說下，章惇決定放司馬光一馬。蘇軾確實認識到舊黨一家獨大也並未讓朝廷從分裂走向統合的事實，可他並沒有想到，此時與自己把酒言歡的章惇，會成為自己未來最強大的敵人。

其實，除了之前提到的曾鞏，章惇跟蘇軾也是同年的進士。之後兩人還同在陝西任職，相交頗深。雖然章惇參與了熙寧變法，但那時的他並不在汴京做官，而是在湖南湖北任察訪使，基本上沒有參與中央決策的機會，更沒有參與對蘇軾的迫害，所以，蘇軾在討厭新黨的同時，一直能和章惇保持相當不錯的關係。

《石林詩話》等筆記記載，烏臺詩案時多虧章惇為蘇軾極力辯護，這才使得蘇軾獲得輕判。這些記錄看上去有些小說家之語，但蘇軾本人的文章總不會出錯。我們之前提過，初到黃州的蘇軾斷絕了大部分書信往來，他感嘆自從蒙難以後，朋友中唯獨章惇不懼被牽連，寫信慰問。等到他走出了自閉，首先回信給弟弟，之後便作了〈與章子厚參政書〉，之前形容黃州的「魚稻薪炭頗賤」，就是出於這封信。

這之後，他們倆成了好筆友，蘇軾時不時便寫信給章惇，向他訴說在黃州的生活情景：

> 某啟：僕居東坡，作陂種稻。有田五十畝，身耕妻蠶，聊以卒歲。昨日一牛病幾死，牛醫不識其狀，而老妻識之，曰：「此牛發豆斑瘡也，法當以青蒿粥啖之。」用其言而效。勿謂僕謫居之後，一向便作村舍翁，老妻猶解接黑牡丹也。言此發公千里一笑。

——我在東坡開了五十畝地，昨天我家的一頭牛病得差點死了，獸醫都不知道該怎麼辦，還好我老婆認得這是豆斑瘡，用青蒿粥救了這牛一命，簡單說到這事博子厚你一笑。

當得知蘇軾在常州買地，計劃隱居於此，章惇還寫詩相贈：「君方陽羨卜新居，我亦吳門葺舊廬。身外浮雲輕土苴，眼前陳跡付籧篨。澗聲山色蒼雲上，花影溪光罨畫餘。他日扁舟約來往，共將詩酒狎樵漁。」——子瞻你在宜興選好風水寶地，我也準備修葺一下在吳地的舊屋子，等到退休之後，咱們倆就相約泛舟湖上，一起寫寫詩，品品酒，釣釣魚，這種日子多逍遙啊。

元豐年間蘇軾跟章惇之間的友情令人感動。可是，這次在汴京，章惇跟蘇軾卻徹底反目成仇。事情的起因，跟蘇軾站中立的「役法之爭」有關。

蘇軾是司馬光的故舊，雖然他對盡廢新法頗有微詞，但還不至於遭到太多攻擊。而身為新黨黨人的章惇遭遇可就不同了，舊黨大臣「交章擊之」，使得章惇被趕出朝廷，黜知汝州。其中攻擊最得力者，正是蘇軾的弟弟蘇轍。

而蘇軾對章惇的離開，表現得多少有些淡漠，相較於蘇軾被貶黃州時章惇的溫切關心，的確是高下立判。

這還沒完，雖然蘇軾沒有直接參與攻擊章惇的行動，但基於自己的立場，他還是寫了一份名為〈繳詞頭奏狀六首．沈起〉的投名狀，呼應對新黨的整肅活動。就是在這篇文章裡，蘇軾引用了當年章惇出兵五溪蠻的案例，稱新黨的窮兵黷武讓越來越多想倚仗軍功成名的投機者進入朝廷。

事已至此，哪怕蘇軾真的是無心誤傷了章惇，恐怕也是洗不清。幾十年的友情，最終還是因為政治鬥爭而無情破碎，蘇軾跟章惇之間的交往也到此為止。或許，此時的章惇深深後悔自己當年的熱忱之心餵了狗，怎麼就攤上了蘇軾蘇轍這對白眼狼兄弟？

這仇，遲早得報！章惇的怨憤，會在數年之後化作一團火焰，險些將蘇軾燒成灰燼。當然，這都是後話了。

二、這個四川人有點甜

汴京城內暗潮湧動，蘇軾已然身處新舊黨爭的漩渦之中，不過，對於蘇軾而言，待在汴京最少可以滿足口腹之欲。

一國之都向來是各地菜系薈萃之所，蘇軾有機會在這裡品嘗到來自四川老家的風味，不必再像在黃州一樣，想吃野豌豆還得千里求種。據《東京夢華錄》記載，當時的汴京「更有川飯店，則有插肉麵、大燠麵、大小抹肉、淘煎燠肉、雜煎事件、生熟燒飯」，下班以後蘇軾不用走太遠，就可以「尋味四川」。

現在四川人的口味，簡單總結一下就是「麻辣鮮香」、「無辣不歡」，最好的佐證，便是今日四川重慶一帶不少醫院裡大腸直腸科都引領全中國，畢竟有需求才有精進的動力啊。

然而，明朝末年辣椒[1]才經過歐洲人的轉手傳入中國，此前四川人壓根兒接觸不到辣椒。既然如此，宋代四川人蘇軾尋味，尋的會是什麼？首先能確定一點，這味道中間必然有甜。

之前我們說過蘇軾在黃州釀蜂蜜酒，蘇軾這人愛吃甜在當時是出了名的。陸游在《老學庵筆記》裡寫過一則故事：「豆腐、麵筋、牛乳之類，皆漬蜜食之。客多不能下箸，惟東坡性亦酷嗜蜜，能與之共飽。」

別人看到滿桌子澆上蜂蜜的菜，都很難下筷子，可蘇軾偏偏吃得起勁。可能是因為自幼在四川就習慣往食物裡加蜜，他還為其他地方人吃不慣甜而感到吃驚，可見那時候以蘇軾為代表的四川人對甜的接受度，跟今天對辣的忍耐力相比也是不遑多讓。

四川人愛吃甜食從漢末兩晉時期就有各種記錄。魏文帝曹丕曾寫過：「新城孟太守道，蜀豬豚雞鶩味皆淡，故蜀人作食，喜著飴蜜」，意思是說，四川人做飯嫌棄豬肉雞肉的味道太淡的時候，都會往裡面加入蜜糖。

幾十年後，西晉文人左思在他寫的〈蜀都賦〉一文中，也提到當時成都之東「丹沙赩熾出其坂，蜜房郁毓被其阜」，意思就是說，在當地硃砂和蜂蜜被視為最具代表性的兩種特產。

甜味，除了來源於蜂蜜外，還可以靠加工甘蔗[2]得到。四川種植甘蔗的歷史悠久，〈蜀都賦〉中即有「其園則有蒟蒻茱萸，瓜疇芋區。甘蔗辛薑，陽藟陰敷」這樣的描寫；到了唐代，蘇敬在《新修本草》裡第一次加入「砂糖」一條，並寫明出自「蜀地、西戎、江東」，這種紫色的砂糖就是用甘蔗汁煎製而成；而在敦煌出土的《食療本草》殘卷中，也提到了「石蜜，自蜀中、波斯來者良，東吳亦有，不及兩處者……」。所謂的「石蜜」是用甘蔗汁和牛奶混合煎製出來的。

---

1 現在的辣椒最早馴化於墨西哥東南部的提瓦坎谷地，與玉米、南瓜和菜豆一樣，是美洲印第安人種植的農作物之一。十六世紀，中美洲的阿茲特克帝國被西班牙人征服後，辣椒經由征服者之手傳播到了世界各地，大約在十七世紀初傳入中國，在傳播過程中迅速取代了茱萸、水蓼等中國傳統辣味作物的地位。

2 甘蔗原產地在新幾內亞或印度半島，西周時傳入中國南方，在先秦時期被稱為「柘」，屈原〈招魂〉中即有「胹鱉炮羔，有柘漿些」的描述，說明戰國時期的楚國，甘蔗汁已經成為備受歡迎的飲品。漢代以後「柘」被同音的「蔗」字取代，種植範圍擴大至中原地區，魏文帝曹丕曾在宮中「以蔗代劍」，與將領鄧展比試劍技。

唐代從印度引入了新的制砂糖法後，四川人從甘蔗中取糖的技術水準進一步提升。唐宋時期四川糖霜，也就是砂糖的成品品質堪稱全國第一，即便放眼世界，也僅略遜於印度和波斯。蘇軾跟黃庭堅兩人都有詩文歌詠四川糖霜的味道甜美：「冰盤薦琥珀，何似糖霜美。」（蘇軾）；「遠寄蔗霜知有味，勝於崔浩水精鹽。」（黃庭堅）。

宋徽宗在位時期，朝廷要求四川遂寧「歲進糖霜數千斤」，而在南宋年間，蜀人王灼還撰寫了中國第一部介紹甘蔗製糖法的專著《糖霜譜》，這意味著在宋代四川人的烹飪中，甜味占據著難以取代的江湖地位。

不過，雖然辣椒尚未出現，但這並不妨礙四川人對「辛」的追求，左思就把「甘蔗辛薑」並列。辛香是古代川菜中與甜味並重的部分，在當時，花椒、薑和茱萸都是中國常用來調製辛味的食材，尤其是陝西出產的花椒，被稱作「秦椒」，品質上乘。四川向北到漢中後即可進入關中，優質的花椒隨蜀道源源不斷地流入，而四川本地的「天椒」從晉代開始也已頗負盛名。

那今日的川人口味，又是怎麼變得「無辣不歡」的呢？這背後，是一連串遙遠且悲涼的故事。

甘蔗種植，是一種勞動密集型產業，往往需要大量的勞動力。比如地理大發現後，加勒比海群島被歐洲人殖民，因為當地氣候條件適宜，殖民者建造了大量的甘蔗種植園，以滿足歐洲本土的蔗糖需求。但是，由於當地印第安人數量銳減，被流放來的罪犯遠不夠用，甘蔗種植園的生產一度難以為繼。最後，殖民者想到了主意，他們開啟罪惡滔天的「三角貿易」，從非洲引進大量黑人奴隸，才滿足了加勒比甘蔗種植園的生產之需。

而唐宋時期四川地區之所以能支撐起甘蔗的大規模種植，最主要的原因就是地理上相對隔絕的天府之國，肥沃的土地加上優秀的水利工程，養活了四川盆地大量的人口，到南宋後期，四川人口一度增長至近千萬。然而在宋末的戰亂中，元軍兩度攻陷成都，進行了大屠殺，導致「城中骸骨一百四十萬，城外者不計」，這是四川人口銳減的開端，之後有明一代四川人口都不曾超過六百萬，無法再達到宋代四川的最高水準。人力日益短缺使得蔗糖種植遭到了不小的打擊，廣東取代了四川，成為當時最重要的蔗糖產地。

然而，這次打擊還不是最致命的。十七世紀明代末年，農民軍中以殘虐著稱的張獻忠在四川建立了地方政權「大西」。在大勢已去後，張獻忠在川中施加了諸多暴行。在四川倒向南明後，南明又在四川與清廷軍隊戰鬥了十三年之久。經過張獻忠部和清軍輪番的屠殺和蹂躪，到了康熙年間戰亂結束，四川大部分地區人口已經「百不餘一」，曾經繁華的成都城十室九空，倖存者只有「一萬八千零九十丁」，整個四川方圓千里內的人加起來，還不如其他省一個縣的多。據說那時因為活人太少，就連老虎都敢衝上街頭襲擊官員。

作為經濟破壞最為嚴重的地區之一，戰亂中巨量的人口損失，導致了更嚴重的人力短缺問題，大規模的甘蔗種植無法繼續，食糖產業遭受到致命的衝擊，一度完全中斷。

而後面的事情，相信大家都很熟悉了，就是所謂的「湖廣填四川」。在清政府的鼓勵下，來自全國各地的移民擁入四川，他們在這塊古老之地開墾田地，安家落戶。移民們辛勤勞作，加之馬鈴薯、番薯、玉米等外來高產作物的引入，在不到一百年的時間內，四川的人口迅猛地增長到兩千多萬，古老的巴蜀大地再度煥發活力。

然而，蜀地古老的蔗糖產業卻並沒有得到復興。

到了清代中期，四川一躍成為全國最大的糧食產區之一。但與此同時，人多地少的矛盾也不斷被激化。比起其他作物，種植甘蔗消耗的土壤肥力更多，而土地是有限的，那些在生存線上徘徊的人，自然不可能因為甘蔗而放棄種莊稼。而蔗糖的加工失去了本地原料供應，更是一蹶不振。

而長久的戰火，消滅的不僅是人口，還幾乎終結了自秦漢延續至宋代的四川社會，一舉切斷了民間文化和習性的傳承，這其中就包括人的口味。清代以後，自唐宋時期流傳下來的甜口名菜大多已消失不見，而在新四川人的食譜中，蔗糖所占的分量也大大下降，今天的我們，只能在紅糖糍粑、糖油果子、冰粉之類的四川小吃中，略略感受那被遺忘的巴蜀老川味。

與馬鈴薯、番薯、玉米等高產作物一起相繼登陸亞洲的，還有一種來自南美洲的茄科植物也搭上了前往中國的順風車，那就是辣椒。

現在看來，清代辣椒的傳播幾乎是「病毒式」的，它沿著絲綢之路和東南沿海雙管齊下，將它的勢力擴散至東方大地的每一寸土地：在西北，辣椒先後征服了新疆、甘肅、青海，最終直插古中國的心臟——陝西，直到今天，很多西北人還配著油潑辣子下飯；在朝鮮—東北一線，它們長驅直入，讓半島人民得以終日同辣白菜相伴；在廣西，它們搶灘登陸，北上雲貴，南下越南，最終將當地各民族改造得嗜辣如命，在家家戶戶的飯桌上染上了自己的色彩。

雖然在廣東、福建、浙江、江蘇、山東這幾個經濟較為發達的沿海省分出師不利，辣沒能成為當地口味的主流，但辣椒卻機智得很，一方面自我改造降低辣度，化身為青椒之類的配菜，在當地人的飲食中占據了一席之地；一方面突破敵人的封鎖線，沿著長江逆流而上，先後將大旗插向江西、湖北、湖南的廣闊土地。

最終，辣椒到達了它們的應許之地——四川。到了乾隆年間，「海椒」的身影終於出現在四川文人的筆下。然而，它們的擴張之路卻碰了釘子，即便不再嗜甜，當時的四川人也未必會對辣椒的辣特別感興趣。

這是因為，即使不吃甜了，四川人還可以吃鹹，雖然地處內陸，但四川卻有中國境內最豐富的井鹽資源。清代以後，隨著井鹽開採技術的日益完備，四川食鹽產量大幅增加，鹽礦遍布全川四十多個州縣，自貢更是被人譽為「鹽都」。在「百味之王」食鹽穩坐江山的局面下，小小的辣椒自然掀不起什麼風浪。

然而，十九世紀下半葉爆發的太平天國運動卻打破這一局面。太平軍控制了長江下游，兩淮地區至湖廣運道阻塞，傳統的淮鹽再難進入內地。為了保證湖北湖南等地的食鹽供應，清廷下令以「川鹽濟楚」，保守估計，在近二十年的時間內，每年四川要向兩湖地區輸出超過一億斤的食鹽。

一夜之間市場需求突發增長，四川本地原本充裕的食鹽突然供不應求，價格瘋漲，普通人家很難再用白菜價買食鹽。已然習慣了重口味的四川人不得不尋找調味替代品，權衡再三後，他們盯上了辣椒。

為了生活，跟兩湖的老表們一樣，四川人逐漸接受了辣椒，並用辣椒取代鹽，將其引入當地的菜餚，川人的口味很快從偏鹹變成偏辣。同時，辣椒還跟古老的花椒組成了麻辣組合，它們在擴張中無往不利，成功改變了當地大部分人的味蕾，也奠定今日川菜主流的口味。

過去人們曾以為，川菜的辣是由四川盆地溼熱陰冷的地理氣候條件決定的，這種說法其實站不住腳。從古至今，四川的環境改變不大，但川人的口味卻經歷了從甜到鹹再到辣的巨大變化，而世界之大，冬季嚴寒潮溼的地方比比皆是，當地人也並非都喜歡吃辣。相反，很多高原乾燥地區的居民，卻對辣愛到了骨子裡。川味的變化，背後的原因是不同時期的社會背景，以及當時蔗糖、食鹽和辣椒的供給水準。

我見過很多人，他們身上有一種迷之自信，作為「屯裡土生土長的人」，他們堅信沒有人比自己更懂地方文化，在他們的眼裡，各地諸如方言、習俗、口味之類所謂的文化符號，總是亙古不變的，因此他們的創作中，經常會鬧出一些笑話，比如在漢代農戶家門口掛一串玉米一串辣椒，比如讓唐代的皇帝說陝西話，再比如讓宋代的蘇東坡酷愛吃辣……。

我常常在想，如果蘇軾能來到現代，嘗到今天的川菜，會是怎樣的心態？綜觀蘇軾所有關於美食的詩文，對於辛辣，他沒有表現出特殊的偏好，吃過最刺激的東西，也不過是花椒和蓼芽。喜歡吃甜食的他，走在眉州或成都的街頭，面對這滄海桑田般的變化，會不會感到有些無所適從，從而發出「哀吾生之須臾，羨長江之無窮」、「人生如逆旅，我亦是行人」之類的感嘆？

鄉音會消失，口味會改變，故鄉或許回不去，但山川仍在，風流仍在，故鄉的烙印會永遠留在每個遊子心裡。對於蜀人蘇軾而言，是蜜還是辛，不過一碟砂糖，或一碟花椒，故鄉的味道，其實並沒有那麼遙遠。

三、去杭州當個好官才是正經事

在汴京的幾年，雖然與弟弟蘇轍、好友黃庭堅等人時常相聚，但蘇軾的大部分精力都放在教天子讀書，以及新舊黨就改革事宜的不斷拉扯之中。

元祐元年（一〇八六年）十月十一日，司馬光病逝。而在五個月前，王安石已撒手人寰。新舊兩黨的代表人物就像約好了一樣，抽身而退。

大柱崩塌，隨之而來的就是更可怕的小團體聯盟，舊黨分化為蜀黨、洛黨、朔黨。雖然沒做什麼，但蘇軾還是被認作蜀黨的領袖，因而遭到政敵的集中攻擊。所幸，掌握實權的太皇太后一直是蘇軾的保護傘，在她的保護下，蘇軾在源源不斷的彈劾奏書中逃得性命。

走吧，還是走吧。到了元祐四年（一〇八九年），蘇軾實在待不住了，他生怕自己再一次被捲入政治漩渦，自請外調，第二次來到了杭州。上次來時他還是通判，這次卻是知州。

蘇軾在各地做地方官時的政績都值得稱道，這次在杭州，他組織二十萬人工，進行了一場足以載入史冊的大工程：疏濬西湖。

杭州靠近大海，當地的泉水又鹹又苦，居民也少得可憐，直到唐德宗時，杭州刺史李泌，也就是《長安十二時辰》裡面那位能人，引西湖水造了六口井，才保證了百姓的用水；大詩人白居易到任杭州後，又疏通西湖，將水引入運河，再以運河灌溉一千多頃田地，從此，當地百姓才過上好日子。

然而，自從吳越國歸宋後，杭州的歷任官員都不是很重視西湖的疏濬，西湖不斷乾涸，灌溉功能也逐漸消失。十多年前蘇軾在杭州當通判的時候，西湖淤積了十分之二三，等到他回來當知州，已經「堙塞其半」，再二十年不清理，這湖怕是就沒了，取而代之的將是一片爛地。

西湖消失可不是小事，會嚴重威脅到本地的農業生產。元祐五年（一〇九〇年）四月二十九日，為了拯救西湖，蘇軾寫了一份〈杭州乞度牒開西湖狀〉上奏朝廷，想方設法要來一百道度牒，換來一萬七千貫錢，準備大幹一場。

這裡略微提一下，度牒是證明僧人合法身分的憑證，因為出家人不僅可以不繳稅，還能免除勞役，對於那些考不取功名又想做社會寄生蟲的人，想法子辦一張度牒或許是一個不錯的選擇。因為存在這樣的供需關係，在古代一張度牒的價錢往往高得嚇人。唐朝中後期宦官專權，負責下發度牒的祠部也被宦官染指，可見其利益巨大。

在〈杭州乞度牒開西湖狀〉中，蘇軾向朝廷列舉了諸多條必須疏濬西湖的理由，其中有兩條很是有趣：「下湖數十里間，茭菱穀米，所獲不貲……天下酒稅之盛，未有如杭者也，歲課二十餘萬緡。而水泉之用，仰給於湖。若湖漸淺狹，水不應溝，則當勞人遠取山泉。」其一是說西湖水域菱角之類的水產品十分豐富；其二則是說杭州的酒稅天下第一，而西湖水正是釀酒的重要原料。

杭州的釀酒事業之興盛，可以從北宋晚期的《北山酒經》裡看出端倪。《北山酒經》的作者朱肱，就在杭州西湖邊開辦酒坊，幾年以後，他因為「書東坡詩」的罪名被發配達州。

《北山酒經》裡記錄了數十種在杭州製作酒麴以及釀酒的方法，有菊花酒、葡萄酒、酴醾酒、地黃酒等，其中聽起來最厲害的，是一種名叫「真人變髭髮方」的養生酒：「糯米二斗（淨簸擇，不得令有雜米）、地黃二斗（其地黃先淨洗，候水脈盡，以竹刀切如豆顆大，勃堆疊二斗，不可犯鐵）、母薑四斤（生用。以生布巾揩之，去皮，須見肉，細切秤之）、法麴二斤（若常麴，四斤，搗為末）。右取糯米，以清水淘，令淨，一依常法炊之，良久，即不饙，入地黃、生薑，相重炊，待熟，便置於盆中，熟攪如粥，候冷，即入曲末，置於通油瓷瓶、甕中釀造。密泥頭，更不得動。夏三十日，秋冬四十日，每饑即飲，常服尤妙。」

眾所周知，蘇軾一向注重養生，不然也不會有《蘇沈良方》及《東坡養生集》這類作品傳世。不過，他在杭州的這段時間，究竟有沒有利用這道藥酒進行調理呢？想來也是頗有意思。

而要說菱角[3]這東西，生食可當作水果，煮熟之後，豐富的澱粉含量不輸稻米，且口感帶有更加濃厚的甜味，幾千年來，一直都是江南的親民食材。《南史》中就有記載，南朝宋會稽郡一戶陳姓貧家，全靠三個女兒每天在西湖採菱角維持生計，足見菱角的重要性。

喜好風雅的宋代人吃菱角的方法，跟今天相比顯得格外有特色。《山家清供》裡記載了一道名為「蓮房魚包」的特色菜，簡單來說，就是將魚肉混上酒做成小丸子，然後將蓮蓬裡的蓮子挑出，把魚

---

3 煮熟的菱角軟糯美味，而生食菱角也是清爽可口，但是一定要注意，千萬不能用嘴直接啃食生菱角皮！這是因為菱角表皮上有布氏薑片蟲卵吸附，若不經過高溫處理，蟲卵進入人體後會使人染上薑片蟲病。

肉丸放進蓮蓬的蓮房裡蒸熟。等到吃的時候，就用以菱角、菊花、蓮湯製成的漁父三鮮醬料蘸著吃。

因為運輸問題，新鮮菱角長期都是江南人專屬的浪漫。明代的長州知縣江盈科在《雪濤小說》裡講了一個北方人吃菱角的幽默段子：北人生而不識菱者，仕於南方，席上食菱，並殼入口。或曰：「食菱須去殼。」其人自護其短，曰：「我非不知，並殼者，欲以去熱也。」問者曰：「北土亦有此物否？」答曰：「前山後山，何地不有！」

說一個北方人，在來南方做官之前從未見過菱角，看宴席上的菱角，就直接連殼放嘴裡嚼著吃，被旁邊的人提醒之後，還嘴硬說自己這麼吃是為了清火。更有意思的是，為了假裝高級，表現他對菱角的熟悉，這人誇口道：我們那裡前山後山上都長著這果子。

滑稽歸滑稽，在遙遠的北方，想嘗菱角的滋味倒也不是沒有辦法，用菱粉做成糕點也聊勝於無，只不過無法品嚐到生菱的爽脆。

在數月時間裡，二十萬人夜以繼日不斷努力，最終西湖內蔓生的葑草及積存的雜物被徹底清理乾淨，航道恢復暢通，西湖也重獲生機。

為了避免西湖重被葑草堵塞，蘇軾還動起了小心思，命人在西湖內種植大面積的菱角，利用菱角生長迅速、侵略性強的特點，瘋狂擠占其他水草的生存空間；而一過夏天，又可以收割菱角，拿去換錢，換來的錢繼續用來維護西湖，這樣循環往復堪比永動機，豈不美哉。

現在西湖最著名的景點之一「三潭印月」中的小石塔，據說最早就是蘇軾在疏濬西湖時所立，為的就是劃分西湖水域，只有石塔向外的部分可以種菱角。當時人們還用浚挖的淤泥築起一道長堤，很多年來，這道堤不斷地被加築，直到橫穿西湖。人們在堤上種滿了芙蓉和楊柳，為了感念疏濬西湖的蘇軾，杭州人將其命名為「蘇公堤」。

在蘇軾的治理下，西湖煥然一新。想想如果沒有他的堅持，今天我們來到杭州，恐怕也只能反覆吟誦他筆下的「欲把西湖比西子，淡妝濃抹總相宜」，去臆想當年西湖的美麗。

仔細想想，在杭州知州任上的蘇軾，工作應該還是比較繁忙且賣力的，要不然，在這期間他記錄美食的詩文，便不至於少到可憐。我在《蘇詩全集》中翻來翻去，也就找到了這一首〈南歌子〉：

> 古岸開青葑，新渠走碧流。會看光滿萬家樓。記取他年扶路、入西州。
> 佳節連梅雨，餘生寄葉舟。只將菱角與雞頭。更有月明千頃、一時留。

這裡的雞頭當然不是雞的腦袋，而是指雞頭米。雞頭米又叫作芡實，因為它的外表長得比較抱歉，果實和莖都長滿密密麻麻的刺，乍一看像個雞頭，故而得名。將果實砸開後，再將黑色的種皮剝掉，才能看到正常顏色的雞頭米。

跟菱角不同，雞頭米在南北方都有分布，只不過南方的果實更加飽滿，食用更具風味。雞頭米因為個頭大，口感厚實，常被用來做甜品，比如配上杏仁露，再加點枸杞點綴，堪稱色藝雙絕。而在江南很多地方，芡實糕一直很受大眾歡迎，配上蜂蜜、桂花，香氣四溢，開胃健脾。

有種說法稱，蘇軾每天會乾嚼二三十粒雞頭米以作養生之用，我並沒有找到這故事的出處，但鑑於蘇軾確實提到過這東西，那就提一下吧。

在杭州除了飲食上的花樣，另一驚喜是蘇軾又和故友道潛和尚相會了。道潛搬進西湖邊的智果院繼續修行。元祐五年（一〇九〇年）的寒食節，蘇軾約了一大幫友人前去見道潛，第二天又再去書寫前日道潛所作的寒食詩。能有一位在逆境中始終相伴的朋友，是人不可多得的幸運。

之前被派去出使遼國的蘇轍，在為遼道宗耶律洪基祝完壽以後，也終於回國了，就在蘇軾得到開西湖度牒的同一天，蘇轍被任命為御史中丞。不久以後，蘇軾收到了弟弟寄來的一首詩：「誰將家譜到燕都，識底人人問大蘇。莫把聲名動蠻貊，恐妨他日臥江湖。」

蘇轍之所以這樣寫，是因為他出使遼國時，遼國文人見他便問：「大蘇學士安否？」由此見得，蘇軾的大名真是從嶺南到契丹無人不知。然而，對於這樣的誇讚，蘇軾並不很在乎，他一邊忙著疏濬西湖，一邊還要設安樂坊，搶救遭逢疫病的百姓，這才是他現在的日常。蘇軾知杭州的這段歲月，與其形容為充實和快樂，我更願將其稱為「尋常」，身為地方官，不就該過這樣的日子嗎？

四、天涯淪落人的合作醫書

眾所周知，蘇軾曾鑽研過道教，既然如此，他就不可能獨善其身地走出「煉丹修身」的法門。而自古以來，煉丹之人熟能生巧，變身醫學大師實在不是什麼稀奇事，晉代葛洪不正是如此？蘇軾在杭州，面對突如其來的疫情時，處理得如此得心應手，跟他具備一定的醫學知識應該有一定的關係。他用來對抗杭州疫病的藥方，名為「聖散子」，專治傷寒症，最初還是他從四川老鄉巢谷那裡求來的：

> 其方不知所從出，得之於眉山人巢君谷。谷多學，好方秘，惜此方不傳其子。余苦求得之。謫居黃州，比年時疫，合此藥散之，所活不可勝數。巢初授余，約不傳人，指江水為盟。余竊隘之，乃以傳蘄水人龐君安時。安時以善醫聞於世，又善著書，欲以傳後，故以授之，亦使巢君之名，與此方同不朽也。
>
> （〈聖散子序〉）

早在黃州時，蘇軾就拿這方子救了不少人。不過，巢谷似乎並不希望這方聖散子傳播得太廣，蘇軾指江水為誓才從他手裡得到這份祕藏，但他並沒有選擇保守祕密，一回頭就把藥方傳授給名醫龐安時。

「我之所以這麼做，就是想讓巢谷的大名隨著這藥方一起流傳後世，永垂不朽啊！」至於巢先生會不會原諒他，那就不得而知了。

現在流傳的中醫典籍中，有一部名為《蘇沈良方》，就是蘇軾與沈括兩人文集中各種醫家方劑和理論的合輯本。說起蘇軾和沈括，坊間一直有傳聞，沈括是拿蘇軾詩文興文字獄的罪魁禍首，只是這條記載實屬孤證，真相如何無人知曉。但沈括確實曾因為永樂城之敗而被貶隨州三年，和蘇軾被貶黃州是同時期的事情，後來，他和蘇軾都在哲宗即位後得到寬赦。把二人的醫方合二為一，倒也有幾分道理。

因為一部《夢溪筆談》，後世對沈括在科技上的評價高於對他政治成就的認可：「（括）博學善文，於天文、方志、律曆、音樂、醫藥、卜算無所不通，皆有所論著。」

我第一次知道《蘇沈良方》，全是因為看了《閱微草堂筆記》中紀曉嵐的這段記載：「蔡葛山先生曰，吾校《四庫》書，坐訛字奪俸者數矣。唯一事深得校書力。吾一幼孫，偶吞鐵釘，醫以朴硝等藥，攻之不下，日漸尪弱。後校《蘇沈良方》，見有小兒吞鐵物方，云：『剝新炭皮，研為末，調粥三碗，與小兒食，其鐵自下。』依方試之，果炭屑裹鐵釘而出。乃知雜書亦有用也。此書世無傳本，惟《永樂大典》收其全部。余領書局時，屬王史亭排纂成帙。蘇沈者，蘇東坡、沈存中也。二公皆好講醫藥，宋人集其所論，為此書云。」

按紀曉嵐轉述蔡葛山的話，這位蔡先生是乾隆皇帝修《四庫全書》時候的校對。因為做事不認真，老檢查不出錯字，經常被扣工資。可他說，修四庫這活兒還真曾經幫了他一個大忙。原來，蔡先生的小孫子曾經誤吞鐵釘，怎麼都排不出來，眼看身體一天天衰弱下去。就在這時，老蔡剛好校對到《蘇沈良方》這部書，發現書裡記載小兒吞入鐵物的處理辦法。老蔡按書裡所說把炭皮研成粉末，調成三碗粥讓孫子喝下去，果然很快木炭粉就裹著鐵釘排出來。蔡先生不由得感嘆，原來看雜書也是有用的啊！

如果紀曉嵐所記是事實的話，看來《蘇沈良方》確實能治病救人，而非文人的臆想之辭。不過這書似乎在後世流傳並不廣，清朝修《四庫全書》時只在《永樂大典》裡找到其全本。

現在我們還能見到蘇軾和沈括的醫學智慧結晶，真得感謝上天的恩惠啊。如今的學者對《蘇沈良方》中的每一條都進行細緻的考證，大概理清了它們分別屬於蘇方還是沈方，兩者占比約為一比三，我們現在著重看被辨識為蘇軾所作的那部分。

大家都知道，吃貨易發腸胃問題。《蘇沈良方》中收錄有蘇軾文章中的治下瀉各方。而且，這些藥方大多經過蘇軾的伯樂歐陽修、文彥博等人親自試驗，療效基本上是沒有問題：

歐陽文忠公常得暴下，國醫不能愈，夫人云：「市人有此藥，三文一貼甚效。」公曰：「吾輩其方，久之乃肯傳。但用車前子一味為末，米飲下二錢匕。云此藥利水道而不動氣，水道利則清濁分，而谷藏自止矣。」

（〈暴下方〉）

肉荳蔻刳作甕子，入通明乳香少許，復以末塞之，不盡即用麵和少許，裹荳蔻煨熟。

（〈治瀉痢方〉）

以生薑和皮，切碎如粟米。用一大盞並草茶，相對煎服……文潞公得此疾，百藥不效，而予傳此方而愈。

（〈茶方〉）

看來相比於蘇軾，歐陽修才是那個總被拉肚子的老毛病困擾、時常需要靈丹妙藥拯救的人。從這個方面來說，把《蘇沈良方》當作宋朝士大夫的生活祕聞袖中書也未為不可。

開頭我曾提到，蘇軾有時候也會嘗試一下道家的煉丹修身之法，《蘇沈良方》卷六的「記松丹砂」一段即為他的親身經歷：

祥符東封，有扈駕軍士，晝臥東嶽，真君觀古松下，見松根去地尺餘，有補塞處，偶以所執兵攻刺之。塞者動，有物如流火，自塞下出，遙走入地中。軍士以語觀中人，有老道士拊膺曰：「吾藏丹砂於是，三十年矣。」方卜日取之，因掘地數丈不復見，道士悵恨成疾，竟死。其法，用硃砂精良者，鑿大松腹，以松氣煉之，自然成丹。吾老矣，不暇為此，當以山澤銀為鼎，有蓋，擇砂之良者二斤，以松根明節懸胎煮之，傍置沙瓶，煎水以補耗，滿百日取砂。玉研七日，投熟蜜中，通油瓷瓶盛，日以銀器取少許，醇酒攪湯飲之，當有益也。

傳說宋真宗泰山封禪時，有個隨行的軍士，一時不慎戳破了道士們封在泰山真君觀的老松樹下長達三十年的丹砂。功虧一簣之後，有個老道竟憤恨而死。蘇軾說，自己已經年老，等不了三十年去做一樣的事情，不過他有樣學樣地找來松根結節，混著丹砂同煮，滿百日後取出，研磨七天，再把丹砂放進蜜中，每天取一點混著酒水服下，以期有益身體。

嗯，連吃丹砂都得拌著蜂蜜，你可真是一個典型的四川人啊！

元祐六年（一〇九一年）五月，蘇軾杭州任滿，回汴京重任翰林。從杭州北上，這一路蘇軾再熟悉不過，他一邊留意民間災情，上書朝廷請求儘快賑濟，一邊故地重遊，再訪常州、鎮江、揚州。此時的蘇軾，已然是江南人追捧的偶像，跟當年被貶黃州時無人交往的落魄自閉簡直是天壤之別。在經過揚州時，州中的百姓沿著河道爭相聚集，就是為了一睹蘇軾的風采，所謂「去年使君道廣陵，吾州空市看雙旌」。

但此時的蘇軾，恐怕去哪裡都心中忐忑，他實在不願回到汴京朝廷，連著三次上書辭職，懇請皇帝讓自己在揚、越、陳、蔡四州之中挑選一處繼續當地方官，可惜始終未能得到積極的回應。

五月二十六日，蘇軾回到汴京，三天後接受了翰林學士誥命。跟著他一起來京的，還有聖散子藥方。可能是在杭州時疫中表現過於優異，這藥方很快為世人矚目並流入汴京。蘇軾對此非常欣慰，特別作〈聖散子後序〉一文：「吳郡陸廣秀才，施此方並藥，得之於智藏主禪月大師寶澤，乃鄉僧也。其陸廣見在京施方並藥，在麥曲巷居住。」

《蘇沈良方》中也自然不會遺漏這位重量級選手：「草荳蔻（去皮，面裹，炮）一個。木豬苓（去皮）。石菖蒲。高良薑。獨活（去蘆頭）。附子（炮製，去皮臍）。麻黃（去根）。厚朴（去皮，薑汁炙）。藁本（去瓤，土炒）。芍藥。枳殼（去瓤，麩炒）。柴胡。澤瀉。白朮。細辛。防風（去蘆頭）。藿香。半夏（薑汁炙）。茯苓各半兩。甘草（炙）一兩。上，銼碎如麻豆大，每服五錢匕，清水一盅半，煮取八分，去滓熱服。餘滓兩服合為一服，重煎，空心服。」

聖散子方的成本不高，服用也很方便，按蘇軾的說法，只要把藥材堆在大鍋裡煮好，不管男女老少各喝一大碗即可。據《避暑錄話》記載，或許正是由於「門檻低」，才導致聖散子方在北宋末年被醫家濫用，平白送走了許多無辜的性命：「宣和後，此藥盛行於京師，太學諸生信之尤篤，殺人無數，今醫者悟，始廢不用。」

巢谷當年忌諱此藥方外洩，莫非他早已預見到這結果嗎？回到汴京的蘇軾感覺到了危險，僅僅一個多月，到七月分時，他又連章上書自請外放，但依舊未得到允許。果不其然，錯過了這最後的機會，曾經的政敵們又想效仿當年的烏臺詩案，將蘇軾徹底打入地獄。

一次，蘇軾受命起草任命呂大防為左相的詔書，他引用了《詩經》中一句「民亦勞止」，隨即遭到彈劾。因為這首詩是諷刺周厲王的。周厲王因為改革遭到舊貴族反撲而被迫流亡。你用這首詩裡的東西，難道不是諷刺先帝神宗是周厲王？還記得蘇軾在揚州西林寺寫的那句「山寺歸來聞好語」嗎？現在也被拿來指斥為罪證：「你所謂的好語，說的難道不是先帝駕崩？身為臣子，你的良心不會痛嗎？」

明眼人都看得出，這全都是欲加之罪，何患無辭。但帶來的傷害卻是真實的，為了應付這一連串的口水戰，蘇軾身心俱疲。在這樣一種恐怖的氛圍裡，只有美食不可辜負。想要安心享受食物，除了腸胃要保養，牙齒也不能忽略。蘇軾於此年八月十三日作〈漱茶說〉一文，詳述飯後用濃茶漱口的種種好處：「每食已，輒以濃茶漱口，煩膩即去，而脾胃自和。凡肉之在齒間者，得茶浸漱之，乃消縮不覺脫去，不煩挑刺也。而齒便漱濯，緣此漸堅密，蠹病自已。」

終於，就在幾天之後，蘇軾請求外放的心願達成了，他受賜「對衣金帶馬」，奉命前往潁州（今安徽阜陽），這裡是歐陽修告老還鄉後的隱居之地。此次回京，蘇軾僅住三個月便因激烈的政治鬥爭而離去。閏八月十一日，他的行船駛入潁州地界，二十二日，蘇軾正式上任，進表謝恩。

新的生活，真的能隨著遠離朝堂而開始嗎？

五、痛飲洞庭春色酒，兜兜轉轉到揚州

或許是因為在杭州西湖留下的記憶過於美好，蘇軾每到一個地方，都對這裡的「西湖」非常有興趣，潁州的西湖順理成章變為他公事之餘賞月吟詩的活動基地。

此刻的潁州並不太平，正在經歷旱災。蘇軾聽說州內有一座求雨極為靈驗的神祠，便派兒子蘇迨沐浴齋戒前去禱告。另外，他上書朝廷，認為有必要整治潁州的水利系統，潁州西湖的工程也由此大興。

可以說，蘇軾最大的優點，莫過於為地方官時，走到哪裡都會切實以百姓利益為先做些實事。只不過，這場綿延的旱災確實影響了他身為一個吃貨的樂趣：

我昔在東武，吏方謹新書。齋空不知春，客至先愁予。
采杞聊自誑，食菊不敢餘。歲月今幾何，齒髮日向疏。
幸此一郡老，依然十年初。夢飲本來空，真飽竟亦虛。

尚有赤腳婢，能烹赬尾魚。心知皆夢耳，愼勿歌歸歟。

（〈到潁未幾，公帑已竭，齋廚索然，戲作數句〉）

——唉，來潁州上任沒多久，工作經費居然就快見底了，廚房裡也沒什麼像樣的東西能吃，還好，婢女們還會做紅鯉魚給我吃。

幾年前，蘇軾從黃州回到汴京，曾因吃到黃封酒和紅鯉魚而感覺家庭溫馨。如今，菜品依舊，心境卻是大有不同了：

新年已賜黃封酒，舊老仍分赬尾魚。

陋巷關門負朝日，小園除雪得春蔬。

病妻起斫銀絲膾，稚子歡尋尺素書。

醉眼矇朧覓歸路，松江煙雨晚疏疏。

（〈杜介送魚〉）

雖然沒吃上什麼好菜，蘇軾卻在潁州喝到了一口好酒，安定郡王趙君平釀製的黃柑酒。

「安定郡王」這個封號其實也值得說一說。眾所周知，宋太祖趙匡胤死後，宋朝帝位遂落入其弟太宗趙光義手中，此後的北宋各位皇帝都是宋太宗的後人，而宋太祖趙匡胤的子孫的最高封爵，就是安定郡王。

趙匡胤的死因一向眾說紛紜，「燭影斧聲」的故事大家一定都很熟悉。太宗弒兄的說法，固然沒有確鑿的證據，但趙匡胤死後如「開寶皇后不成喪」等一連串不平常的事件都證明了他駕崩那晚，宮裡確實暗潮湧動。可無論如何，趙匡胤都是大宋開國之君，怎麼也不能斷了他子孫後代的香火，而安定郡王等於是賞給太祖一系最後的體面。

當然，這黃柑酒不是在潁州釀的，而是安定郡王的姪子趙德麟得到後，派人寄給蘇軾品嘗的，它還有個極妙的名字：「洞庭春色」。

得到如此佳釀，也算是困境之中的些許安慰，在半醉半醒之間，蘇軾寫下一篇〈洞庭春色賦〉，其手跡流傳至今。在賦中，喝了這瓶「洞庭春色」以後的他，似乎忘掉很多事，出現了一種超現實的浪漫：

> 悟此世之泡幻，藏千里於一斑，舉棗葉之有餘，納芥子其何艱，宜賢王之達觀，寄逸想於人寰。裊裊兮春風，泛天宇兮清閒。吹洞庭之白浪，漲北渚之蒼灣。攜佳人而往游，勤霧鬢與風鬟，命黃頭之千奴，卷震澤而與俱還，糅以二米之禾，藉以三脊之菅。忽雲蒸而冰解，旋珠零而涕潸。翠勺銀罌，紫絡青綸，隨屬車之鴟夷，款木門之銅鐶……

因為喝了這好酒，蘇軾感覺自己「散腰足之痹頑」，就連腰酸腿麻的老毛病都好了。不過，這酒既然是安定郡王家的祕方，蘇軾自然不會知曉具體釀造的方法，多想無益，還不如趕快洗乾淨杯子，像一口吞下三江之水一般品味這濃香四溢的美酒，繼續他如醉如夢的奇幻漂流。

蘇軾在潁州也並未住多久，過了新年，元祐七年（一〇九二年）二月，朝廷又改任他為「知揚州軍州事」。既然繞了一大圈，最後還是要到揚州為官，中間這兩站到底有什麼意思呢？

蘇軾一生曾經十到揚州，早在幾年前從黃州東行時，他便在揚州停留過好一段日子。他的恩師歐陽修是揚州平山堂前名震天下的「文章太守」，他的摯友兼後輩秦少游老家在揚州高郵，其本人也在揚州當地頗有人望，這次能到揚州當地方官，蘇軾內心的欣喜不亞於之前到杭州。

剛一上任，蘇軾便革除時弊。揚州芍藥甲天下，在蔡京知揚州時，曾舉辦所謂的「萬花會」，成了一時勝景。蘇軾很了解，這種形式大於內容的形象活動，勞民傷財得不償失，因此他立刻叫停萬花會。短短半年內，他優化了漕運的規章，還使朝廷減輕當地賦稅。為百姓多做一些實事，讓他們少一點壓力，始終是蘇軾在地方施政時的堅持。

如今的揚州，是聯合國認證的「世界美食之都」，而在近千年前的北宋，那時的揚州美食又是什麼樣子？秦觀和蘇軾的往來詩文中，有一首〈以蓴薑法魚糟蟹寄子瞻〉倒是緊扣我們的主題：

鮮鯽經年漬醽醁，團臍紫蟹脂填腹。
後春蓴茁滑於酥，先社薑芽肥勝肉。
鳧卵纍纍何足道，飣餖盤飧亦時欲。

淮南風俗事瓶罌，方法相傳為旨蓄。
魚鱐蚤醢薦籩豆，山蔌溪毛例蒙錄。
輒送行庖當擊鮮，澤居備禮無麋鹿。

簡而言之，這首詩寫的是秦少游曾給蘇軾寄了一個揚州特產大禮包，其中包括酒漬鯽魚、紫蟹、蓴菜、薑芽、鳧卵、魚乾、干貝醬等等。

禮包中的大多數，我們之前都介紹過，這裡也不用再重述一遍蓴菜鱸魚的故事，現在讓我們先來看看「鳧卵」。「鳧卵」是什麼呢？莫不是某種鳥類的蛋？其實，鳧就是鴨子，而鳧卵很有可能就是今天聞名天下的高郵雙黃鹹鴨蛋[4]。

在長江流域，用鹽醃製鴨蛋或者雞蛋的歷史極為悠久。近年來，考古工作者在清理江蘇常州境內的諸多春秋時代的土墩墓時，屢屢發現保存十分完好的鹹鴨蛋和鹹雞蛋。金壇二號土墩墓出土的一罐鹹鴨蛋雖然距今已經兩千五百多年，但依舊有鹹味。它被保存在一個有蓋的陶罐裡，上面還有痕跡明顯的封泥。

---

4 雙黃鴨蛋：中國高郵本地麻鴨所產鴨蛋，不僅個頭大、蛋黃大，且多為雙黃蛋，大多數人認為這是高郵麻鴨的品種優勢，但據說有人將高郵麻鴨帶去別地飼養，繁育一兩代之後，所產鴨蛋的雙黃現象便會明顯減少。這背後的原因至今不得而知，或許是因為「一方水土養一方鴨」所致。

一直到今天，當地人依然會用「泥醃法」醃製鹹鴨蛋。其操作方法也很簡單：先將黃泥加水攪拌成稀泥，再將鴨蛋放入稀泥裡滾上一圈，取出置於鹽碗裡用鹽包裹，之後將鴨蛋裝罐封好，放於陰涼處，過三週左右便能食用。

但凡水源充沛的地方，鹹鴨蛋都不算稀罕物，那麼，今天產自揚州高郵的鹹鴨蛋又為什麼能獨領風騷，比其他地方的親戚們有名得多呢？

這就不得不提到生活在高郵湖畔的麻鴨了。這種鴨子以擅產雙黃蛋聞名，有的鴨蛋還會出現三黃、四黃。雙黃蛋這種可遇不可求的彩頭，在高郵鴨蛋裡很常見。不僅如此，高郵鴨蛋品質也格外好，醃製之後顏色鮮紅如血，油脂又很豐富，用筷子挑上那麼一點，配上米粥，堪稱人間絕味。

我想我可以用很多方式稱讚高郵鹹鴨蛋的美好，但無論我怎麼誇，放到汪曾祺先生那句「曾經滄海難為水，他鄉鹹鴨蛋，我實在瞧不上」面前，就全都變成班門弄斧。先生還在《端午的鴨蛋》中做了這樣的描述：

> 高郵鹹蛋的特點是質細而油多。蛋白柔嫩，不似別處的發乾、發粉，入口如嚼石灰。油多尤為別處所不及。鴨蛋的吃法，如袁子才所說，帶殼切開，是一種，那是席間待客的辦法。平常食用，一般都是敲破「空頭」用筷子挖著吃。筷子頭一紮下去，吱——紅油就冒出來了。高郵鹹蛋的黃是通紅的。蘇北有一道名菜，叫作「朱砂豆腐」，就是用高郵鴨蛋黃炒的豆腐。我在北京吃的鹹鴨蛋，蛋黃是淺黃色的，這叫什麼鹹鴨蛋呢！

實話實說，當初讀到這一段文字的時候，我都快拍案而起了。無論是口感還是吃鴨蛋的方式，都和我記憶中的完全一致，就連對於鴨蛋黃顏色的問題，我也有過跟汪曾祺先生類似的經歷。

幼時的我，因為近水樓臺，吃到的鹹鴨蛋蛋黃都是紅得流油的那種，在不知不覺中，內心便產生了「鹹鴨蛋黃就應該是紅色的」這一思維模式。很多年後身在他鄉，一天早起出門，遇到一個有賣鹹鴨蛋的早點攤，當我敲破蛋殼掏出蛋黃，卻發現那是幾近蒼白的黃色，我當即拍案而起，叫來攤主理論：「你們這鹹鴨蛋都放壞了還拿出來賣？」但攤主卻堅稱他賣的鴨蛋沒有任何問題。

最後，事情不了了之，因為我自忖社會險惡，偶爾吃點小虧也是無可奈何。但是，往後多次吃鹹鴨蛋的事實證明，還真是我應該被上一課，天底下絕大多數的鹹鴨蛋黃其實都是淺黃色。現在回想起來，那天攤主和周圍食客的眼神，似乎有點像是在看傻瓜。

小時候吃鹹鴨蛋，往往只吃那流油的蛋黃，而對偏鹹的蛋白不屑一顧，而如今知道了高郵鹹鴨蛋的難得，對那蛋白也不得不愛屋及烏，就連附著在蛋殼上的少量蛋白都捨不得浪費。說實話，把蛋黃和蛋白攪在一起入口，其實也別有一番風味。

所以，看到詩裡秦少游一出手就是「鳧卵纍纍」，我就不由得感嘆他的闊綽和大方。然而，在秦觀的特產大禮包裡，鴨蛋其實只是配角，真正的主角又是誰呢？我們且看這首詩的標題吧：〈以蓴薑法魚糟蟹寄子瞻〉，原來，放在最後的蟹才是重點啊。

就跟蘇軾的那首〈泛舟城南會者五人分韻賦詩得「人皆苦炎」字四首〉一樣，秦觀在詩中也提到了「紫蟹」，對於「紫蟹」何以得名，已然超出我的解讀能力，便不再提。古代沒有那麼高明的保存技術，再好的螃蟹寄到外地也會一命嗚呼，所以秦少游送去的都是所謂的「糟蟹」。

糟，指的是酒糟，而糟蟹顧名思義，就是用「糟漬法」處理的螃蟹：用清水將螃蟹洗淨，擦乾，準備一個罐子，以酒糟鋪滿罐底，再把活蟹放進罐中，裝滿之後再加一些鹽、酒、醋，把罐子密封起來，七天之後開罐檢查，只要沒有怪味就可以吃了。

做糟蟹只能選用雌蟹，雄蟹是絕對不行的，據說，一罐糟蟹裡只要有一隻尖臍的雄蟹，那整罐的品質都會出大問題。講究的人會在農曆九月做糟蟹，因為那時雌蟹的蟹黃最為誘人。入罐之前，他們還要往每一隻蟹的臍內多塞一點酒糟，這樣味道會更好。照這麼看，秦觀給蘇軾挑的都是「團臍紫蟹」，果然是很有門道。

在古人的心目中，成為糟蟹是一隻螃蟹最好的歸宿之一。南宋詩人楊萬里是糟蟹的鐵桿粉絲，寫了好幾篇誇讚糟蟹的詩文，其中最可餐的便是那句：「酥片滿螯凝作玉，金穰熔腹未成沙。」

自古以來一到秋天，江南人便難以抵擋蟹的誘惑，除了肥美的蟹肉，蟹黃、蟹膏也都是人間至味。雖然今天不少人都知道，前者是雌蟹的卵巢和卵細胞，後者是雄蟹的副性腺及其分泌物，但這分毫未影響螃蟹在美食中的崇高地位。

拋開那些單以蟹肉、蟹黃入料的菜式不談，論整隻螃蟹的料理方式，和現代人相比，居然還是古人更加多樣化，其手段包括但不限於糟蟹、醉蟹、醃蟹、醬蟹等，還有當時甜口男孩們最愛的蜜蟹和糖蟹。唐宋時期揚州和蘇州的糖蟹都相當有名，還一度成為貢品（雖然以現在的眼光看多少有點黑暗料理的意思）。我想，如果秦少游能把糟蟹換成糖蟹，蘇軾收到了恐怕會更開心一點。

而現代人問候大閘蟹就簡單太多，其方法無非蒸和煮兩種。只不過，今天的愛蟹人士對螃蟹的產地有著非比尋常的執著，市面上最受追捧的正是所謂的「陽澄湖大閘蟹」，牠在蟹裡的江湖地位，簡直堪比酒中茅台、車中瑪莎拉蒂。「陽澄湖」這三個字直接象徵著蟹的身分和檔次，哪怕是將別處的螃蟹抓去陽澄湖「洗個澡」，身價都能翻好幾番。

其實，稍微了解一點的人都知道，所有大閘蟹都屬於中華絨螯蟹，作為洄游動物，大海才是牠們的故鄉，只是出生後要逆流而上回到淡水中生活，所以，無論哪個湖裡的蟹，就沒有一個是土生土長的，最多只能說是跟落戶政策沾點關係。而在養殖環境下長大的螃蟹，但凡水源流動清潔、飼料配比合理，就都可以健康成長。不管是來自哪個湖塘，只要個大、肉多、有豐富的膏與黃，送到嘴裡都不見得會比陽澄湖的遜色。

有某些單推陽澄湖大閘蟹的所謂美食家，說起來頭頭是道，但有節目做了實驗，把不同地方的蟹不標明產地端到他們面前，讓他們憑味覺判斷哪個是陽澄湖大閘蟹，結果，一個選對的都沒有。

《蘇軾全集》中還有一首〈揚州以土物寄少游〉，其內容跟秦少游的那首高度雷同，僅在〈以蓴薑法魚糟蟹寄子瞻〉一詩的基礎上刪去一句，順便修改了幾個用詞：

鮮鯽經年祕醽醁，團臍紫蟹脂填腹。
後春蓴茁活如酥，先社薑芽肥勝肉。
鳥子纍纍何足道，點綴盤飧亦時欲。

淮南風俗事瓶罌，方法相傳竟留蓄。
且同千里寄鵝毛，何用孜孜飲麋鹿。

這兩首詩實在是過於接近，要是放到今天用學術網站查的話，其中之一必然會被判定為抄襲。我也看過有多人一本正經地論證這兩首詩孰真孰假及誰抄了誰，其實，沒必要這麼上綱上線，這兩首詩都出自二人公行的詩集中，偽作的可能性並不大。雖然沒有明確的記載，但我猜想，〈揚州以土物寄少游〉很有可能是蘇軾來到揚州以後，寫給秦觀的玩笑之作。

蘇軾到任揚州之時，秦觀正在外宦遊，為了答謝這位好兄弟曾經寄給自己的揚州特產大禮包，蘇軾特意準備了他曾經置辦的那幾樣東西，好用故鄉的味道告慰他的思鄉之苦，之所以沒有「魚鱐蜃醢薦籩豆，山蔌溪毛例蒙錄」那一句，很有可能是蘇軾沒能找到魚乾及干貝醬等幾樣土產，為了避免尷尬才特地刪掉的。

今天的揚州城裡，居然還保存著蘇軾詩文中的遺蹟，在石塔寺。清朝咸豐年間，這座初建於晉代的千年古剎，最終毀於太平天國的戰火，但寺內唐代修築的石塔卻奇蹟般地倖存下來，至今仍立於汶河小學附近的文昌中路綠化島上。

蘇軾知揚州時，曾特意來石塔寺遊覽作詩，追述一段前朝的往事：

饑眼眩東西，詩腸忘早晏。雖知燈是火，不悟鐘非飯。

山僧異漂母，但可供一莞。何為三百年，記憶作此訕？
齋廚養若人，無益只貽患。乃知飯後鐘，闍黎蓋具眼。

蘇軾這首〈石塔寺〉的內容跟當時很有名的「飯後鐘」故事有關。故事的主人公王播是唐朝太原人，他的父親王恕做揚州倉曹參軍，他隨父流寓揚州。誰料父親不幸離世，孤苦無依的王播只好寄身於石塔寺，靠和尚施捨他一口飯吃。每天寺院鐘鳴，王播便準時去齋房吃飯，時間一長，僧人們對這個混吃混喝的傢伙有所不滿，有時會故意在敲鐘前就把飯吃完，好讓王播撲個空。知道真相後，王播在寺院牆上題寫了一首詩，憤然離開。

二十多年後王播發跡，成為鎮守揚州一方的淮南節度使。在重遊石塔寺時，他看到自己從前在牆上題的那首詩，居然被寺裡僧人用碧紗罩住保護起來，哭笑不得的王播便在旁邊又題了一首詩：「上堂已了各西東，慚愧闍黎飯後鐘。二十年前塵拂面，而今始得碧紗籠。」

以現在的眼光看，這是一個典型的「莫欺少年窮」的段子，甚至還有一點點龍傲天（編注：意指不用努力一出場就天下無敵）小說主角扮豬吃老虎的意思，但對於重返石塔寺現場的蘇軾而言，他這首所謂的「戲作」，想要表達的東西似乎一言難盡。在他眼裡，王播的做法多少帶點「升米恩，斗米仇」式的忘恩負義，寺中的僧人對他，應與韓信的漂母無異，能在最困難的時候給口飯吃，便是對他最大的恩惠，更何況，不是因為飯後鐘事件的刺激，王播也未必能夠奮發圖強出人頭地。然而這些僧人，又是如此傲慢且勢利，且不說他們在王播得勢前後的態度兩極，就是他們故意使壞讓年輕人餓肚子的卑劣行徑，也很難讓人與之產生共情。

在王播故事的發生地石塔寺，一次茶會之後，蘇軾寫下一首〈到官病倦，未嘗會客。毛正仲惠茶，乃以端午小集石塔，戲作一詩為謝〉：

我生亦何須，一飽萬想滅。胡為設方丈，養此膚寸舌。
爾來又衰病，過午食輒噎。繆為淮海帥，每愧廚傳缺。
爨無欲清人，奉使免內熱。空煩赤泥印，遠致紫玉玦。
為君伐羔豚，歌舞菰黍節。禪窗麗午景，蜀井出冰雪。
坐客皆可人，鼎器手自潔。金釵候湯眼，魚蟹亦應訣。
遂令色香味，一日備三絕。報君不虛授，知我非輕啜。

這首帶著自我總結性質的美食詩，或許反映出蘇軾內心的矛盾，一方面士大夫的責任感驅使他不能逃避，也不能對明天的世界置之不理；而另一方面因為經歷了烏臺詩案，他已看透朝廷內部的爾虞我詐、黨同伐異，想要繼續透過外放來逃離危險的政治鬥爭。

元祐七年（一〇九二年），宋哲宗親政前夕，來到揚州剛滿半年的蘇軾又一次被召回汴京，並在九月被委任為禮部尚書、端明殿學士。雖然位極人臣是件好事，但蘇軾臉上並沒有多少喜悅，此時此刻，他內心依舊徬徨，依舊頻繁地上書要求離開中央下到地方。這就是宦海浮沉幾十年的直覺，新帝親政怎麼可能不燒幾把火呢？而誰又能確定，這把火不會燒到自己呢？

果不其然，汴京這個當時世界上最繁華的都會，變成了他的夢魘之地。事實證明，蘇軾每次回京城就像遭到詛咒一樣。回京剛滿一年，蘇軾人生中兩個至關重要的女人，便在一個月內先後過世，元祐八年（一〇九三年）八月一日，蘇軾的繼妻王閏之病逝，九月三日，高太皇太后離世。

一個是枕邊「老妻」，一個是政治庇護傘，蘇軾即將迎來不亞於烏臺詩案的動盪。

之前提到過，宋神宗死後，支持舊黨的高太皇太后輔佐年幼的哲宗，掌握實權。滿朝大臣對太皇太后畢恭畢敬的樣子，在哲宗心裡留下了深深的陰影，他後來抱怨說，那時候大臣奏事全都面向太皇太后，自己只能看到他們的屁股。

親政的哲宗決定處分高太皇太后的黨羽，全面恢復父親宋神宗的新政。史書將此稱作「紹述」，即繼承神宗路線的意思。換言之，高太皇太后的死，意味著新黨再次揚眉吐氣。

很快，章惇回來了，因為反對廢除新法而遭到貶謫的他被召回京城擔任宰相，全面整改高太皇太后時的法度。長久的壓抑，令章惇此次拜相後行事極為決絕。新黨成員在制書中直接稱元祐之初是「老奸擅國」，以此暗諷高太皇太后；章惇又向宋哲宗誣告，說高太皇太后生前曾有廢立之意，建議哲宗追廢高太后。幸虧哲宗的嫡母向太后以及生母朱太妃力爭，哲宗才有所感悟，沒有付諸實施。

新黨連死去的高太皇太后都沒有放過，活著的舊黨成員過的是什麼日子，可想而知。

其實，在高太皇太后去世前，蘇軾已經得到了外放定州的命令。儘早離開不僅是他的意願，也是高太皇太后的遺命。高太皇太后猜到孫子等自己嚥氣後一定會在朝中搞大清洗，所以臨終前囑咐朝中舊黨老臣，你們識時務就自己引退吧，或許還能保全。

九月十四日，蘇軾在蘇轍的宅邸跟弟弟話別，他寫道：「客去莫嘆息，主人亦是客。」畢竟，未來怎樣無人可知。

六、松脂配螃蟹，是什滋味？

北宋時期的定州，地域包含今天保定大部分以及石家莊與邯鄲的一部分，治所在安喜縣（今河北定州），戰國時候這裡屬於中山國，漢朝建立後又成了中山王的封地，所以別稱中山。號稱「中山靖王之後」的劉備曾在平黃巾起義中立下戰功，被封為安喜縣尉，在職期間因鞭打督郵棄官而去，經過多年奮鬥，最終在四川成就一番大業。

而蘇軾這個四川人，宦海浮沉漂到這裡。定州距離汴京一千一百二十里，蘇軾在路上顛簸了四十多天才到任。當時的定州是宋遼邊境的重鎮，蘇軾的職銜中還有「定州路安撫使兼馬步軍都總管」，在朝廷出現新動向之前，他的日子還得照常過下去。

在定州，蘇軾不僅興修軍營、整頓邊防，還做成了一件澤被後世的好事，那就是「南稻北移」。蘇軾在巡防當地時，發現有兩千多畝地勢低窪沼澤成片的水地，看著有點像他的老家四川。如果換作別人，怕不是又要寫詩作賦一表思鄉之苦，然而蘇軾卻不落窠臼，在他看來，與其讓這肥沃的土地空著，還不如拿它來種水稻。

於是，他召集當地農人去開荒，活學活用他在黃州務農時的經驗，親自傳授最基本的水稻種植技術，還托朋友從南方帶來優良的稻種。沒過多久，曾經的沼澤水地變成了千里稻田。據說，在新開闢的水田裡，當地人插秧時傳唱的小調，竟成日後「秧歌」這一民間藝術的雛形。

在大搞生產期間，蘇軾收到蘇轍送來的一籃石芝，說這是某個登州來客從海上的島礁中採集而來。蘇軾頗有感慨，一晃之間，在登州都已經是八年前的事情了。不過，歲月流逝，但蘇軾身上有兩點從未改變：一是為百姓做些實事，二是要在所到之處尋找跟他對味的事物。

於是乎，定州當地的名酒松醪，就成了蘇軾的新寵，為此他寫了一篇〈中山松醪賦〉：

始余宵濟於衡漳，車徒涉而夜號。
燧松明而識淺，散星宿於亭皋。
鬱風中之香霧，若訴予以不遭。
豈千歲之妙質，而死斤斧於鴻毛。
效區區之寸明，曾何異於束蒿。
爛文章之糾纏，驚節解而流膏。
嗟構廈其已遠，尚藥石之可曹。
收薄用於桑榆，制中山之松醪。
救爾灰燼之中，免爾螢爝之勞。

取通明於盤錯，出肪澤於烹熬。
與黍麥而皆熟，沸春聲之嘈嘈。
味甘餘而小苦，嘆幽姿之獨高。
知甘酸之易壞，笑涼州之蒲萄。
似玉池之生肥，非內府之蒸羔。
酌以癭藤之紋樽，薦以石蟹之霜螯。
曾日飲之幾何，覺天刑之可逃。

看到「松醪」兩個字，是不是有朋友以為它是用我們今天常吃的松子釀製而成的？其實不然，松醪的原料是松脂[5]，說白了就是松樹枝幹中的油脂。用松脂釀酒，聽上去就有一股撲面而來的工業氣息。

提煉松脂做藥材，可以說是中國人的老本領了。據《本草綱目》載：「松脂，味苦溫，主癰疽惡瘡、頭瘍白禿、疥瘙風氣，安五臟，除熱。性耐寒暑。久服輕身不老延年。」估計是看到松樹長青的景象，所以古代醫家便認為人只要多吃松脂，就可以輕身不老。嗯，總之就是不得不佩服他們觸類旁通的想像力呢。

雖然養生上的用處可能不大，但歪打正著，用松脂釀的酒卻是非常好喝。按蘇軾賦中所寫，他採集到松樹的枝條之後，用烹熬的方法取油，同時加入黍麥。這樣釀出來的酒清甜中帶著一絲迷人的小苦。涼州的葡萄酒，大家都知道吧，今天人們不惜砍掉敦煌的防護林也要把它給釀出來，但在蘇軾眼裡，無論是味道和品質，松醪都要比葡萄酒出色，配上霜降時節的肥美螃蟹，一天能狂飲多少連他自己都算不清。

追溯歷史，松醪酒並非蘇軾的獨創。在唐代，松醪就已成為文人雅士的杯中夥伴，對此最痴迷的要數李商隱：「慢行成酩酊，鄰壁有松醪」、「賒取松醪一斗酒，與君相伴灑煩襟」、「目斷故園人不至，松醪一醉與誰同」……。

既然有松樹就能熬製松醪酒，它當然不會是定州獨有的酒品，同樣是在唐朝時就有傳說，漢代才子賈誼被外放到長沙國做長沙王太傅，因為長沙地處卑溼，在當時等同於荒僻之地，所以賈誼日常飲松醪酒祛溼氣。這一說法流傳甚廣，杜牧〈送薛種遊湖南〉：「賈傅松醪酒，秋來美更香」，劉禹錫〈送王師魯協律赴湖南使幕〉：「橘樹沙州暗，松醪酒肆香」，都用了這個與賈誼有關的典故。

但定州幸運地得到了蘇軾這個大文豪兼美食家的文化加成，蘇軾手書的〈中山松醪賦〉完整地保存到今天，總之，在往後的歲月裡，松醪酒漸漸成為定州的標籤，以及國家地理標誌產品。

然而，現在的松醪酒其實並不是李商隱及蘇軾當年喝的松醪酒，唐宋時松醪的具體釀製方法早

---

5 松脂：馬尾松、油松及其同屬植物都產松脂，中醫認為，松脂有祛風、殺蟲、溶石、解毒、鬆弛氣道等功效。松脂的工業用途眾多，電路板焊接時可做助焊劑，屠宰家禽時可做褪毛劑，也是製造油漆、肥皂、紙、火柴等物品的工業原料。順帶一提，琥珀也是遠古時期掩埋於地下的松柏樹脂在壓力和熱力的作用下石化形成的。

已失傳。二十世紀八十年代開始出產的「中山松醪」，看網上公布的原料，有黍米、松子、陳皮、葛根，而偏偏缺了最重要的松脂。就算想一擲千金去重溫蘇軾嘗過的味道也沒有機會。

值得一提的是，蘇軾手書的〈中山松醪賦〉和前面提到的〈洞庭春色賦〉其實算是一件文物，這是因為蘇軾後來將這兩篇寫酒的賦謄抄在同一捲上，這一卷書法被保存下來，到了清代進入皇宮成為「三希堂」珍品（雖然沒能逃過被乾隆扣上「天子古稀」印章的命運）。清朝滅亡後，這卷原藏於內府的書法，被那個超遜的遜帝溥儀偷盜出宮，一九四五年偽滿洲國滅亡後，散落民間三十八年，直到一九八二年才被重新發現並入藏吉林省博物館。

書卷命運坎坷，可能從它誕生的那一刻起就已經注定了。蘇軾手釀松醪是在定州，可作〈中山松醪賦〉卻不在，卷中蘇軾的十行自題裡有這樣一句：「紹聖元年閏四月廿一日將適嶺表，遇大雨，留襄邑，書此。」

沒錯，他又被貶了。而這一次，蘇軾要去的是萬里之外的嶺南。

高太皇太后讓大家主動退避，也沒有保得所有人的平安。宋哲宗親政後的第二年（一〇九四年），將年號改為「紹聖」，追崇神宗新法的意思路人皆知。數月之內，朝中重臣三十多人皆被放逐，蘇軾兄弟亦逃脫不過。三月，蘇轍被貶汝州，到了哥哥從前未能前往的貶所。四月，蘇軾的厄運來了，他被降為六品左朝奉郎，知英州（今廣東英德），等走到安徽，新詔命又追到，任他為建昌軍司馬，安置惠州，不得簽書公事。

這個「不得簽書公事」是不是非常耳熟？沒錯，這跟烏臺詩案後蘇軾被貶黃州時的處罰幾乎一模一樣。到了八月，蘇軾又被改任寧遠軍節度副使，依舊安置惠州。為了處置蘇軾，朝廷前後五改詔書，可見新黨們對蘇軾的憎恨。

《宋史》稱，當時新黨甚至提議要挖開司馬光的墳墓，還想派呂升卿、董必等人前往嶺南，將蘇軾這類被貶官吏盡數誅殺。好在那個薛丁格的太祖祖訓又發揮了作用，哲宗念及「子孫不得殺士人」之命，才留下蘇軾他們一條性命。哲宗曰：「朕遵祖宗遺制，未嘗殺戮大臣，其釋勿治。」然重得罪者千餘人，或至三四謫徙，天下冤之。

說來也是巧合，元祐八年年底還在定州時，蘇軾就一連寫了三首跟蜜漬荔枝有關的詩，分別是〈次韻曾仲錫承議食蜜漬生荔支〉、〈再次韻曾仲錫荔支〉和〈次韻劉燾撫勾蜜漬荔支〉。在定州，吃了一次味道已經大變的蜜漬荔枝，蘇軾激動得大書特書，沒想到幾個月後，自己就要啟程去能吃到新鮮荔枝的地方，世人常說的「一語成讖」，恐怕就是如此吧。

代北寒齏搗韭萍，奇苞零落似晨星。
逢鹽久已成枯臘，得蜜猶疑是薄刑。
欲就左慈求拄杖，便隨李白跨滄溟。
攀條與立新名字，兒女稱呼恐不經。
（〈次韻曾仲錫承議食蜜漬生荔支〉）

柳花著水萬浮萍，荔實周天兩歲星。
本自玉肌非鵠浴，至今丹殼似猩刑。
侍郎賦詠窮三峽，妃子煙塵動四溟。
莫遣詩人說功過，且隨香草附騷經。
（〈再次韻曾仲錫荔支〉）

時新滿座聞名字，別久何人記色香。
葉似楊梅蒸霧雨，花如盧橘傲風霜。
每憐蓴菜下鹽豉，肯與葡萄壓酒漿。
回首驚塵卷飛雪，詩情真合與君嘗。
（〈次韻劉燾撫勾蜜漬荔支〉）

實話實說，這幾首都是些沒話也要找話說的所謂和詩，說白了就是用些典故硬湊一下，要說裡面有什麼特別濃厚的感情和寓意，那實在是太勉強了。不過，既然都提到了，那就為大家補充一點前面略過的宋朝冷知識吧。蘇軾和詩的這兩個人中有一個曾仲錫，他是當時的定州通判。

對蘇軾有知遇之恩的歐陽修，在《歸田錄》中提到一則故事，說杭州人錢昆在汴京做官，但後來自請外放，別人問他想去哪裡，錢先生乾脆地回答：「去個有螃蟹但沒通判的地方就行了。」

螃蟹為什麼能被大家喜愛，前面我們已經講過，那麼為什麼通判這麼招人討厭呢？這是由他們的特殊地位決定的。在宋代，通判並非知州的屬官，而是皇帝安插在知州身邊的監察員，所以，知州不僅一舉一動為通判所約束，自身的權利還往往會被通判侵犯。據說，每次有知州跟身邊的通判吵架，後者都會甩出一句話：「我是監郡，朝廷使我監汝！」即：我是皇上叫來看著你的，你叫破喉嚨都沒有用！

有趣的是，蘇軾也曾經在自己的詩文裡引用過錢昆的典故：「平生賀老慣乘舟，騎馬風前怕打頭。欲問君王乞符竹，但憂無蟹有監州。」（〈金門寺中見李西臺與二錢唱和四絕句，戲用其韻跋之．其二〉）

所以嘛，別看蘇軾在定州為了蜜漬荔枝和曾通判你來我往、寫詩唱和不亦樂乎，這些其實都是表象，這對塑料兄弟（編注：男生之間虛假的兄弟情）心裡還指不定怎麼算計對方呢。不過，蘇軾也算是得償所願，他終於去了一個既有螃蟹吃，又沒有通判妨礙他自由的地方，只不過，他再也當不了知州。

第九章　惠州南又南

紹聖元年十月，年近六旬的蘇軾抵達了廣東惠州，他將以新的姿態，面對暮年的悲苦以及嶺南的風物。

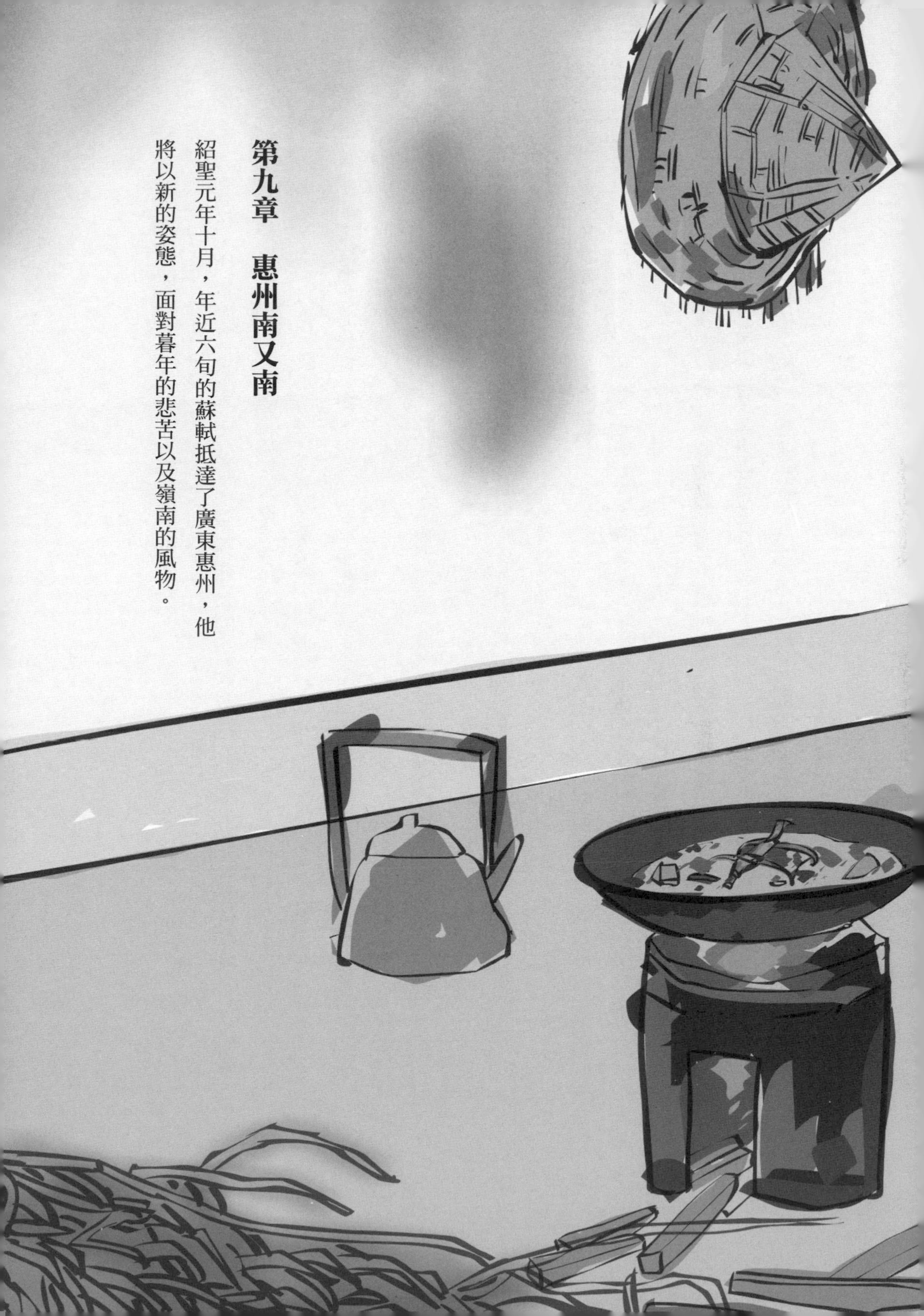

一、嶺南古來難

「過兒，快來嘗嘗這粥！」看著父親手裡捧著的豌豆大麥粥，蘇軾的三子蘇過嘆了一口氣。他們現在正一路向南，剛經過河南湯陰，住在官家的旅店裡。

蘇過吃了一口粥，瞟了一眼自己的老饕父親，他猜父親喝完了粥大概會寫首詩吧，嗯，寫詞也是有可能的，從他們的旅程說起，講講怎麼與這粥相遇，人生的境遇無論如何，一定都要樂觀……「過兒，快找店家要來紙筆！」

蘇過為父親找來筆和紙，於是世上便多了這首〈過湯陰市得豌豆大麥粥，示三兒子〉：

> 朔野方赤地，河堧但黃塵。秋霖暗豆漆，夏旱臞麥人。
> 逆旅唱晨粥，行庖得時珍。青班照匕箸，脆響鳴牙齦。
> 玉食謝故吏，風餐便逐臣。漂零竟何適，浩蕩寄此身。
> 爭勸加餐食，實無負吏民。何當萬里客，歸及三年新。

嗯？樂觀，父親他是真的樂觀嗎？蘇過並不敢再想，或許他唯一覺得幸運的事，就是母親在前幾年已然仙逝，她不必再受這千萬里輾轉遷徙的苦楚。畢竟，這次旅行的終點是嶺南啊。

蘇過當然不知道，近千年之後的廣東竟成了GDP（國內生產毛額）長年位列中國第一的經濟大省。在宋代，五嶺以南的廣東廣西，以及與之隔海相望的海南，被稱作「不毛之地」一點都不為過。雖然當時也有「廣州刺史但經城門一過，便得三千萬也」這樣的俗語，但那種繁華只限於廣州這樣的大城市。一出城門，你面對的就是看不到邊的叢林，以及神出鬼沒的各種未開化蠻族，還有索人性命的瘴氣，朝廷的威懾力，只限於交通要道上的那幾座城鎮罷了。

真要說起來，兩廣人口大規模納入國家戶籍應該是明朝的事情了，而且由於地方宗族勢力強悍，一直到晚清，兩廣很多村子幾百年都沒給朝廷上過一次稅。人們常說的「皇權不下縣」，在這裡竟然真的成了現實。

值得一提的是，宋朝之前的嶺南，也包括今越南北部的交趾。可惜，唐末中原大亂，原本的靜海軍節度使趁機獨立出去，而大宋武德如何，也是人盡皆知。宋太宗南征交趾戰敗後，越南北部獨立已經是既成事實。大宋唯一能做的，就是咬緊牙關決不鬆口，打死不授予此時的越南李朝君主「國王」的頭銜，而是代以所謂的三級冊封制度。也就是先封你為交趾郡王，過個幾年或十幾年，表現好晉升「南平王」，等你死後再追封你為「南越王」。這樣起碼在名義上，交趾還是大宋的藩臣。

只能說，強者向來做實事，弱者則想盡辦法玩嘴炮。

至於唐宋時期從中原被派去嶺南為官者們的心態，可以看看這個發生在初唐時的小故事：唐朝開國功臣盧祖尚投靠唐高祖李淵後得封弋陽郡公。等到唐太宗李世民即位，交州都督因貪汙獲罪，群臣一致認為盧祖尚文武雙全可當大任，誰知盧祖尚接受詔書後竟然反悔不想去了。在他看來，就連違抗聖旨的大罪，跟去嶺南做官的可怕都不值一比。唐太宗苦苦勸說，許諾三年之期一到，一定將他召回。誰知盧祖尚反駁道：嶺南地區瘴氣很重，需要整天喝酒，我又不能喝酒，去了難道還能回來嗎？這一番話引得唐太宗大怒，將盧祖尚斬於朝堂。

隨後，李世民又委任自己的堂弟李道興為交州都督。結果聽說皇帝要派自己去嶺南，這位大唐宗室竟然活活嚇死了：「貞觀九年，為交州都督，以南方瘴厲，恐不得年，頗忽忽憂悵，卒於官，贈交州都督。」（《新唐書》）

說到現在，大家差不多能理解蘇軾要去的嶺南，在唐宋時期的中原人心裡是個什麼地方了吧？簡而言之四個字：人間煉獄。

知道遭貶嶺南，蘇軾便把大多數家眷都遣回常州安置，只帶著愛妾朝雲、幼子蘇過以及兩個婢女動身前往惠州。做出這樣的安排，自然也是因為彼時嶺南在他的眼裡不是什麼善地。

蘇軾一行一路走走停停，終於在紹聖元年（一〇九四年）十月二日到達惠州貶所並上謝表。

蘇軾之前被貶黃州時，只能寓居於定惠院，而這次在惠州，蘇軾雖同樣被貶，但是惠州知州詹范見來了如此大人物，「待以殊禮」，特地將合江樓作為蘇軾的臨時住處。

合江樓位於惠州城東北，是三司行衙中的一座建築，東江和西枝江水至此合流，環抱如帶，堪稱惠州一大名勝。原本只有高級官員到此才有資格住在這裡，但身為謫官的蘇軾，卻享受了超標準待遇。半個月後，蘇軾遷居到嘉祐寺後山之巔的松風亭，在兩千多棵松樹的包圍中安頓下來。

此時的蘇軾已近花甲高齡，可能他自己也覺得再無復出的希望，所以，在惠州的這段時間，他的心態與在黃州時有了不同，用現在的話來說就是比較「佛系」，不爭不吵，隨遇而安，偶爾追求一下精緻生活，彷彿是在抓緊剩餘的日子，要將生活過得更舒適一些。剛到惠州十天，他就帶著兒子蘇過去佛跡院泡溫泉：「浴於湯池，熱甚，其源殆可熟物。」（〈遊白水書付過〉）

啊，這溫泉真是燙啊，感覺它源頭的水都能把東西煮熟了。直到今天，惠州的「中海湯泉」還用蘇東坡作為招牌來攬客，把蘇軾泡過澡的溫泉命名為「蘇子池」。

蘇軾雖然想要佛系地走完人生的最後一程，可上天不會在乎他的意願。蘇軾正妻王閏之已然故去，身邊相伴的是愛妾王朝雲。唐朝時，白居易年老，他舞女出身的愛妾樊素便另嫁他人。想到此事，蘇軾戲作一首〈朝雲詩〉，感嘆他和朝雲之間才是真愛：

> 不似楊枝別樂天，恰如通德伴伶玄。
> 阿奴絡秀不同老，天女維摩總解禪。
> 經卷藥爐新活計，舞衫歌板舊姻緣。
> 丹成逐我三山去，不作巫山雲雨仙。

寫到這，不得不問一句，在你的人生之中，有沒有因為一個人，而留下再不敢觸碰的記憶呢？如果有這般經歷，或許你可以理解蘇軾在朝雲死後，此生不再聽這首〈蝶戀花〉的心情：「花褪殘紅青杏小。燕子飛時，綠水人家繞。枝上柳綿吹又少，天涯何處無芳草！牆裡鞦韆牆外道。牆外行人，牆裡佳人笑。笑漸不聞聲漸悄，多情卻被無情惱。」

在惠州迎來第二個秋天，見落木蕭蕭，蘇軾請朝雲彈唱此詞，當唱至「枝上柳綿吹又少，天涯何處無芳草」時，朝雲歌喉一轉，淚滿衣襟。當問清緣由之後，蘇軾大笑，我本是因為悲秋才聽這支曲子，結果你這唱的人居然傷起春來。

蘇軾想不到，這是他跟朝雲共度的最後一個秋天。紹聖三年（一〇九六年）七月五日，朝雲病卒，蘇軾悲不自勝，將這個來自杭州西湖畔的女孩，葬在惠州的西湖邊，並在她的墓前修築一座「六如亭」，「六如」之名取自朝雲常誦的《金剛經》中的「如夢幻泡影，如露亦如電」。

六如亭有一副楹聯：「不合時宜，惟有朝雲能識我；獨彈古調，每逢暮雨倍思卿。」因為朝雲調侃蘇軾「學士一肚皮不合時宜」的記載出現在明代，所以我並不能確定此聯是否為蘇軾親筆所寫，但即便不是，它也是對蘇軾王朝雲之間感情最好的總結。

朝雲的死因，在蘇軾的悼念詩文中多有提及。〈惠州薦朝雲疏〉稱朝雲「遭時之疫」，在《與林天和長官》稱「瘴疫橫流，僵仆者不可勝計，奈何！奈何！……喪兩女使」。

按蘇軾本人的說法，朝雲是在嶺南感染了類似惡性瘧疾一類的流行病而喪命。但在北宋末年（一一一九年）成書的《萍洲可談》中，朝雲之死出現了一個非常奇幻的版本：「廣南食蛇，市中鬻蛇羹。東坡妾朝雲隨謫惠州，嘗遣老兵買食之，意謂海鮮。問其名，乃蛇也，哇之。病數月，竟死。」

嶺南人喜歡吃蛇肉，所以市場上有蛇羹出售。朝雲以為賣的是某種海鮮，叫人買來嘗了嘗。知道這是蛇肉之後，當場嘔吐，連續病了幾個月，最後身亡。《萍洲可談》成書於朝雲死後二十年內，且其作者朱彧與蘇軾本人相識，書中的記載，似乎並不能輕易否認：「余在南海，逢東坡北歸。氣貌不衰，笑語滑稽無窮。視面，多土色，靨耳不潤澤。」

有些學者推測，可能是因為朝雲的死法太過恐怖，心裡過不去的蘇軾避諱不談，僅稱她遭逢瘟疫而逝。只是，就算如朱彧所說，朝雲是因吃蛇肉羹而中毒，但蛇毒見效甚快，哪有數月之後才毒發的道理呢？而且，蘇軾如果想隱瞞朝雲死因，又何必寫那麼多文章寄給那麼多人，這樣豈不是更加張揚了？

根據現有的文獻，我只能做一個比較合乎邏輯的推測。蘇軾跟朱彧相逢談天的時候，或許提到朝雲曾因誤食蛇羹導致嘔吐的事情，之後又說到朝雲身死云云，朱彧便想當然地把這兩件事情聯想在一起。

南方人嗜蛇肉，這一風俗早在漢代就已形成。《淮南子》稱：「越人得髯蛇，以為上餚。中國得而棄之，無用。」可見，福建及兩廣地區的越人跟中原人在吃蛇肉這點上各行其是。跟《萍洲可談》年代相近的宋人筆記對嶺南的飲食習慣也多有記述：「嶺南人喜啖蛇，易其名曰茅鱔。」（《倦遊雜錄》）、「深廣及溪峒人，不問鳥獸蛇蟲，無不食之。」（《嶺外代答》）

嶺南的蠻夷部落抓蛇也有自己的一套方法，他們認為，大蛇都喜歡看花，於是抓蛇小隊的隊員們頭上插滿各種鮮花，趁蛇停下注視花朵之時，便一刀砍下牠的腦袋，因為這些巨蛇體形極大，一條蛇就夠一個村子人吃飽：

蚺蛇，大者如柱長。稱之，其膽入藥。南人臘其皮，刮去鱗，以鞔鼓。蛇常出逐鹿食，寨兵善捕之。數輩滿頭插花，趨赴蛇。蛇喜花，必駐視，漸近競拊其首，大呼紅娘子。蛇頭亦俛不動，壯士大刀斷其首，眾悉奔散，遠伺之。有頃，蛇省覺，奮迅騰擲，傍小木盡拔，力竭乃斃。數十人舁之，一村飽其肉。

（《桂海虞衡志》）

到了近代，蛇肉之於廣東，就像辣椒之於四川一樣，成為地域飲食文化乃至刻板印象的代名詞。大多數人對吃蛇肉多少抱著一點獵奇心理，不再將其視作是野人的享受和噁心的事。需要注意的是，雖然蛇肉也不是不能吃，但一定要選擇已經進行人工繁育的養殖品種，一來捕捉野生蛇類會對生態環境造成影響，私自收購野生蛇類是違反法律的；二來蛇的體內可能有像裂頭絛之類危險的寄生蟲，為了吃一口蛇肉牢底坐穿或英年早逝都不值得。

不管朝雲究竟是不是因吃蛇羹而死，蘇軾都失去了人生中最後一位紅顏知己。他的兩妻一妾都已先他而去，而蘇軾自己的人生，也即將開始倒計時。

二、別羨慕，他吃的荔枝不高級

說到蘇軾在嶺南，相信大多數人都會想起那首〈惠州一絕〉：「羅浮山下四時春，盧橘楊梅次第新。日啖荔枝三百顆，不辭長作嶺南人。」

讓人以為東坡先生剛到嶺南，就急不可耐地跑到樹下摘荔枝[1]吃了起來。然而，實際情況卻並非如此，蘇軾到達惠州已經到了年底，已過吃荔枝的最佳時機，想要吃到上好的新鮮荔枝，還要再等上一段時間。

直到來年四月十一日，來到惠州六個月之後，經過漫長等候，蘇軾才第一次吃到當地的鮮荔枝。為了紀念這寶貴的「第一次」，蘇軾當即寫了一首〈四月十一日初食荔支〉：

南村諸楊北村盧，白華青葉冬不枯。
垂黃綴紫煙雨裡，特與荔支為先驅。
海山仙人絳羅襦，紅紗中單白玉膚。
不須更待妃子笑，風骨自是傾城姝。
不知天公有意無，遣此尤物生海隅。
雲山得伴松檜老，霜雪自困楂梨粗。
先生洗盞酌桂醑，冰盤薦此赬虯珠。

1 荔枝：西漢司馬相如在他的《上林賦》中就提到了「隱夫薁棣，荅遝離支」，這裡的「離支」就是荔枝。漢武帝時曾將南方的荔枝移栽於上林苑中，可惜應該沒活多久，而「荔枝」的叫法則出現在東漢以後。現在的市場上有包括懷枝、三月紅、妃子笑等十多個荔枝品種，其甜度及口味不盡相同。

似聞江瑤斫玉柱，更洗河豚烹腹腴。
我生涉世本為口，一官久已輕蓴鱸。
人間何者非夢幻，南來萬里真良圖。

通俗地說，只要見到荔枝，楊梅和橘子可以一邊待著去了。你看荔枝那紅通通的外殼，就像是穿著羅裙，裡面如玉的果肉是多麼迷人，就算沒有楊貴妃，憑它的風味也足以傾城。這麼完美的水果生在這裡，估計是上天特意的安排，我們且把盤子洗乾淨，倒上一杯桂酒，好好品味這像龍珠一般的寶物吧。剝開荔枝殼像是剝開鮮美的江瑤柱，又像是精心烹製的河豚腹。我這人活這一輩子，本來就是為了口腹之欲，被貶幾萬里來到南方，沒想到還能攤上這種好事。

是不是聽得嘴裡不自覺分泌唾液，恨不得上購物網站訂購兩斤荔枝呢？其實，楊貴妃並不是為荔枝大張旗鼓的第一人，這種獨具風味的南方水果早在漢代就已經成為皇室的貢品：「舊南海獻龍眼、荔枝，十里一置，五里一堠，奔騰阻險，死者繼路。時臨武長汝南唐羌，縣接南海，乃上書陳狀，帝下詔曰：『遠國珍羞，本以薦奉宗廟。苟有傷害，豈愛民之本。其敕太官，勿復受獻。』由是遂省焉。」（《後漢書》）

漢和帝（西元八八年至一〇五年在位）時，唐羌到臨武做官。按照漢朝舊例，南海郡（治所在今廣州）每年要向長安進貢龍眼和荔枝，沿途朝廷在道路上每隔十里設一座驛站，每隔五里設一座瞭望臺，驛使前後相繼奔馳送貢，因為過度勞累死在半路的數不勝數。臨武也在驛路中，唐羌不忍再見如此慘劇，透過上書成功打動皇帝，免除了這兩項貢品。

白居易在〈茘枝圖序〉裡稱茘枝只要從樹上摘下：「一日而色變，二日而香變，三日而味變，四五日外，色香味盡去矣。」保鮮始終是運輸茘枝的一大難題。漢朝將嶺南的茘枝運到長安，路途實在過於遙遠，到了唐玄宗時，則取四川的茘枝，從蜀中運到長安供他和愛妃享用，從此留下了「一騎紅塵妃子笑，無人知是茘枝來」的典故。

不過，無論是嶺南的茘枝，還是四川的茘枝，在宋人心裡都不屬於茘枝中的頂尖品。在蘇軾到達惠州的三十多年前，嘉祐四年（一〇五九年），一個叫蔡襄的人撰寫了中國現存最早的茘枝專著《茘枝譜》，將福建出產的茘枝推為第一，書中還直白地說：「九齡、居易雖見新實，驗今之廣南州郡與夔、梓之間所出，大率早熟，肌肉薄而味甘酸，其精好者僅比東閩之下等，是二人者亦未始遇夫真茘枝者也。」

張九齡和白居易當年見到的都是嶺南以及四川出產的茘枝，大都早熟，肉又薄又酸，就算是其中的上品也只相當於福建茘枝裡的下等。可憐啊可憐，這兩人在文章裡吹了一輩子茘枝，卻都沒吃過真正的好茘枝。

蔡襄是福建人，任官也大多在福建境內，對福建當地茘枝熟悉是理所應當的，但同時黑四川和嶺南的茘枝，總讓人覺得有種故意捧自己老家的感覺。也許有人會問，既然福建茘枝天下第一，怎麼沒聽說漢朝和唐朝要求進貢福建茘枝？

其實這個問題，倒也不能跟茘枝的品質扯上關係。福建的開發甚至比兩廣地區還要晚，一直到五代十國時期，掌握福建的軍閥王審知奉行息兵安民政策，所謂「寧為開門節度，不做閉門天子」，使得福建成為亂世中的一方樂土，此後這裡的人口才出現倍增態勢。如果往前推到漢朝，大家會發現，大漢在福建境內只設了一個有建制的縣——東冶縣，位於今天的福建省會福州市境內。而這個東冶縣的主要職能，是為了轉送來自越南「交趾七郡」等地的貢品，堪稱極品工具人。既然宋之前的福建，論荒僻危險比起嶺南有過之而無不及，那這裡的荔枝被朝廷忽視也是理所當然的，因為誰能想到歹竹也能出好筍呢？

蔡襄寫道，福建各地以福州種植荔枝最多，有的一戶人家就有上萬棵荔枝樹，亦有樹齡高達三百歲者，水果商人們在花期剛到時就會跟主人家簽訂契約，劃分林地，林地內產出多寡由商人自己承擔。果實採摘之後，除了順著運河送到汴京外，還穿過大洋遠銷到高麗、日本、琉球等國。

只是，就憑當時的保鮮技術，想要吃到新鮮荔枝，還是要到原產地去等著才行。為了保證遠行售賣的荔枝不在途中腐爛，需要經過特殊的加工處理。《荔枝譜》第六節收錄了四種福建當時使用的荔枝加工法，分別被稱作紅鹽、白晒、蜜煎、晒煎。

紅鹽法。用鹽梅鹵浸泡佛桑花做成紅漿，把荔枝果實放入其中醃製，再撈出晒乾，跟我們此前介紹過的鹽梅做法差不多。以這樣的方法做出來的荔枝乾「色紅而甘酸，可三四年不蟲」，特別適合進貢使者與赴外的商旅購買。

白晒法。指把鮮荔枝放到烈日下晒至核硬，再儲存於甕中，密封上百天，這一道工序被稱為「出汗」。

蜜煎法。剝開生荔枝，榨去汁液，然後和著蜜煮，製成類似今天蜜餞一樣的東西，蘇軾在定州吃到的蜜漬荔枝應該就是用這種方法加工出來的。

晒煎法。這是蔡襄自創的方法，將荔枝晒至半乾後放進蜜中煮，這樣荔枝原本的風味不至於流失太多，顏值上也更加出色，用蔡襄自己的話來說就是「色黃白而味美可愛」。

開始的時候，進貢的荔枝都是用紅鹽法跟蜜煎法製造。宋仁宗時，因為「遠不可致」，增加了白晒荔枝並降低紅鹽荔枝的比例。蔡襄發明的晒煎法，只用一些鮮荔枝，就能做出跟原來份量相同的貢品。只是，這樣節省民力就使得貪官汙吏無法從中貪墨，蔡襄去職後，晒煎法就被拋棄了，所以，蘇軾來嶺南之前只能吃蜜煎古法做成的荔枝乾。

在諸多的宋人筆記裡，我們還能找到為數不少的冠以荔枝之名的飲料，比如荔枝膏：「諸般水名……滷梅水、江茶水、五苓散、大順散、荔枝膏。」（《西湖老人繁勝錄》）似乎是一種以荔枝熬製成的濃縮沖泡飲品。然而，多查一些資料就會知道所謂的荔枝膏，不過是張冠李戴的心理騙局，元代食療大師忽思慧在他的《飲膳正要》中記載了做荔枝膏所需的原料：

> 烏梅（半斤，取肉）、桂（一十兩，去皮，銼）、沙糖（二十六兩）、麝香（半錢，研）、生薑汁（五兩）、熟蜜（一十四兩）、右用水一斗五升，熬至一半，濾去滓，下沙糖、生薑汁，再熬去滓，澄定少時，入麝香攪勻，澄清如常，任意服。

這裡面離水果比較近的東西，其實只有烏梅一項而已。如今的綠皮火車（編注：曾流行於蘇聯與中國等社會主義國家的鐵路客車塗裝設計）以及旅遊景點常賣的所謂「新疆天山大烏梅」，也不過是用香精將李子調出烏梅味而已。說起來這還真有種「今人不見古時月，今月曾經照古人」的感覺。所以，沒有一點歷史功底的朋友，千萬不要輕易去嘗試復原你感興趣的古代菜品，不然做出來牛頭不對馬嘴，你還要鄙視古人居然吃這種奇怪的玩意兒。

跟荔枝膏一樣容易讓人誤會的還有一道宋代名菜「荔枝白腰子」，在宋代的御膳菜單中即有此物。當年宋高宗親臨張俊家中，張俊為招待皇帝而擺出的十五道下酒菜裡，第一盞就是花炊鵪子跟荔枝白腰子。

大家不要以為這是拿荔枝果肉跟豬腰子混在一起燒的黑暗料理。說實話真這麼做，我都不敢想像帶著腰騷味的荔枝和帶有荔枝甜味的豬腰哪個更加難吃。這道菜之所以以荔枝為名，是因為廚師將豬腰切花刀，腰子受熱後表面分裂捲起，看上去就像荔枝的外殼；而「白」指的則是用蛋清混著炒，這跟我們現在家常處理豬肝和豬腰子的方法基本上是一樣的。

想想〈四月十一日初食荔支〉中蘇軾那句「我生涉世本為口」，這和當初〈初到黃州〉那句「自笑平生為口忙」本是一脈相承，不過，從前的蘇軾對食物可以說是處處留情，但對水果一向不算特別在意，和魚、肉乃至蔬菜相比，只有為數不多的幾篇詩文是以水果為主題。然而，來到四季如春的羅浮山下，這小小的荔枝，居然讓他甘心在淒山苦水的嶺南常待下去，在蘇軾的人生中，好像還是第一種水果占有如此重要的地位呢。

在惠州衙署的東堂，有陳文惠公的祠堂。堂下有一株陳文惠公當年手植的荔枝樹。陳文惠公就是陳堯佐，他是四川閬中人，也曾經來到惠州。這年正巧是豐年，荔枝多到吃都吃不完，這會兒蘇軾或許真的可以「日啖荔枝三百顆」，不僅如此，他還放了猿猴去採摘高處的荔枝。蘇軾一生沒有到過福建，蔡襄筆下冠絕天下的「陳紫」荔枝，他也無緣得見。不過，蘇軾何許人，對於蔡襄這位荔枝界的學術權威，蘇軾不一定看得上，更別提認同他的說法了。雖然這會兒天天吃著新鮮荔枝，但他還不忘藉此回顧歷史上那些為了荔枝勞民傷財的故事，特別為之撰寫了一首〈荔枝嘆〉：

十里一置飛塵灰，五里一堠兵火催。
顛坑仆谷相枕藉，知是荔枝龍眼來。
飛車跨山鶻橫海，風枝露葉如新采。
宮中美人一破顏，驚塵濺血流千載。
永元荔枝來交州，天寶歲貢取之涪。
至今欲食林甫肉，無人舉觴酹伯游。
我願天公憐赤子，莫生尤物為瘡痏。
雨順風調百穀登，民不饑寒為上瑞。
君不見，武夷溪邊粟粒芽，前丁後蔡相寵加。
爭新買寵各出意，今年鬥品充官茶。

吾君所乏豈此物，致養口體何陋耶？
洛陽相君忠孝家，可憐亦進姚黃花。

這首詩不但寫得氣勢磅礡，罵得也很有水準，更有趣的是，蘇軾中間還提到了蔡襄：「君不見，武夷溪邊粟粒芽，前丁後蔡相寵加。」你沒見到武夷溪邊的名茶「粟粒芽」，前有丁謂，後有蔡襄，都在眼巴巴地想要進呈給趙大官人邀寵啊。蔡襄在自己家鄉福州任職的時候，顧念同鄉百姓，特意發明晒煎法，只為減少運送荔枝消耗的民脂民膏，但一旦到了別的地方，為了得到皇帝眷顧，照樣大張旗鼓地進獻特產，這樣區別對待，可見玩起雙標，你蔡襄還是蠻有一套的嘛！

相傳，蘇軾寫下「日啖荔枝三百顆」，是聽當地人用粵語說「一啖荔枝三把火」之後產生的誤會。雖然這說法沒什麼根據，但在中醫的理論中，一直把荔枝歸為性熱的食物，認為吃多了有上火的風險。

雖然「上火」在現代醫學裡尚無法理解，只能以「發炎」視之，但吃荔枝上火，這一點在蘇軾身上倒準得很……在惠州，他的痔瘡又大發作了。

男神怎麼可能得痔瘡呢？得痔瘡的男神還是男神嗎？東坡的女粉絲心裡或許正在咒罵我。但這可是你們不得不面對的事實，蘇軾是一個被痔瘡困擾了幾十年的老病患。翻開他跟友人往來的書信，他似乎從不介意把自己的病情進展跟大伙分享：「近日又苦痔疾，呻吟幾百日。」（〈又與王庠書〉）、「某近以痔疾，發歇不定，亦頗無聊，故未和近詩也。」（〈與程正輔四十七首〉）、「近苦痔疾，極無聊，看書筆硯之類，殆皆廢也。所要寫王維、劉禹錫碑，未有意思下筆。」（〈答南華辯師五首〉）

在惠州，蘇軾頑固的痔瘡顯得更難對付，或許其中就有荔枝的加成作用在。按照蘇軾自己的追溯，現在的他受痔瘡困擾已達二十一年之久（如此看來得此隱疾應該是在密州任上的事）。為了對付這個身體內部的敵人，蘇先生可以說嘗試了各種藥補食補乃至心靈療法：

近日忽大作，百藥不效，雖知不能為甚害，然痛楚無聊兩月餘，頗亦難當。出於無計，遂欲休糧以清淨勝之，則又未能遽爾。但擇其近似者，斷酒斷肉，斷鹽酢醬菜，凡有味物，皆斷，又斷粳米飯，惟食淡麵一味。其間更食胡麻、伏苓少許取飽。胡麻，黑脂麻是也。去皮，九蒸曝白。伏苓去皮，擣羅入少白蜜，雜胡麻食之，甚美。如此服食已多日，氣力不衰，而痔漸退。久不退轉，輔以少氣術，其效殆未易量也。此事極難忍，方勉力必行之。惟患無好白伏苓，不用赤者，告兄為於韶、英、南雄尋買得十來斤，乃足用，不足且旋致之，亦可。已一面於廣州買去。此藥時有偽者。柳子云盡老芋是也。若有松根貫之，卻是伏神，亦與伏苓同，可用，惟乞辨其偽者。頻有干煩，實為老病切要用者，敢望留念。幸甚！幸甚！

（〈與程正輔書〉）

首先，戒酒戒肉，包括醬菜之類口味重的食物統統從菜單裡刪掉，就連米飯都慘遭牽連。而在此期間，蘇軾為自己準備的貼心小食則是芝麻茯苓餅，將九蒸晒好的黑芝麻，混上去皮的茯苓，少摻上一點蜂蜜，又甜又香。連著吃了幾天之後，蘇軾覺得絕食也並沒影響精神，痔瘡也似乎比原來的情況要好上一些。茯苓這味中藥主治脾虛食少，便溏泄瀉，黑芝麻也有緩解腸燥便祕的作用。這兩種藥對於改善痔瘡引起的排泄痛苦是對症的。對藥理頗了解的蘇軾，還特意寫信給程正輔，稱自己需要高品質的白茯苓，希望他在韶州、英州和南雄等地先買十幾斤送來。蘇軾也表明已另外派人前去廣州尋找，只是現在市面上常有人拿老芋頭冒充茯苓，買的時候可千萬要當心。

我們之前講過《蘇沈良方》，裡面確實有治療痔瘡出血的一個祕法，就是用藥水清洗私處。古代人受痔瘡困擾者並不比現代人少，痔瘡手術也應運而生。一直到明清，為了治療痔瘡下虎狼之藥的事情都層出不窮。

明人陳實功的《外科正宗》一書裡記載了名為「三品一條槍」的藥物，即是將白礬、砒霜、雄黃、乳香四味藥搓成長條，塞入肛門內治痔瘡。「三品一條槍」本是希望以這些藥使患部組織壞死脫落，可是因為砒霜這些藥物本身有毒性，在進行的過程中，醫家往往很難掌握好用量，甚至時常出現病人中毒致死的案例。就連大名鼎鼎的明朝首輔張居正，其死因都跟痔瘡治療有直接關係。

相比於他們，蘇軾的食補療法好歹不會讓自己受太大折磨，起碼茯苓芝麻餅的味道還不錯，至於效果嘛，反正看他之後還是經常寫文章吐槽痔瘡發作的事情，應該也是比較有限吧。

三、酒與羊的完美融合

盧祖尚跟唐太宗說，在嶺南做官為了避免中瘴氣之毒，需要每天飲酒，這在當時未必誇張。蘇軾剛進惠州城門，當地父老鄉親便簇擁著歡迎他，並獻上當地的特色酒「嶺南萬戶春酒」。之後，附近南雄、廣州、梅州、循州等地的地方官們便好像是跑接力賽一樣的派人送酒給他。看來，這杯中之物在嶺南確實是絕對需求。

而一到惠州，蘇軾就開始自己釀酒，在寓居合江樓那麼短的時間內，他居然成功製作出一種家釀，命名為羅浮春。之所以如此命名，是為了紀念酒是在羅浮山下釀成的：

海上蔥曨氣佳哉，二江合處朱樓開。
蓬萊方丈應不遠，肯為蘇子浮江來。
江風初涼睡正美，樓上啼鴉呼我起。
我今身世兩相違，西流白日東流水。
樓中老人日清新，天上豈有癡仙人。
三山咫尺不歸去，一杯付與羅浮春。
（〈寓居合江樓〉）

由於酒稅是朝廷的重要收入，所以宋朝嚴禁百姓私自釀酒。宋太祖時規定如果私釀酒達到「城郭二十斤，鄉間三十斤」的數量，就要處以棄市之刑。另外，宋仁宗還嚴禁宗室成員賣酒，不過就像二十世紀二十年代美國頒布禁酒令以後一樣，因為國家專賣的酒限制頗多，價格不菲，縱然嚴刑峻法，民間釀酒者依舊層出不窮。

如此想來，蘇軾之前在黃州釀的蜜酒「一試之而止」，應該也是畏懼嚴苛的禁酒令。不過，嶺南在此時是禁酒令外的一片自由天地，蘇軾沉寂已久的金手指又蠢蠢欲動。當年十二月，蘇軾又造出了桂酒：

中原百國東南傾，流膏輸液歸南溟。
祝融司方發其英，沐日浴月百寶生。
水娠黃金山空青，丹砂晨暾朱夜明。
百卉甘辛角芳馨，旃檀沈水乃公卿。
大夫芝蘭士蕙蘅，桂君獨立冬鮮榮。
無所攝畏時靡爭，釀為我醪淳而清。
甘終不壞醉不醒，輔安五神伐三彭。
肌膚渥丹身毛輕，冷然風飛罔水行。
誰其傳者疑方平，教我常作醉中醒。

（〈桂酒頌〉）

釀桂酒法並非蘇軾創製，而是得自於某位隱者。不過，蘇軾從來不吝於分享自己手裡的那些祕方，釀桂酒法即被他和這篇〈桂酒頌〉一道刻為石碑放置在羅浮鐵橋之下，「以遺後之有道而居夷者」——留給後世跟我境遇一樣的有緣人。

據說按此方做出的玉色桂酒「香味超然，非人間物」，蘇軾在文章中還再一次提到嶺南並無酒禁的事情，來說明他這可是完全合法的哦！時過境遷，蘇軾立的這塊石碑早已不知去向，今人無緣得見，他當初喝的桂酒用料到底有何特別，可能永遠都找不到答案了。

不過，每天這麼灌，當然免不了被宿醉問題困擾。大概就在寫完〈桂酒頌〉幾天後，蘇軾就因為飲酒過度「病酒，昏昏如夢中也」。可是，這天下哪有酒客會因為宿醉而放棄喝酒的呢？《東坡志林》載，紹聖二年五月十五，蘇軾的新品「真一酒」釀造成功，這種酒比桂酒幸運一些，好歹「米、麥、水三一而已」的配比法被保留下來。為表紀念，蘇軾還專門請羅浮山道士鄧守安祭祀了北斗真君。

講到這裡，必須提到一位蘇軾神交的古人，初唐號為「東皋子」的王績。

唐朝建立後，王績被委任為門下省待詔。按規定，待詔每天可以得到三升美酒。王績的弟弟王靜有一次問他：「大哥啊，你做待詔快樂嗎？」王績只回答說，唉，那每天的三升美酒多讓人留戀。宰相陳叔達知道後，下令將每天給王績的酒從三升提高到一斗，因此時人稱王績為「斗酒學士」。

蘇軾在惠州專門為王績撰〈書東皋子傳後〉一文。開頭就寫自己：哎呀，天下再也沒有酒量比我小的人了，每天喝酒決不能超過五合（即半升）。但只要看到客人們開懷暢飲，心裡感覺痛快得不得了。東皋子當年不過每天得三升酒，自己都不夠喝，更別說款待客人了。現在我每個月用五斗米釀出六斗酒，每天都有兩升半酒要落進道士們的肚子裡：「然東皋子自謂『五斗先生』，則日給三升，救口不暇，安能及客乎？若予者，乃日有二升五合入野人道士腹中矣。」

惠州雖然僻居嶺南，但對於蘇軾這般與道教頗有緣分的人來說，卻是個有歷史淵源的地方。東晉著名修道人、《抱朴子》的作者葛洪曾因為任廣州參軍而南下，後來入羅浮山修道。葛洪的特長就是煉製丹藥，他聽說交趾盛產硃砂，為了滿足自己煉丹的願望，還數次上書要去做鄰近交趾的句漏縣令（廣西北流）。據說葛洪在羅浮山隱居至死，其屍身顏色如生，體亦柔軟，人人都認為這說明他屍解成仙。

上文提到，在黃州期間，道家思想對蘇軾的文學創作有巨大影響。這下來到葛洪故居，蘇軾對道學的興趣不免更為濃厚。自紹聖二年（一〇九五年）的二月一日起，蘇軾便開始修煉道家所謂的〈龍虎鉛汞說〉，力求節食禁慾：

> 作乾蒸餅百枚，自二月一日為首，盡絕人事。饑則食此餅，不飲湯水，不啖他物。細嚼以致津液，或飲少酒而已。午後略睡，一更臥，三更乃起，坐以達旦，有日采日，有月采月，余時非數息煉陰則行，今所謂龍虎訣耳。如此百日，或有所成，不讀書，不看經，且一時束起，以待異日，不遊山水，除見道人外，不接客，不會飲，皆無益也。深恐易流之性，不能終踐此言，故先作書以報。庶幾他日有慚於弟，而不敢變也。此事大難，不知其果然能不慚否。此書既以自堅，又欲以發弟也。

蘇軾計劃以一百天為週期，開始他的修煉，如果照這法子修煉成功，日後他再見到別人，或許可以做這樣的自我介紹：我的名字是蘇軾子瞻，五十九歲，住在嘉祐寺後山的松風亭，現已喪偶。我在嶺南惠州任寧遠軍節度副使，但我平常都不去上班。我不喝湯，飲酒也是淺嘗輒止，每天午後我會先睡一覺，到了晚上一更再躺到床上，睡前會細嚼一塊乾蒸餅，然後馬上熟睡，一覺睡到三更，之後就在打坐中等待第二天的到來。此外，我不讀書，不唸經，不遊山玩水，不參加宴會，道士們見了，都說我現在很健康……。

這樣平靜且規律的生活，蘇軾能過嗎？就連他自己都懷疑：「不知其果然能不慚否。」但是文章都發出去了，要是堅持不下來，可就臉丟大了，所以，蘇軾還是試著挑戰了一下自我。他最後真的堅持三個月嗎？答案是沒有。詩文不會說謊，別忘了上節提到過，在紹聖二年的四月十一日，他便興奮地大啖起荔枝。

其實何止是沒信心做，蘇軾這種老饕破功的速度簡直令人咋舌。黃庭堅曾有〈題東坡書道術後〉，作為蘇門四學士之一，他可以說對蘇軾三天打魚兩天晒網的習慣真是見怪不怪：

> 東坡平生好道術，聞輒行之，但不能久，又棄去。

不過，雖然修道的態度不端正，但黃庭堅也承認蘇軾關於道家的那些文章是寫得真好，說他是從海上仙山來的「謫仙人」也不為過：「談道之篇傳世，欲數百千字，皆能書其人所欲言。文章皆雄奇卓越，非人間語。嘗有海上道人，評東坡真蓬萊瀛洲方丈謫仙人也。流俗方以造次顛沛，秋毫得失，欲軒輊困頓之，亦疏矣哉。」

大家倒也不用擔心詩仙李白在九泉之下發火，告蘇軾跟黃庭堅侵犯自己的版權。因為在北宋時期，還沒有以詩仙專指李白的習慣。唐朝詩人元稹、白居易、劉禹錫、賈島、王涯全都曾被時人稱作詩仙，尤其是白居易的「詩仙」頭銜，還是唐宣宗皇帝在詩裡欽定的：「綴玉聯珠六十年，誰教冥路作詩仙。浮雲不繫名居易，造化無為字樂天。」把原本並不專指的「詩仙」身分歸給李白，那是南宋以後一代代文人不斷塑造的結果。

在蘇軾之後幾十年，一位叫作唐庚的官員被貶惠州，他同樣沉迷於釀酒事業。據《鶴林玉露》所載，唐庚將他釀的低度酒稱作「養生主」，高度酒稱作「齊物論」，喝得還真是頗有境界呢。或許，他如此作為也是受到蘇軾這個大前輩的啟發。

在之前的章節，我們說了很多關於酒的內容。但基本上只在說喝酒，沒怎麼提及用酒做菜。對烹飪有些許了解的人應該都明白，用酒來給肉類去腥可謂是百試百靈，蘇軾又怎麼會不懂這一點呢？在寫給蘇轍的信中，蘇軾透露了他那款「嶺南羊蠍子[2]」的做法，而酒在其中就扮演了重要的角色。

惠州市井寥落，然猶日殺一羊，不敢與仕者爭買，時囑屠者買其脊骨耳。骨間亦有微肉，熟煮熱漉出（不乘熱出，則抱水不乾）。漬酒中，點薄鹽炙微燋食之。終日抉剔，得銖兩於肯綮之間，意甚喜之。如食蟹螯，率數日輒一食，甚覺有補。子由三年食堂庖，所食芻豢，沒齒而不得骨，豈復知此味乎？戲書此紙遺之，雖戲語，實可施用也。然此說行，則眾狗不悅矣。

（〈與子由書〉）

因為獲罪而被趕到惠州的蘇軾，身分依舊是士大夫，按理來說膳食方面不能太過馬虎。只是惠州市井寥落，屠戶每天也就殺一隻羊拿來賣。蘇軾如今掛個節度副使的頭銜，但不能簽書公事，等於被剝奪了參政權利。這隻羊供給那些有實權的土豪們吃還不夠，只掛個空名的蘇軾不敢與之爭搶，不過這個一輩子都愛羊肉的人又不能不吃，所以只好耍點小手段。

他買通商家，求他們把沒人要的羊脊骨留下來給自己，拿到家中用滾水煮熟，趁熱濾乾多餘的水分，再漬以事先準備好的黃酒，用酒醃製入味以後，生起一把炭火開始燒烤，再撒點鹽略加調味，將其烤到骨肉表面微焦，一份美味的謫官特供版羊脊骨，便可以下肚了。

羊脊骨上的肉深藏在各個關節的縫隙之間，蘇軾在脊骨間摘剔碎肉，能仔仔細細地挑著吃上一整天。他不但不覺得麻煩，反而認為這樣別有一番滋味，感覺就像在吃蟹螯，又鮮美又有趣。

蘇軾還不忘自嘲道：「然此說行，則眾狗不悅矣。」——我這燒羊脊骨的方法要是傳開了，天下人還不得群起效仿，現在惠州街頭的狗都沒有骨頭啃了，牠們一定都很恨我啊。

---

2 羊蠍子：在當下，帶里脊肉和脊髓的完整羊脊椎骨，因其形跟蠍子相似，故而被稱作「羊蠍子」。在中國北方各省市，羊蠍子火鍋頗為常見，清湯濃湯各有一番滋味。

這般的玩笑，之前初至黃州的蘇軾難以想像。看來，時間真的會讓人平靜下來。哦，對了，除了時間，還有他對食物的愛。

值得一提，蘇軾這趟被貶後，一開始要去的英州（今廣東英德），正是當時遠近聞名的羊肉產地：「乳羊，本出英州。其地出仙茅羊，食茅，舉體悉化為肪，不復有血肉，食之宜人。」（《桂海虞衡志》）。

英州的這種仙茅羊，脂肪含量非常高，燒熟幾乎很難找到瘦肉。不過，蘇軾才出發沒多久，一封新的詔書又把他調去了惠州，這般聞所未聞的肥羊，便與他失之交臂。更可惜的是，這個羊種並沒有留存到現在，如果蘇軾品嘗了英州仙茅羊，留下詩文稱讚，牠們的命運或許會有不同吧。

對蘇軾來說，過去十五年裡最充實的日子應該就是重回杭州的那幾年。在惠州城西，本有一處名為豐湖的湖泊，蘇軾常常來此遊玩，還提議募資在湖上修建長橋。在潛意識中，他或許已經把這裡當作杭州西湖的替代品了吧，不然也不會在酒後寫下「夢想平生消未盡，滿林煙月到西湖」這樣的詩句。漸漸地，惠州西湖的名稱取代了豐湖，藉著蘇東坡的名聲，成了越傳越廣的名勝，如今已經和杭州西湖一樣，成了5A級國家風景區（中國旅遊景區品質等級劃分，5A為最高等級）。

跟黃州時期如出一轍，在惠州蘇軾也做起了田舍翁：「吾借王參軍地種菜，不及半畝，而吾與過子終年飽飫，夜半飲醉，無以解酒，輒擷菜煮之。味含土膏，氣飽風露，雖粱肉不能及也。」

上次被貶，蘇軾只是個團練副使，如今好歹是節度副使了，不用再像開墾東坡那般辛苦，只用半畝地種種蔬菜，自己跟兒子整年都吃得飽飽的。偶爾喝醉，半夜到地裡去摘點新鮮菜煮熟，吃下解酒，那味道真是比肉還肥美得多。

有一次夜晚下起雨來，蘇軾第二天來到自家的菜圃一看，果然菜蔬經過雨水澆灌後都長大不少，新鮮翠綠惹人憐愛：

> 夢回聞雨聲，喜我菜甲長。平明江路濕，並岸飛雨槳。
> 天公真富有，膏乳瀉黃壤。霜根一蕃滋，風葉漸俯仰。
> 未任筐筥載，已作杯案想。艱難生理窄，一味敢專饗。
> 小摘飯山僧，清安寄真賞。芥藍如菌蕈，脆美牙頰響。
> 白菘類羔豚，冒土出蹯掌。誰能視火候，小竈當自養。
> （〈雨後行菜圃〉）

在惠州期間，蘇軾有一組名為〈小圃五詠〉的雜詩，分別描繪了人參、地黃、枸杞、甘菊、薏苡這五種作物。他盛讚上黨人參的效驗「移根到羅浮」後，培育出的人參苗「青椏綴紫萼，圓實墮紅米」，一點也沒走鐘。興奮之餘，「黃土手自啟」，「齕齧盡根柢」，一個急於看到收成的農家老漢如在眼前。

自古以來，嶺南的「瘴氣」便讓中原人膽寒。關於什麼是瘴氣歷來說法不一，現在一般認為可能是瘧疾之類熱帶傳染性疾病的總稱。臭名昭著的瘴氣嚴重影響了南方的開發，更是奪走無數人的生命，直到新中國成立以後，為害千年的瘴氣才被根治。

為了防範嶺南瘴氣，蘇軾當時除了喝酒，還開始以薏米作為主食。吃薏米能解瘴氣的說法在東漢時就有記載。東漢名將伏波將軍馬援南征交趾平叛時，就是靠吃薏米防止中毒。等班師回朝，馬援特地帶了幾車薏米回洛陽。不料在他死後，竟有人向皇帝舉報，將薏米說成是馬援在嶺南搜刮來的珍珠。皇帝震怒之下，馬援的葬禮極為淒涼，親朋好友都不敢去弔唁。有感於此事，蘇軾寫道：「伏波飯薏苡，御瘴傳神良。能除五溪毒，不救讒言傷。」

或許薏米真的可以解瘴氣，但卻解不了讒言帶來的傷害。蘇軾遭受到的迫害，不比馬援身上的輕，新黨舊黨互相歪曲事實捏造罪名的手段，也絲毫不輸給搆陷馬援的奸人。既然如此，自己未來的下場會不會比馬援還要糟糕呢？畢竟此時的蘇軾已經步入花甲之年，按照古人平均壽命來說，黃土都快埋到脖子了，偶爾想起身後事，也不是那麼輕易能夠放下的。

在惠州，蘇軾回想起當初的那句「試問嶺南應不好，卻道，此心安處是吾鄉」，當時他不曾想到自己會有今天。不過，雖然被貶，畢竟他現在還有酒喝，還有羊脊骨吃，未來會怎麼樣他並不知道，可難道還會比現在更差嗎？算了算了，惠州這地方也還不錯，可以安享晚年，作為「此心安處」也未嘗不可……。

對了，我做書似乎還欠點條理，總是先講完了主體，然後才發現還有有趣的內容沒說。關於蘇軾和惠州，還有一件事值得一提，不過那已經是後話了。

南宋紹興三年（一一三三年），蘇軾去世三十二年後，嶺南發生民變，農民起義軍領袖謝達攻陷惠州。為了報復朝廷官兵，謝達將惠州城劫掠一空，然後放火燒城，使惠州成為一片廢墟。然而，廢墟之上還有一處完好無損，那便是蘇軾在惠州時的住處。

謝達可以說是蘇軾的粉絲，他不僅沒有焚燬東坡的故居，還派人將朝雲墓前的「六如亭」修葺一新，甚至宰了一隻肥羊，運來美酒，以祭奠東坡先生的在天之靈。

倘若蘇軾真的有靈，看到此情此景，不知會做何感想呢？

第十章　天涯海角望明月

一個生於四川的海南人，在碧海椰林間回望著大陸，
他似乎能看到，那從始至終都沒有走完的歸途。

一、海的那一邊

未來還能更差嗎?當然能。蘇軾在惠州的生活，隨著朝雲的離世而急轉直下。

從此時開始，北方的親朋們再次遭遇詛咒般的集體受害。故友道潛和尚在杭州犯法，被勒令還俗，發配兗州。原因多少讓人有點哭笑不得：道潛以前的法名是曇潛，改了現名後跟從前出家度牒上的訊息不吻合，於是被狀告偽造度牒。當然了，背後的原因大家都懂，因為道潛是蘇軾的好朋友，這才特別被針對。

山雨欲來風滿樓。紹聖四年（一〇九七年）二月二十二日，宋哲宗下令，毀掉過去蘇軾撰文刻成的上清儲祥宮碑，由蔡京另寫。而朝廷裡的新黨，始終沒有忘記蘇軾這個「心腹大患」。六天後，二月二十八日，蘇轍被貶為化州別駕，安置於廣東雷州，蘇軾的門生晁補之、張耒等人亦遭貶斥。

誰都能看出蘇軾將要面對新黨的新一輪瘋狂報復。二月十九日，朝廷對他的處理決定正式下達：「授瓊州別駕，移昌化軍（治所在今海南儋州）安置。」

陸游在《老學庵筆記》中提到，章惇當時給蘇軾蘇轍兩兄弟挑選流放地的方法很取巧，你們哥倆不是最愛玩文字遊戲嗎，我也跟你玩。蘇軾字子瞻嘛，就取瞻的右邊，我把你趕去儋州。蘇轍字子由，剛好，雷下面那個田不錯，你就去雷州了!我不知道陸游的記載是否真實，但能做出這樣的安排，一看就是熟人作案。

四月十七日，蘇軾收到移居海南島的誥命，他什麼都沒說，坦然接受自己的命運，帶著三子蘇過一同啟程。五月十一日，蘇軾行至藤州（今廣西藤縣），與正赴雷州途中的弟弟蘇轍一家相會。六月五日，兩人到達雷州，雷州長官張逢早早來到城門口迎接，並將這一大家人安排進館舍休息。

說來遺憾，這是兄弟二人人生中最後一段攜手並肩相處的日子。不久之後，蘇軾將在此渡海，前往海的那一邊。

大海那邊是什麼？是海南島。當初漢武帝滅南越之後，在此設立了珠崖、儋耳兩郡，這裡生活著諸多跟嶺南山地裡文明程度相當的原住民。經過一千年的發展，島上人的生活水準與大陸的差距越來越大。和孤懸海外的海南島相比，素來被認為蠻荒偏僻的兩廣地區都算是文明開化之地，蘇軾被貶至此之前，海南還不曾出過哪怕一個進士。二百五十年前，唐代宰相李德裕同樣被貶至海南，一年多便因病去世。

七月二日，蘇軾到達貶所昌化軍，這裡距汴京七千二百八十五里，堪稱是當時世界的盡頭。

蘇軾跟兒子的新家在一片桄榔樹下。桄榔是熱帶常見的棕櫚科樹種，樹幹髓心含可食用的澱粉，花可以製糖，果實可以用來釀酒。明代的琉球王國，給這種酒取了個洋氣的名字叫「天竺酒」，還將它作為國禮送到朝鮮半島。不過，據說這酒的味道十分苦烈，一般人是喝不下去的。

就在桄榔林下，一天晚上，蘇軾做了個讓他忐忑不安的夢：「夜夢嬉遊童子如，父師檢責驚走書。計功當畢春秋餘，今乃初及桓莊初。怛然悸寤心不舒，起坐有如掛鉤魚。」小時候貪玩，本來那天該把《春秋》讀完的。結果摸魚太過，一天過去了，卻只讀到魯桓公和魯莊公在位時候的事，還在開頭那裡呢，進度條嚴重不足的蘇軾，想到要被父親蘇洵責罵，一時驚起。

身在內地的人，可能對桄榔不熟悉，但與它同科的一位親戚檳榔[1]，恐怕就無人不知了，不過，那還得歸功於它的果實。蘇軾在嶺南時，當地人愛嚼檳榔的風俗就給他留下了挺深的印象，為此他還寫了一首〈食檳榔〉詩：

月照無枝林，夜棟立萬礎。眇眇雲間扇，蔭此九月暑。
上有垂房子，下繞絳刺御。風欺紫鳳卵，雨暗蒼龍乳。
裂包一墮地，還以皮自煮。北客初未諳，勸食俗難阻。
中虛畏泄氣，始嚼或半吐。吸津得微甘，著齒隨亦苦。
面目太嚴冷，滋味絕媚嫵。誅彭勛可策，推轂勇宜賈。
瘴風作堅頑，導利時有補。藥儲固可爾，果錄詎用許。
先生失膏粱，便腹委敗鼓。日啖過一粒，腸胃為所侮。
蟄雷殷臍腎，藜藿腐亭午。書燈看膏盡，鉦漏歷歷數。
老眼怕少睡，竟使赤眥努。渴思梅林咽，饑念黃獨舉。
柰何農經中，收此困羈旅。牛舌不餉人，一斛肯多與。
乃知見本偏，但可酬惡語。

這首詩開頭寫自己初來不知怎麼吃檳榔的窘迫，之後則寫檳榔入口又甜又苦的神奇味道，並稱吃檳榔的目的同樣是為了解瘴氣之毒云云。雖然這首〈食檳榔〉詩創作於廣東還是海南，尚有值得探討之處，但都能證明在當時的嶺南地區嚼檳榔已蔚然成風。

檢諸史籍，其實早在西晉時期，嶺南人就已經開始流行吃檳榔：「交廣人凡貴勝族客，必先呈此果。若邂逅不設，用相嫌恨。」（《南方草木狀》）交州和廣州當地人款待來客，一定會先把檳榔果端上來。如果缺了這項禮節，客人就會認為你是故意戲弄他不尊重他，搞不好還要跟你反目成仇。

嚼檳榔這事越到後面花樣越多。宋代《桂海虞衡志》就說檳榔要混著石灰粉或者貝殼粉，以及嶺南特有的植物扶留藤一起嚼，這樣就能去掉它本身的澀味。有錢人家甚至會用銀子打造一個檳榔盒放在家裡，盒子中間分三小格，一格放灰，一格放檳榔，一格放扶留藤。

到了清代，檳榔還成了廣東當地男女之間的定情信物。《廣東新語》稱「女子既受檳榔，則終身弗貳」。出現這種風俗，大概是因為檳榔和蔞葉同嚼會更美味，像極了夫婦之間互惠互補的關係。

然而，這種被嶺南人鍾愛了兩千年的果實，卻是不折不扣的一級致癌物。今天的檳榔消費第一大省湖南，百分之九十以上的口腔癌患者都有嚼食檳榔的習慣，部分人還將檳榔和菸草同吃，正所謂「檳榔加菸，法力無邊」，這更大大增加了口腔癌的發病機率。我們只能感慨，蘇軾是幸運的，他那個時候還沒有菸草，而他嚼檳榔應該也沒有上癮。

---

1 雖然今日檳榔以致癌而聞名，但在古代卻被視為化解嶺南「瘴氣」的名藥，漢武帝時征南越，就曾以檳榔解軍中瘴癘。由此可見，任何東西成了癮品都是不值得提倡的。

在海南，或許是感覺到衰老與死亡已迫在眉睫，蘇軾對長生保養之法愈加關注。九月十三日，他借來《嘉祐補註本草》翻看時，意外發現幾百年來世人一直搞不清具體身分的中藥「青黏」其實可能是玉竹，蘇軾「喜躍之甚，登即錄之」。

原來，根據《三國志》和《後漢書》這些史書中的相關記錄，神醫華佗生前曾經將一張名為「漆葉青黏散」的方子傳授給向他求養生藥物的針醫樊阿，樊阿靠這藥方保養，活到一百多歲。不過可惜的是，之後青黏銷聲匿跡，以至於「今人無識此者」。

有了這個大發現，蘇軾連忙寫了一篇〈辨漆葉青黏散方〉寄給雷州的弟弟蘇轍。海南艱苦的環境，應該是蘇軾鑽研這張藥方的主要動力。《三國志》稱久服此物「去三蟲，利五臟，輕體，使人頭不白」，豈不正是在煙瘴之地防範疾病的良方嘛。

客觀地說，二蘇兄弟的處境艱難，蘇轍甚至要靠當地義民的協助才找到房子暫居。蘇軾非常關心弟弟的安康，就連聽聞蘇轍在雷州變瘦這種情理之中的小事，他都要寫詩文記下。不過，這詩寫得更像是在哭自己：

五日一見花豬肉，十日一遇黃雞粥。
土人頓頓食薯芋，薦以熏鼠燒蝙蝠。
舊聞蜜唧嘗嘔吐，稍近蝦蟆緣習俗。
十年京國厭肥羜，日日烝花壓紅玉。

從來此腹負將軍，今者固宜安脫粟。

（〈聞子由瘦（儋耳至難得肉食）〉）

——自從來了海南，每五天才能吃到一次豬肉，十天才能嘗到點雞肉粥，當地原住民頓頓只是吃薯芋果腹。我問他們要肉吃，他們居然讓我吃老鼠、吃蛤蟆、吃蝙蝠！要知道，以前我光是聽說嶺南有「蜜唧」這道菜的時候，就差點都吐出來！何況是這些恐怖的東西！

被蘇軾這個大吃貨嗤之以鼻，稱為完全無法接受的「蜜唧」，指的就是用蜜餵養的剛出生的小老鼠。這種吃法在唐朝的《朝野僉載》中就有記載：「嶺南獠民好為蜜唧，即鼠胎未瞬、通身赤蠕者，飼之以蜜，釘之筵上，囁囁而行。以箸挾取，咬之，唧唧作聲，故曰蜜唧。」

意思是嶺南當地的土著，會給還沒長毛的小老鼠餵食蜂蜜，再把牠們釘在宴席的桌子上，看牠們慢慢蠕動的樣子。然後用筷子一夾，放進口中一咬，小老鼠就會在嘴裡唧唧地亂叫，所以這菜得名「蜜唧」。

其實，吃老鼠本身並不是一件多麼稀奇的事，漢朝時即便是皇族，也把鼠類當作美食。在對漢景帝陽陵的考古中，發現了大量陪葬的可食用動物骨骼，其中就包括今天臭名昭著的褐家鼠。景帝的兒子中山靖王劉勝，也就是劉備的那個老祖宗，考古工作人員在他的墓裡也發現陪葬陶甕內有三百多隻岩松鼠、社鼠等囓齒動物的全身骨骼。只不過，在漢代以後，老鼠逐漸退出中原地區的食材名單。

但是，生吃小老鼠這種嶺南風俗實在太過恐怖，難怪蘇軾始終不敢嘗試這種血肉模糊的味道。

既然原住民的生猛飲食實在難讓蘇學士接受，那麼海南到底有什麼特產，足以征服老先生的胃呢？

> 己卯冬至前二日，海蠻獻蚝，剖之，得數升，肉與漿入水，與酒並煮，食之甚美，未始有也。又取其大者，炙熱……每戒過子慎勿說，恐北方君子聞之，爭欲為東坡所為，求謫海南，分我此美也。

元符二年（一〇九九年）冬至之前，海南原住民們給蘇軾帶來了一道海味，也就是我們現在燒烤攤上常見的生蠔[2]。生蠔也叫牡蠣，沒錯，就是于勒叔叔撬開的那個牡蠣，屬軟體動物門下的雙殼綱，因為今天在全球養殖甚多，堪稱世界上第一大養殖貝類。生蠔不僅口感出色，用它熬製而成的蠔油也很鮮美。

蘇軾從殼裡摘出了好幾升生蠔肉，跟酒混在一起煮熟後飽餐了一頓。吃乾抹淨之後，蘇軾跟兒子蘇過意味深長地說：等你小子回到北方以後，給我把嘴管好，要是被朝廷裡那幫傢伙知道海南有這麼好吃的東西，他們沒準兒會爭相犯事，找藉口被貶到海南來和我搶食。

看到蘇軾吃得這麼開心，我都忍不住要打開外送平台點兩個來嘗嘗。不過實話說，有些後世的解讀就比較無聊。明朝《清暑筆談》裡評價蘇軾告誡蘇過的話：「或謂東坡此言，以賢君子望人。」說蘇軾的意思其實是，希望朝中的新黨們都做君子，別再把人趕來淪落成他這般模樣。

蘇軾把手上的生蠔分開處理，小的直接放在水裡倒上酒煮，大的則要先做「炙熱」加工。吃法跟今天的人可以說別無二致。其實，蘇軾的前輩梅堯臣當年就為生蠔的美味折服，寫了一首巨長的〈食蠔詩〉：「稍稍窺其戶，清瀾流玉膏。人言啖小魚，所得不償勞。況此鐵石頑，解剝煩錐刀。戮力效一割，功烈才牛毛。」

世人常說吃小魚，吃進去的東西還抵不上花的力氣，而生蠔拿鐵刀撬開之後，才能得到那麼一丁點的肉呢。唉，都怪這肥美的生蠔實在太好吃了，才讓人做出這種得不償失的事情！

所以說，中原士大夫們早就知道生蠔這東西好吃，但誰叫汴京好吃的東西有成千上百樣，不趕著去京城享受，誰到這嶺南來，光為這一樣其性價比怕是太低了！話是這麼說，但是能經常吃到像生蠔這麼正經的海鮮，總比吃老鼠要好太多。

而海南椰林的樹影，讓椰子也走進蘇軾一家人的視野。不過，他們並沒有把著眼點放在椰子本身的味道上，而是開始搞「文創產品」。

蘇軾蘇過父子將吃完的椰子殼做成一頂「椰子冠」，連著所作之詩寄給蘇轍，蘇轍看到後也和詩一首。這算是另外一個版本的「三蘇」共題，堪比當年那三篇〈六國論〉。

---

2 生蠔也叫「牡蠣」，泛指雙殼綱牡蠣科那些可以食用的種類，沒錯，就是莫泊桑的短篇小說《我的叔叔于勒》裡提到的那個牡蠣，從希臘到羅馬，從中國到東南亞，古時候全世界沿海地區居民都酷愛食用生蠔。中國民間認為生蠔有促進性慾、改善皮膚等功效，因此也被戲稱為男人的「加油站」，女人的「美容院」，不過實際效用未被證實。

天教日飲欲全絲，美酒生林不待儀。
自漉疏巾邀醉客，更將空殼付冠師。
規模簡古人爭看，簪導輕安髮不知。
更著短檐高屋帽，東坡何事不違時。
（蘇軾）

玉佩犀簪暗網絲，黃冠今習野人儀。
著書豈獨窮周叟，說偈還應見祖師。
棕子偶從遺物得，竹皮同使後人知。
平生冠冕非吾意，不為飛鳶跕墮時。
（蘇過）

衰鬢秋來半是絲，幅巾緇撮強為儀。
垂空旋取海棕子，束髮裝成老法師。
變化密移人不悟，壞成相續我心知。
茅檐竹屋南溟上，亦似當年廊廟時。
（蘇轍）

從這三首詩裡就能看出，蘇轍的心態與哥哥和姪子明顯不同。他的詩是從自己的衰老寫起，最後又以回憶告終，怎麼看都有難以掩蓋的悲情。相比之下，蘇軾則更懂得苦中作樂，吃生蠔怕被汴京的貴人搶食，也會和兒子一起用椰子殼做做手工。你要說他真的喜歡可能不至於，但習慣海南的生活，他可謂一日千里。期待北歸的心願只會偶爾表露罷了，比如蘇軾在〈五君子說〉裡列舉的都是北方食物。

說實在的，像我這樣稍微懂一點水產的都知道，海南地處南海，南海產的生蠔品質遠不如牠們生長在渤海、東海冷水中的同類，只是出於樂觀的心態，蘇軾對海南的生蠔倍加讚許，可謂知足常樂。

時間一長，蘇軾又撿起釀酒的老手藝，這次釀的是天門冬酒：「庚辰歲正月十二日，天門冬酒熟，予自漉之，且漉且嘗，遂以大醉。」

明代醫書《本草綱目》保留了天門冬酒的製法：「天門冬三十斤，去心搗碎，以水二石，煮汁二石，糯米一斗，細曲一斤，如常飲釀。酒熟，日飲三杯。」這是一種養生的藥酒，應該也是蘇軾為對抗海南溼熱的氣候想出的一招。難不成，他煮生蠔用的也是天門冬酒？那味道貌似有點特別哦。

只是，無論是天門冬酒還是生蠔、檳榔或是椰子，都不是能吃飽的東西。除夕之夜，蘇軾照樣被餓醒，在寂靜的夜裡，腸胃蠕動傳出的咕嚕咕嚕響聲顯得格外突兀。還好，如今是大宋，而蘇軾身處的又是山高皇帝遠的海南島。若是在唐朝的長安，那嚴格的宵禁政策便會斬斷蘇軾的一切幻想，再餓也只能忍到日上三竿。

蘇學士毫不猶豫地披上衣服，於深夜之中，在牛糞堆裡點起一把火：「松風溜溜作春寒，伴我饑

腸響夜闌。牛糞火中燒芋子，山人更吃懶殘殘。」（〈除夕，訪子野食燒芋，戲作〉）

吳復古，字子野，是嶺南有名的大儒，也是蘇軾的故交。蘇軾被貶至海南的第二年，已經九十多歲高齡的吳子野專門渡海前來探訪蘇軾，一直羈留到元符元年（一〇九八年）七月，才辭別蘇軾返回大陸。

想像一下，大年三十，年過九旬的你，正在床上夢迴年輕時代，忽然就被來串門的小朋友給叫醒：「老傢伙，我餓了！」順便一提，這個小朋友今年六十多歲，那種感覺，還真是又詭異又親切呢。海南當地食物本就匱乏，大半夜更是無處尋覓，也不知道是兩位老頑童中的哪一個找到了幾塊芋頭，便就地取材，扔進乾牛糞堆裡點火烤熟。

芋頭本身沒有大味，蘇軾和吳子野所渴望的不過是芋頭在烤熟後那種軟糯的口感而已。蘇軾另一次提到它，是在這首名字特別長的〈過子忽出新意，以山芋作玉糝羹，色香味皆奇絕，天上酥陀則不可知，人間決無此味也〉詩裡：「香似龍涎仍釅白，味如牛乳更全清。莫將北海金齏鱠，輕比東坡玉糝羹。」

看到兒子偶然用芋頭做成的玉糝羹，老父親欣慰無比，用近乎於極端的誇張手法讚揚孩子的創意，甚至說前半生他酷愛的金齏玉膾，都很難跟兒子的玉糝羹相比。我要是蘇過，聽到父親的這般捧殺，一定會羞愧難當道：「不至於，不至於。」

這麼多年以來，無論蘇軾走到哪裡，無論他往日如何嘴臭，都會有一大群朋友突破萬難不遠千里來找他，也總有人會留在他身邊不離不棄，或許，這正是在悲劇的人生旅途中，讓他繼續熱愛生活的動力吧。

二、醫師、農夫、吃雞、開化

蘇軾雖移居海南，但好歹還掛著別駕的虛銜，更兼文名動天下，因此昌化軍使張中不敢怠慢，知道蘇軾父子寄身於桄榔林裡，他發動官兵修繕驛館，很快迎蘇軾入住官舍。

然而張中這麼做無疑會得罪新黨，為了讓元祐黨人多吃點苦，新黨不知想了多少花招，豈容你一個小官搞破壞？湖南提舉董必察訪至雷州時，聽說蘇軾住在昌化官舍，怒不可遏，當即遣人下令將其逐出，張中也因此被罷免。

看到自己牽連了好人，蘇軾心中不免愧疚。只是他現下的處境，實在也無力為張中做些什麼，只好在送別時寫下「恐無再見日，笑談來生因」，寄希望於下一世。

離開官舍的蘇軾，又回到山下桄榔庵裡「傲四無」去了——雖然我搞不懂為什麼在海南還需要炭火過冬，難道是為了代替牛糞燒芋頭？但蘇軾在書信中笑談自己只剩下一條窮命，以此跟朋友談天說地，這情景比起當年在黃州可是溫情多了：「此間食無肉，病無藥，夏無葛，冬無炭，獨有一窮命耳。以此一有而傲四無，可乎？聊發千里一笑也。」（〈晚香堂蘇帖〉）

不過，他略微誇張了一點，飯桌上雖然是沒什麼肉，但別忘了他在黃州時，可有一個重大發明：「東坡羹」。

在儋州南山下，蘇軾時常拿從鄰居家揩來的蔓菁、蘿蔔、薺菜煮湯食用，能搭配的固然只有舊年陳米，可做羹湯的步驟他卻從未馬虎。用山泉水洗淨新鮮菜葉，在剛熱好的鍋子裡放進膏油，東坡先生，不，南山先生的口水就不自覺地流了出來。把米豆跟蔬菜一併放進鍋內攪拌均勻，便可以扣上鍋蓋蒸煮了。至於什麼醋、醬、花椒、桂皮統統不放，力求發揮食材的本味。

這般淡而無味的正餐，放到今天估計沒有任何人會覺得好吃，可蘇軾卻認為自己無須殺生即可飽腹，值得驕傲。商朝的伊尹和齊國的易牙，他們以高超的廚藝取悅君王，有什麼能跟我比的？如果硬要我自比的話，那我一定是上古時期發明樂舞、崇尚禮樂的葛天氏部落的後人吧：

> 鄙易牙之效技，超傅說而策勛。沮彭尻之爽惑，調灶鬼之嫌嗔。嗟丘嫂其自隘，陋樂羊而匪人。先生心平而氣和，故雖老而體胖。計餘食之幾何，固無患於長貧。忘口腹之為累，以不殺而成仁。竊比予於誰歟？葛天氏之遺民。
>
> （〈菜羹賦〉）

自黃州以來，蘇軾凡遭貶謫，必定會在貶所選擇田地親自耕種以補家用。然而海南的情況跟大陸大為不同。當地多黎漢混居，黎人習慣「不麥不稷」，並不從事固定農業生產。兩族之間因為生活習慣的差異時常爆發衝突。蘇軾一向關心民生，面對這種情況不可能無動於衷：「咨爾漢黎，均是一民。鄙夷不訓，夫豈其真。怨忿劫質，尋戈相因。欺謾莫訴，曲自我人。」（〈和陶勸農六首〉）

《瓊州府志》等文獻對境內的黎人多負面評價，認為他們純粹是不能開化的野蠻民族：「黎分生、熟。生黎居深山，性獷悍，不服王化。熟黎，性亦獷橫，不問親疏，一語不合，即持刀弓相問。」

但在蘇軾看來，是漢人是黎人並無所謂，大家都是大宋的子民。說什麼喜歡拿刀談事情的黎人無法被教化，那是無稽之談。只要勤勞農事，海南何愁沒有肥沃土地呢？糧食豐收，自然就不用過以前朝不保夕的生活。「豈無良田，膴膴平陸。獸蹤交締，鳥喙諧穆。驚麏朝射，猛豨夜逐。芋羹薯糜，以飽耆宿。」

常年南遷的生活，讓蘇軾學會了以一己之力從無到有的本事。嶺南百姓多迷信神巫，生病不求醫問藥，反而卜算吉凶，不知道耽誤了多少人命。血淋淋的事實讓蘇軾意識到進行醫療改革刻不容緩：

> 病不飲藥，但殺牛以禱，富者至殺十數牛。死者不復云，幸而不死，即歸德於巫。以巫為醫，以牛為藥。間有飲藥者，巫輒云：「神怒，病不可復治」親戚皆為卻藥，禁醫不得入門，人、牛皆死而後已。
>
> （〈書柳子厚牛賦後〉）

在海南期間，他始終不忘在力所能及的範圍內解決這一問題。想要百姓拋棄愚昧傳統，必須要展示給他們醫藥的有效性。蘇軾確實是一個善於發現身邊資源的有心人，早在從惠州南下途中，他就注意到一種被當地人稱為「倒捻子花」的植物，它有一個大家更熟悉的名字：「桃金孃」。

我本人相當喜歡看一些UP主（指在中國影音平台bilibili上傳影片的人）辨識可食用的野菜野果的影片，桃金孃果是影片中的常客。這種灌木高可達兩公尺，花朵為單生紫紅色，在四、五月分開放。蘇軾注意到它，正是當年五月去往藤州時：

> 吾謫居海南，以五月出陸至藤州，自藤至儋，野花夾道，如芍藥而小，紅鮮可愛，朴蔌叢生，土人云：倒捻子花也。至儋則已結子如馬乳，爛紫可食，殊甘美。中有細核，並嚼之，瑟瑟有聲。亦頗苦澀。童兒食之，或大便難。
>
> （《蘇沈良方》）

蘇軾注意到桃金孃的果實甜美異常，但小孩子多吃容易引發便祕。因此，當地黎民往往會在夏秋之季，取桃金孃的葉子來治療痢疾。

桃金孃更多的功效被蘇軾開發出來。他將其嫩葉混酒烘乾研磨，搓成大小藥丸二百餘粒，服下之後發現自己本來「小便白濁」和「大腑滑」的癥狀都消失了。驚訝於桃金孃的藥效，蘇軾立刻撰寫了〈海漆錄〉一文，將此方「貽好事君子」。除此之外，在遊歷瓊州開元寺時，蘇軾還將治眼、治齒的方法題寫於牆壁上。

隨著逐漸適應在海南的生活，蘇軾開始關注一種往日裡不怎麼在乎的平凡食材，那便是雞[3]。

蘇軾對於雞實在是太過冷漠了，他誇過羊肉，誇過豬肉，誇過蔬菜，誇過水果，誇過千奇百怪的魚類和水產，甚至還誇過各種各樣莫名其妙的食材，但唯獨沒有誇過司空見慣的雞肉，即便在某些詩文中偶有提到，那也是配角中的配角，背景中的背景，存在感堪比十八線明星。

非要提他筆下與雞相關的詩句，最有名的恐怕就是那句「休將白髮唱黃雞」，可以說跟吃沒有半毛錢的關係。至於本書開頭提到的那篇〈食雉〉，不好意思，這雉是野雞而不是雞。

我橫豎睡不著，在《蘇詩全集》翻來翻去，只在他於惠州時寫的《西新橋》一首中，找到了一句「父老喜雲集，簞壺無空攜。三日飲不散，殺盡西村雞」。這是因為他在當地募資修橋，如此形容可更為生動地表現父老鄉親們的開心。

然而在海南，雞出現的頻率卻突然變高了。前面提到的那首寫於紹聖四年的〈聞子由瘦（儋耳至難得肉食）〉中，他寫道「五日一見花豬肉，十日一遇黃雞粥」；而在〈擷菜〉一詩中則有：「我與何曾同一飽，不知何苦食雞豚？」在另外一首〈和陶下潠田舍獲〉中，他又提到「食菜豈不足，呼兒拆雞棲」。

好吧，這中間正經說吃雞的可能只有第一處，而在〈擷菜〉中再度化身為農家老漢的他，聲稱只

3 紅原雞：雞的野生祖先，並不是人們俗稱「野雞」的環頸雉，而是來自中國南部及東南亞的紅原雞，雄性紅原雞就像是瘦削但是顏色更加豔麗的大公雞。紅原雞和家雞最大的區別就是，前者腳是灰色的，而後者腳是黃色的。對了，紅原雞還是中國二級保護動物，是不可以抓來吃的。

要有新鮮蔬菜就夠了，又何必要吃雞肉和豬肉呢。最後那句更過分，因為種菜的地方不夠用，他便要求他的工具人兒子把養雞的棚子給拆了。

雖然還沒有旗幟鮮明地說他討厭吃雞肉，但蘇軾對於雞的無情已經躍然紙上。然而，作為一個打小就愛吃雞肉的人，我覺得有必要為雞打抱不平。

今日地球上有二百億隻雞，看似平凡的牠們，卻擁有無數個了不起的頭銜：人類成功馴化的第一種鳥類、人類社會最重要的蛋白質來源、全球人均消費量最多的肉類、地理上分布最廣的鳥類、第一種進入太空的鳥類、全世界種群規模最大的脊椎動物、三疊紀以來最成功的恐龍……。

對，你沒有看錯，真的是恐龍。和世界上所有的鳥類一樣，雞也是恐龍的末裔。雖然網路上常流傳說的「雞是暴龍進化來的」純屬瞎說，但不可否認的是，雞的祖先的確是獸腳類的恐龍，跟那些不可一世的中生代霸主沾親帶故。

即便不提這些生物學和歷史學上的輝煌成就，單說雞肉作為食材的廣泛性和接受度，那也是天下第一，國外有德國的烤雞、美國的炸雞、日本的照燒雞、朝鮮的參雞湯、印度的咖哩雞、義大利的帕瑪森乾酪雞、墨西哥的雞肉捲，中國有四川的宮保雞丁、東北的小雞燉蘑菇、江浙的叫花雞、山東的黃燜雞、重慶的辣子雞、新疆的大盤雞、陝西的葫蘆雞、廣東的豬肚包雞，還有口水雞、棒棒雞、白斬雞、豉油雞、蔥油雞、鹽焗雞、三杯雞、茶香雞、汽鍋雞、地鍋雞、煲雞湯、香菇滑雞、芙蓉雞片、泡椒雞爪、香辣雞雜、紅燒雞塊、左宗棠雞、德州扒雞、道口燒雞、符離集燒雞、溝幫子熏雞……。關於雞的料理方法實在太多了，沒有個幾天幾夜是說不完的，就這還沒把養雞的重要副產品——雞蛋算進去。

說到今天海南的名菜，海鮮和雞似乎也是各憑本事，占據了半壁江山。產自文昌當地的「文昌雞」，是一個從明末傳承至今的肉雞品種，雖然個子不大，但做出來的白切雞尤其清爽嫩滑，煲出來的雞湯口感也是上佳。近年來，來自海南的椰子雞和海南雞飯也在內地打開了市場，在各個城市的中、高級商圈，幾乎都能見到它們的招牌，可見不管在什麼時代，是金子總會發光。

而在蘇軾所在的宋代，雞肉也是僅次於羊肉的第二大肉食，因為吃牛肉違法、吃羊肉代價高昂，而豬肉又是「富者不肯吃，貧者不解煮」，所以對於大部分普通人家而言，雞蛋和雞肉才是他們重要的蛋白質來源。

宋代農村幾乎家家戶戶都養雞，當時的雞肉菜餚雖然不像現代這般百花齊放，但已出現了遍地開花的端倪。據《東京夢華錄》記載，汴梁城內就有雞絲簽、雞脆絲、柰香新法雞、酒蒸雞、汁小雞、攛小雞、燠小雞、五味炙小雞、紅小雞、脯小雞等等眾多雞肉名吃，宋人對雞的熱愛可見一斑。

然而，為什麼蘇軾會對雞如此冷漠呢？是雞肉太過常見，還是不合他的胃口？難不成是童年時雞讓他產生心理陰影？還是年輕時因為與雞接觸而罹患疾病？答案我們無從得知。但是我們可以找到資料證明，元符二年（一〇九九年），在儋州，蘇軾終於再一次提到吃雞：「北船不到米如珠，醉飽蕭條半月無。明日東家知祀灶，只雞斗酒定膰吾。」（〈縱筆三首・其一〉）

北來的糧船遲遲未到，近來米貴如珍珠，整整半個月，蘇軾都不知道吃飽和喝醉是怎樣的體驗。好在明天是祭灶日，東家會宰一隻雞，備一斗酒，到時候沾他們的光應該可以享受一回。

這隻雞是光榮的，牠做到了其他同類都未曾做到的事。在蘇軾筆下，雞肉散發出溫暖和希望，這還是破天荒的頭一次，畢竟，再難過的人也要填飽肚子。

只是，能保養身體，填飽肚子，卻無法改變當時海南文教遠遠落後於大陸的事實。蘇軾看到城東學舍荒蕪，不禁哀傷起來，發誓要一振海南文風。在儋州居住的三年裡，蘇軾身邊逐漸聚集了一大批慕名而來的當地青年士子，姜唐佐就是其中的佼佼者。聽聞蘇軾的大名，他專程前來向蘇軾求學長達半年之久。在兩人臨別之際，蘇軾特地寫一連句：「滄海何曾斷地脈，白袍端合破天荒。」等你將來登第高中，我再把這首詩寫完送給你。姜唐佐沒有辜負蘇軾的期望，日後成為海南歷史上的第一位舉人。

在蘇軾之後半個多世紀，南宋官員李光由於觸怒宰相秦檜，也被貶海南。李光是記述蘇軾在海南文教功績的一個重要人證，他所作〈昌化軍學記〉引用蘇軾詩文，稱在蘇軾到來之時，海南的學舍幾近荒廢，空無一人，只有一個缺少俸祿、忍飢挨餓的先生，跟來客空談些大道理。而蘇軾之後，如今的海南學堂裡，卻已是「文學彬彬，不異閩浙」。如此巨大的變化，都是蘇軾力挽狂瀾的成果。後世人們便將蘇軾在儋州的三年譽為「闢南荒之詩境」。

就在蘇軾於儋州新開闢的小圃栽植漸成之際，也就是他們父子來海南的第二年，蘇過撰寫了一篇名為〈志隱〉的文章。文中虛構了一個來訪客人向蘇過詢問，為何能安居在海南這荒僻之地，蘇過則自問自答地列舉出海南風土人情的各項優點以作回覆：

天地之氣，冬夏一律。物不凋瘁，生意靡息。冬絺夏葛，稻歲再熟。富者寡求，貧者易足……鑄山煮海，國以富強。犀象珠玉，走於四方。士獨免於戰爭，民獨勉於農桑。其山川則清遠而秀絕……

當蘇過將它獻給父親，蘇軾看完，說了一句：「吾可以安於島夷矣。」

據說，蘇軾還想附帶著另作一篇〈廣志隱〉，但今時今日已經找不到這篇文章的蛛絲馬跡。不知道是在近千年的歷史中失傳了，還是蘇軾最終選擇擱筆。常言道，人生不過是大起大落落落落落。平靜如水跟跌宕起伏之間，蘇軾幾乎永遠是後者。每次想要在貶謫之地認真生活，卻又不得不背起行囊。

三、歸途路漫漫

元符三年（一一〇〇年），宋哲宗駕崩，其弟端王趙佶即位，他就是那位被後世評價為「獨不能為君」的宋徽宗。

徽宗初期的政策，跟堅定地擁護新黨的哲宗略有不同。看他帝王生涯的第一個年號「建中靖國」就能明白，當時皇帝希望新舊兩黨能互相諒解，好讓動盪的國家安靜下來。

這年的四月二十一日，宋徽宗以皇子誕生為名降恩，蘇軾被授舒州團練副使，前往永州居住。蘇轍則移居岳州。

永州，沒錯，就是柳宗元筆下那個「產異蛇」的湖南永州，雖然仍是南方瘴癘之地，但好歹可以回到內地了；到了五月，新的誥命書下達，蘇軾又被改移廉州（今廣西合浦）。

蘇軾迫不及待地給正在雷州的秦少游寫了封信：唉，我現在要去廉州了，不知道咱倆這輩子還能見面嗎？對了，要是廉州那地方還不錯的話，我就在那裡終老吧。

臨行之際，蘇軾寫下一首〈別海南黎民表〉，表示自己天生其實就該是海南人，只不過碰巧出生在四川而已：

> 我本海南民，寄生西蜀州。忽然跨海去，譬如事遠遊。
> 平生生死夢，三者無劣優。知君不再見，欲去且少留。

見蘇軾即將離去，海南的父老爭相贈禮，但全部為蘇軾所拒。曾寫出〈老饕賦〉的他，此時卻擔心「受之則若饕餮然」。正如蘇軾所寫，此去就是永別了。

六月二十日夜晚，蘇軾乘船渡海北返，起錨之後，他回頭望了望正在遠去的海南，換成以往，他的喜悅一定會寫在臉上，可如今，一切都已經風輕雲淡。在顛簸的海船上，蘇軾寫下了那首〈六月二十日夜渡海〉：

參橫斗轉欲三更，苦雨終風也解晴。
雲散月明誰點綴？天容海色本澄清。
空餘魯叟乘桴意，粗識軒轅奏樂聲。
九死南荒吾不恨，茲遊奇絕冠平生。

——星移斗轉，風歇雨靜，烏雲已散，明月當空，都過了這麼久我才發現，天空的面貌，海水的顏色，原來一開始就是澄澈清白的啊……。我這一生所見最為奇絕的風景，盡數都在這裡了，就算讓我就這麼客死在這孤島之上，也沒什麼好遺憾的。

渡海回到內地後，蘇軾在雷州見到了秦觀。秦觀此時被貶至衡州，還沒來得及出發。這次見面，了卻兩人的許多遺憾。

七月四日，蘇軾終於到達目的地——廉州。廉州的治所在今天廣西的合浦縣，當地盛產珍珠，也是成語「合浦珠還」的發源地。不過，對於老吃貨蘇軾而言，海產珍珠沒什麼吸引力，他真正感興趣的，是當地的水果龍眼[4]，也就是我們常見的桂圓的原生形態。

---

4 據說因為龍眼果實呈球形，如同龍的眼睛，故而得名，不過，現實中並沒有人真正見過龍的眼睛，所以這個名字是不是貼切就不得而知。據說明清時期地方給朝廷進貢時，「龍眼」這個名字犯了皇帝的忌諱，因此才有了「桂圓」這個名字，因為進貢到北方的龍眼多為乾果，所以後來人一般稱其乾果為桂圓，鮮果為龍眼。

在品嚐過龍眼之後，苦盡甘來的蘇軾大筆一揮，寫下了〈廉州龍眼質味殊絕可敵荔支〉，可能是恢復了當年吃遍四方的英姿，他對龍眼的讚美恨不得從標題就開始：

龍眼與荔支，異出同父祖。端如甘與橘，未易相可否。
異哉西海濱，琪樹羅玄圃。纍纍似桃李，一一流膏乳。
坐疑星隕空，又恐珠還浦。圖經未嘗說，玉食遠莫數。
獨使皴皮生，弄色映琱俎。蠻荒非汝辱，倖免妃子污。

蘇軾的眼光還是蠻準的，他一眼就看出龍眼這種東西跟荔枝還挺像的。事實上，根據近現代植物分類學的研究，荔枝和龍眼都屬於無患子目無患子科，親緣關係不遠。要是分類學的祖師爺卡爾·林奈知道了，說不定會給蘇軾按讚呢。

蘇軾不僅盛讚了龍眼的美味，還感慨對於龍眼而言，只長在嶺南這種蠻荒之地也是好事，起碼不像它的親戚荔枝，會被宮中權貴們給玷汙了。

跟荔枝一樣，在古代想要長途運輸龍眼也很不容易，所以，早在漢代就出現了將龍眼晒乾後食用的辦法，而晒乾後的龍眼，一般就被稱作桂圓。換句話說，龍眼和桂圓，不過是同一種果實的兩種形態，在水分飽滿時，它是可以鮮食的水果，而在脫水加工後，它就成了用途廣泛的桂圓。

桂圓以剝開乾果殼後稍帶水分，紅透潤澤者為佳，真乾透的反而不好吃。小孩子常常因多吃桂圓乾而流鼻血，所以大人一般用它泡水，似乎是取五行相剋的意思，認為泡了水的桂圓就不具火氣。

在南方某些地方，從前春節拜年的時候要手提紅糖和桂圓這兩種甜味禮物，寓意來年甜甜美美。

八月十二日，與蘇軾分別沒多久的秦觀，因「傷暑困臥」而死於藤州（今廣西藤縣）。據說，當日秦觀正遊光華亭，因口渴想要喝水，等人將水送來，他便面含微笑地看著，就此離世。

蘇秦二人雷州之會，已成永訣。

消息傳到蘇軾耳中，他痛苦不已，不到兩個月前，剛剛踏上北歸之路的他們，還對未來充滿了希望，現在卻已陰陽兩隔。因為這位愛徒及摯友離去，蘇軾兩天沒有吃東西，他一度希望這是一個謠言，但現實總是那麼不留情面，而最後，蘇軾只能面對這一切。

在嶺南的幾年，無論他怎樣樂觀豁達，難以逆轉的衰老都肉眼可見，更何況，現在的他還要迎接一場場生離死別，那首〈廉州龍眼質味殊絕可敵荔支〉，也成了蘇東坡美食地圖的絕筆。從此以後，蘇軾似乎對吃不再有興致，雖然在他後來的詩文裡還提過幾次飲食，但在食材內容上，卻再也不見更新。

分別數年，蘇軾跟分別已久的兩個兒子在廣州重逢。十一月初一，蘇軾在廣州被授官朝奉郎，「外軍州任便居住」，蘇轍也得到了一樣的寬恕。只要不回汴京，天下之大，海闊天空，任你所行。

終於可以自由踏上返回江南和中原的旅途了。離開廣州後，蘇軾經過英州到達韶州，在這裡，東坡先生居然吃到別人給他做的東坡羹：

我昔在田間，寒庖有珍烹。常支折腳鼎，自煮花蔓菁。
中年失此味，想像如隔生。誰知南嶽老，解作東坡羹。
中有蘆菔根，尚含曉露清。勿語貴公子，從渠醉羶腥。
（〈狄韶州煮蔓菁蘆菔羹〉）

韶州知州狄伯通奉獻的佳味讓蘇軾為之震撼，萬萬沒想到在這裡居然能吃到味道如此正宗的蔓菁羹——您可千萬別把這道美味告訴貴公子們，就讓他們沉迷在腥膻菜品裡算了。之所以蘇軾稱他為南嶽老，是因為狄知州本是衡山人。當年神宗熙寧變法時，他還曾經做過章惇帳下的幕僚，經略南江蠻地。哦！照這樣說，這位狄先生不就是蘇軾當年在〈繳詞頭奏狀．沈起〉裡嘲諷過的那種靠軍功混進朝堂的小人嗎？不過，看他現在和蘇軾一起吃飯的樣子，應該是蘇軾終於懂得，他這張嘴何時該開何時該閉上了。

這頓東坡羹，吃的難道真的是味道嗎？個中滋味，怕只有蘇軾自己知道。那位曾經不可一世的章惇宰相，在徽宗即位後便失了榮寵，被貶為雷州司戶參軍，走上當年被流放的蘇軾、蘇轍兄弟走過的老路。

經過半年多的跋涉，第二年五月一日，蘇軾到了江寧。此時王安石已經去世十五年，兩人之間比鄰而居終老的約定，終於還是成了「塞上牛羊空許約」般的遺憾，而蘇軾也即將迎來人生的終點。

四、曲終人也散

蘇軾人生中最後的故事，我其實並不是很想寫，按照我本來的計劃，他的美食或是貶謫之旅就結束在被赦北上或者在廉州和秦觀吃龍眼好了，畢竟，先生的結局有一種力透紙背的無奈與蒼涼，再寫一遍也只是徒增悲傷。不過思來想去，就算我不願意面對，但為了讓本書善始善終，還是有必要前往他旅途的終點。

得到赦免的蘇軾本應即刻前往自己置有產業的常州。只是，此時他接到了弟弟蘇轍的書信，苦勸他回許下（潁昌）。蘇軾再三考慮後，決定北上與弟弟相會：「得子由書及見教語，尤切，已決歸許下矣。但須少留儀真。令兒子往宜興，刮制變轉，往還須月餘，約至許下已七月矣。」（〈與之儀第十簡〉）

但是，羈旅近一年後再上運河，蘇軾的身體經不起這樣折騰。他又聽說蘇轍北歸後家用窘迫，為了不給弟弟添麻煩，他還是決定先去常州：「自愍一年在道路矣，不堪復入汴出陸，又聞子由亦窘用……已決意旦夕渡江過毗陵矣。」

此時蘇軾又想起了在惠州羅浮山見到的赤猿，這幾年來，這隻猿猴屢屢進入蘇軾夢中。而且從建中靖國元年（一一〇一年）六月初到真州開始，蘇軾便感覺到自己「體中微不佳」，近兩個月臥病在床。在此期間，蘇軾收到來自嶺南的噩耗，兩年前那位漂洋過海來看他的吳子野老爺子已離開人世。雖然九十六歲高齡已經算是喜喪，但想起這位幾年前的除夕夜跟自己一起在牛糞堆裡烤芋頭吃的老哥們兒，病中的蘇軾亦忍不住悲傷嘆息。

蘇軾的病令人擔憂是暑中瘴氣入體所致。隨著病情日漸惡化，連麥門冬酒都不再有作用，蘇軾猜到自己挺不過這一關了。他能夠託付的只有弟弟蘇轍：「即死，葬我嵩山下，子為我銘。」——等我死了之後，將我葬在嵩山腳下，墓誌銘就由子由你來寫吧。

身體並未好轉，蘇軾執意離開真州前往常州。途經鎮江金山，在龍游寺內，他見到一張自己的畫像。據《金山志》所載，這張畫像是蘇軾的好友大畫家李公麟的妙筆。見到畫面中那個當年意氣風發的人，蘇軾不由悲從中來，在畫上塗寫了幾句：「心似已灰之木，身如不繫之舟。問汝平生功業，黃州惠州儋州。」（〈自題金山畫像〉）——心如死灰，身若浮蕩於江湖的小舟。如果有人問我這輩子的功績，大概都在黃州、惠州和儋州這三個地方了吧。

蘇軾的一生，若以在任地方官時代論，密州、徐州和杭州才是他大展身手之所在。他何至於將此生成就歸於前後被貶長達十年的這三處荒僻之所呢？這只能說明，此時已然垂垂老矣的蘇軾，心中儘是酸楚和淒涼，或許他是在嘆息辜負韶華，或許他已知自己大限將至，而面對現實，現在的他早已無能為力，只能表露心聲，只能自嘲半生漂泊，功業盡是在被貶的路上，縱然一路上走走停停，吃過、見過、努力過、等待過，得到過、失去過、欣喜過、痛苦過，而到頭來剩下的只有已然麻木的自己。可惜，後世總有強作解人者，硬要以蘇軾的這句詩，來證明他對這三處貶謫地的喜愛，而蘇軾的本意本不在此。

離開真州的那幾天，蘇軾已經病得不省人事，昏迷好久才清醒過來。到常州後，聽說蘇軾所乘的船已到城外，常州的老百姓爭相出門一睹這位當世名家的風采：「東坡自海外歸毗陵，病暑，著小冠，披半臂，坐船中。夾運河岸，千萬人隨觀之。東坡顧坐客曰：『莫看殺軾否？』其為人愛慕如此。」（《邵氏聞見後錄》）看到擁擠的人潮，蘇軾只輕輕說了一句：這是要將我「看殺」嗎？

據說，從前晉朝的美男子衛玠每次出門都引得大街小巷人群爭相圍觀，他本身體弱多病，天天要在人潮中推擠，很快便重病身亡。是所謂「看殺衛玠」。現在的蘇軾只是個流放歸來的糟老頭子，但憑藉才名，得到了和衛玠一樣的待遇。如果身體健康，以他的性格或許會作一首什麼戲贈毗陵人，嘲諷一下吳地百姓昔年看殺衛玠，現在連自己也不想放過。

在常州，蘇軾把自己對《論語》、《易》和《書》三部典籍的注解交託給為他積極尋覓宅院的朋友錢世雄，囑咐他三十年內不能外傳。到底蘇軾是擔心版權問題，還是覺得書裡有什麼小把柄，我們不得而知，但他這個決定無疑是正確的。因為，宋徽宗後來以重走父親神宗的革新路為己任。在「建中靖國」的嘗試失敗後，他毫不猶豫地再次召回新黨，奸相蔡京就是由於曾經參與神宗變法而深得徽宗的信任。

蘇軾遺憾的是未能見到弟弟子由一面，他人生最後也是最大的遺憾莫過於此。兩兄弟同命運，被貶幾十年，臨了卻不能一見：「惟吾子由，自再貶及歸，不復一見而決，此痛難堪。」（《春渚紀聞》）。

就在這個月，蘇軾正式上表致仕，為自己近半個世紀的政治生涯畫上句號。按照宋朝的慣例，重臣死前需作一遺表，談論朝政得失，以便皇帝日後採用。蘇軾為自己寫好的遺表如今不存，這很可能與他自己的意願有關。

蘇軾在給道潛的書信中，特別囑咐他千萬不要刊刻自己的〈遺表〉，說這「無補有害」。看來，蘇軾的遺表曾在他的朋友圈中小範圍流傳，但考慮到多變的朝局，經歷了多次文字獄的蘇軾生怕自己的表章為朋友和子孫帶來麻煩，所以寧可祕而不宣。

到了七月中旬，天氣愈加悶熱，蘇軾的病也隨著氣溫的上升而日甚一日。錢世雄為他找來了「神藥」，做最後的努力，蘇軾卻不肯服用。七月二十六日，蘇軾最後一次會見客人，客人是跟他一樣活了「三萬日」的僧人惟林。

想自己在嶺南的叢林溪水中穿梭數年都安然無恙，現在歸隱田園，正要享受如陶淵明一般的生活時，卻一病不起。蘇軾很不甘心，然而卻無可奈何。這位絕世文人，絕筆竟是滿腹牢騷。我們常以為經歷過大風大浪的人，到人生的終點應該是寬容而輕鬆的。但這是一種神化和偏見，誰說大人物就不能有小情緒呢！

某嶺海萬里不死，而歸宿田裡，有不起之憂，豈非命也耶！

兩天後，七月二十八日，蘇軾病逝。

傳奇的人物，就連死都要留下千古之謎。好似詩仙李白的死因有諸多說法一般，蘇軾病逝引發了種種傳言，其中一種便稱他是死於自己開的藥方之下，乃至後世《冷廬醫話》一書還將此事列入「慎藥」一條，當作典型的反面教材：

> 時方酷暑，公久在海外，覺舟中熱不可堪，夜輒露坐，復飲冷過度，中夜暴下，至旦憊甚，食黃芪粥覺稍適。會元章約明日為筵，俄瘴毒大作，暴下不止，自是胸膈作脹，卻飲食，夜不能寐……公與錢濟明書云：某一夜發熱不可言，齒間出血如蚯蚓者無數，迨曉乃止，困憊之甚。細察病狀，專是熱毒根源不淺，當用清涼藥，已令用人參、茯苓、麥門冬三味煮濃汁，渴即少啜之，餘藥皆罷也……余按：病署飲冷暴下，不宜服黃芪，迨誤服之。胸脹熱壅，牙血泛溢，又不宜服人參、麥門冬。噫！此豈非為補藥所誤耶？

也就是說，蘇軾因為晚上貪涼而引發劇烈腹瀉，吃了黃芪粥試圖調養，誰知道病情愈演愈烈，吃不下飯，睡不著覺，牙齦出血也非常嚴重。蘇軾堅持認為這是體內熱毒發作，應該用清涼藥，於是便拿人參、茯苓和麥門冬煮水喝。如此說來，黃芪粥可能是蘇軾去世前吃過的最後一餐。

黃芪確實是調養身體的好東西。想當年在密州任職時，蘇軾就有病中吃黃芪的習慣，正所謂「白髮欹簪羞彩勝，黃耆煮粥薦春盤」。《冷廬醫話》的作者陸以湉，是清朝道光年間的進士，後來鑽研醫術成為大家。在他看來，黃芪粥固然有養生的作用，但卻不適合在腹瀉後服用。換言之，蘇軾從一開始就吃錯了藥。而出現胸悶和牙齦出血這種癥候時，也不適合吃人參等物，這也得到現代科學研究的證實。比如現代醫學證實，在手術前後服用人參，會增加大出血的風險。

兩個步驟，蘇軾都沒有把握好，也難怪他的病急轉直下。

蘇軾的墓誌中提到他死後朝野上下的反應：「吳越之民相與哭於市，其君子相與弔於家，訃聞四方，無賢愚皆咨嗟出涕。」

只是，這樣聲勢浩大追念蘇軾的行動很快屈從於政治的變動。蘇軾去世僅一年，宋徽宗便在蔡京的鼓動下下詔：「天下碑碣榜額，系東坡書撰者，並一例除毀。」

毀掉蘇軾遺蹟的同時，宋徽宗傳命將當年哲宗元祐年間跟從高太皇太后的舊黨列為奸黨，立碑詔告天下，這就是「元祐黨籍碑」。司馬光和蘇軾，全部名列其中。

除了蘇軾手書刻制的石碑匾額外，他的詩文也遭到禁毀。宋徽宗在崇寧三年和宣和六年兩次下詔重申民間不得藏蘇軾文集。之前我們提到的《北山酒經》，它的作者犯罪的原因正是私寫蘇軾詩。

這樣的打擊是猛烈的，但也是徒勞的。人民群眾的眼睛是雪亮的，他們知道什麼是美，什麼是經典。宋徽宗的文化毀滅政策，消滅了蘇軾留下的實物，但人們的記憶並不會消除。

宋徽宗之子，日後南宋的開國皇帝趙構是蘇軾的鐵桿粉絲。他即位後，將蘇軾的詩文置於身邊，終日讀之不倦。在他的支持下，蘇軾不僅名譽得到恢復，還被追贈為太師。宋孝宗即位後，又為蘇軾上諡號「文忠」。

一代名家，生前坎坷，死後也不能得到安寧。蘇軾的人生是悲苦的代名詞。我們常會為他的豁達而感動，但誰都知道，那只是無奈的選擇罷了。如果能始終處於順境，沒有人願意在逆境裡去表現豁達。正如蘇軾為他和朝雲那個夭折的兒子所寫的祈願，無災無難到公卿，不是最好嗎？

我們要讚美蘇軾，不單為他卓越的才華，也不單為他始終關愛民生的高貴品行，也為他那食遍四方的吃貨胸襟。

後記　一個老饕而已

我筆下的蘇軾，他的一生已經結束。細心的朋友或許會發現，到現在這本書裡還缺了一篇蘇軾重要的美食作品——〈老饕賦〉。老饕，這是我多次用來形容蘇軾的一個詞。饕，即為饕餮，神話傳說中的「龍之九子」之一，是個大胃王。老饕，則更是饕餮中的貪吃鬼：

庖丁鼓刀，易牙烹熬。
水欲新而釜欲潔，火惡陳而薪惡勞。
九蒸暴而日燥，百上下而湯鏖。
嘗項上之一臠，嚼霜前之兩螯。
爛櫻珠之煎蜜，滃杏酪之蒸羔。
蛤半熟而含酒，蟹微生而帶糟。
蓋聚物之夭美，以養吾之老饕。
婉彼姬姜，顏如李桃。

彈湘妃之玉瑟，鼓帝子之雲璈。
命仙人之萼綠華，舞古曲之鬱輪袍。
引南海之玻黎，酌涼州之葡萄。
願先生之耆壽，分餘瀝於兩髦。
候紅潮於玉頰，驚暖響於檀槽。
忽累珠之妙唱，抽獨繭之長繰。
閔手倦而少休，疑吻燥而當膏。
倒一缸之雪乳，列百柂之瓊艘。
各眼灩於秋水，咸骨醉於春醪。
美人告去已而雲散，先生方兀然而禪逃。
響松風於蟹眼，浮雪花於兔毫。
先生一笑而起，渺海闊而天高。

到底什麼樣的食材，才能為蘇軾這個自比老饕的食客所青睞？答案在文章中：豬的後頸肉、霜前的螃蟹、櫻桃醬、杏仁漿糕、半熟的蛤蜊、涼州葡萄酒以及雪花茶。

這些東西放到現在，在任何一個有規模的縣城超市裡都可以一次找齊。讀者們要是願意的話，完全可以中午讀完我這本書，晚上就全盤復刻蘇軾老饕宴。

因此，對今天的我們來說，〈老饕賦〉的價值並不在其內容，而在於最後的一句「先生一笑而起，渺海闊而天高」。

我並不敢輕易去解讀〈老饕賦〉的創作背景，因為這篇文章的具體創作時間頗有爭議，一說在海南，一說在杭州，而這直接決定了撰文時蘇軾的心境。以我粗淺的理解，因為文章字裡行間散發著「富貴」之氣，我覺得創作於杭州這等風流興盛之地的可能性大。

但若從情感上來說，我卻更願意找到證據證明〈老饕賦〉創作於海南，這樣起碼可以讓蘇軾的形象不顯得那麼悲情。看吧，即便在天涯海角，他心裡還是有美好且有夢。

海闊而天高，蘇軾當真有這樣的心境嗎？現在看來，他有時有，有時卻未必有。

其實，我們也用不著把蘇軾的格局想得太大。且把〈老饕賦〉看作是一位食客酒足飯飽之後說的滿足話，那一切就合理多了。你就想像自己現在剛吃完一頓松茸、鱘魚、海膽、帝王蟹、藍鰭鮪魚組成的無限量自助餐，面前都是罕見的珍饈美味，一掃而空後，估計每個人都會產生一種人生不過如此的暢快感。

人與人，或許身分、學問和見識上有天壤之別，可飽腹帶來的幸福感卻是相仿的。我一直不覺得「人類的悲喜並不相通」是放之四海而皆準的道理，我們以美食線索尋訪蘇軾後半生的人生，見到了諸多始終跟蘇軾休戚與共的好友。比如道潛，比如黃庭堅，比如秦少游，他們的悲喜又怎會不相通？即便王安石與司馬光，從某些方面看，他們也有共同的目標，只是所走的道路不同而已。

但正是這不同的道路，讓蘇軾和他的這群朋友，一生屢屢近於萬劫不復。這本書中所梳理的大多數美食，都不在權力中心汴京，而在大宋東南方的半壁江山裡。

懂得接受厄運，努力過好眼下的生活，這才是蘇軾讓後世人感到親切的地方。

末了，再說一些想說的話。

可能有不少讀者都知道，這本書的源頭，是不過六千字的紀錄片解說詞。動筆前我還擔憂，蘇軾與飲食有關的內容，到底能不能湊齊十萬字。但在我兩年來「三天摸魚，兩天爆肝」的不懈查閱與敲打之下，字數已逾十六萬。

在創作過程中，我越往下寫，越發覺當初寫解說詞時自己的淺薄與無知：原來〈豬肉頌〉並非蘇軾本人所寫，原來松江鱸魚不是四鰓鱸，原來〈自題金山畫像〉不是蘇軾的辭世之作……。

網路上關於蘇軾與飲食的相關內容紕漏多如牛毛，能夠用以參考的書籍、論文又十分稀少，我從零開始，通讀《蘇軾全集》和《蘇軾年表》，才不至於被人帶跑。

由於此前鮮有人系統梳理蘇軾的飲食詩文，我不得不從第一手資料開始查找，順便借工作之便，走訪一些在蘇軾後半生中扮演重要角色的城市與地點，在這過程中，我或許是和近千年前的東坡先生做到了「神交」，真正地體會到先生的一部分情感和心思，以及他的「偉大」與「渺小」，與此同時，我也用事實推翻不少廣為人知的常識和觀點，原本以為輕鬆的遊戲之作，竟然有了一點點所謂的「學術價值」，這是我始料未及的。

要感謝我的朋友首陽大君、趙雅卡、霧島和幻想淺綠，他們在我寫作的過程中提供了一連串的便利和幫助，以及協助我查資料的劉想，為我糾錯的翻譯家冬初陽先生，還有將我的交稿日期順延一年多的出版社編輯同志們，如果沒有你們，我怕是無法完成這本小書。

最後，就用當初那首頗受歡迎的〈在下東坡，一個吃貨〉的歌詞作為結束吧。

在下號東坡
古往今來第一號的吃貨
文辭有名可我今天並不很想說
大宋國民美食家是我是我就是我
我真的不懂當一個老饕能有什麼錯

年少成名名動汴京
進入仕途遭到排擠難上手
又攤上烏臺詩案差點兒斷送小命所有
從此遭受貶謫一路向著南方走

被趕出朝堂
我就去廚房
每個人都一樣平生只為口忙

就算流落遠方
那又怎樣
黃州自古來就是一個魚米之鄉

這裡魚在長江
山有筍香
豬肉物美價廉跟泥土沒什麼兩樣
貪慕功名酬餉
真是荒唐
有這閒工夫不如做個自在員外郎

東坡魚　東坡豆腐　東坡肉
我全部很拿手
大江東去風流人物有太多
吃貨只有我這一個已足夠
東坡酥　東坡肘子　東坡粥

專利都是我有
欲寄相思千點離愁楚江流
天涯流落匆匆相逢易白首

你以為黃州團練副使已經到頭
沒想到後來又被調去嶺南出仕惠州
已年近六旬千里迢迢沒有掉頭
因為在嶺南啖荔枝三百顆不夠

惠州地處南疆
流通不暢
買回來脊骨做羊蠍子是我原創
風起炎海清涼
一碗羹湯
別問好不好
有道此心安處是吾鄉

被貶又怎樣
我能吃遍四方
雪沫浮午盞
蒿筍試春盤
人間如有至味正是清歡

被趕出朝堂
我就去廚房
每個人都一樣平生只為口忙
就算流落遠方
那又怎樣
在海南有生蠔吃壓根兒就不會悲傷

東坡魚　東坡豆腐　東坡肉
我全部很拿手
大江東去風流人物有太多
吃貨只有我這一個已足夠

東坡酥　東坡肘子　東坡粥
專利都是我有
欲寄相思千點離愁楚江流
天涯流落匆匆相逢易白首

東坡魚　東坡豆腐　東坡肉
我全部很拿手
你問我平生功業有幾何
黃州　惠州還有儋州

東坡酥　東坡肘子　東坡粥
專利都是我有
欲寄相思千點離愁楚江流
天涯流落匆匆相逢易白首

不孤獨的美食家蘇東坡：貶到哪、吃到哪，大文豪的吃貨之路

作　　者　吉國瑞
責任編輯　夏于翔
協力編輯　黃暐婷
內頁排版　李秀菊
封面美術　江孟達工作室

總 編 輯　蘇拾平
副總編輯　王辰元
資深主編　夏于翔
主　　編　李明瑾
業務發行　王綬晨、邱紹溢、劉文雅
行銷企劃　廖倚萱
出　　版　日出出版
　　　　　地址：231030新北市新店區北新路三段207-3號5樓
　　　　　電話：02-8913-1005　傳真：02-8913-1056
　　　　　網址：www.sunrisepress.com.tw
　　　　　E-mail信箱：sunrisepress@andbooks.com.tw
發　　行　大雁出版基地
　　　　　地址：231030新北市新店區北新路三段207-3號5樓
　　　　　電話：02-8913-1005　傳真：02-8913-1056
　　　　　讀者服務信箱：andbooks@andbooks.com.tw
　　　　　劃撥帳號：19983379　戶名：大雁文化事業股份有限公司

印　　刷　中原造像股份有限公司
初版一刷　2023年10月
初版二刷　2024年 6 月
定　　價　590元
I S B N　978-626-7261-97-2

原簡體中文版：《蘇東坡，不孤獨的美食家》
作者：吉國瑞
本作品中文繁體版通過成都天鳶文化傳播有限公司代理，經陝西人民出版社有限責任公司饕書客圖書品牌授予日出出版‧大雁文化事業股份有限公司獨家出版發行，非經書面同意，不得以任何形式，任意重製轉載。

國家圖書館出版品預行編目（CIP）資料

不孤獨的美食家蘇東坡：貶到哪、吃到哪，大文豪的吃貨之路／吉國瑞著.
-- 初版. -- 臺北市：日出出版：大雁文化事業股份有限公司發行, 2023.10
336面；17×23公分
ISBN 978-626-7261-97-2（平裝）

1.CST: (宋)蘇軾　2.CST: 飲食風俗　3.CST: 中國

538.782　　112014608

圖書許可發行核准字號：文化部部版臺陸字第111140號
出版說明：本書由簡體版圖書《蘇東坡，不孤獨的美食家》以中文正體字在臺灣重製發行。